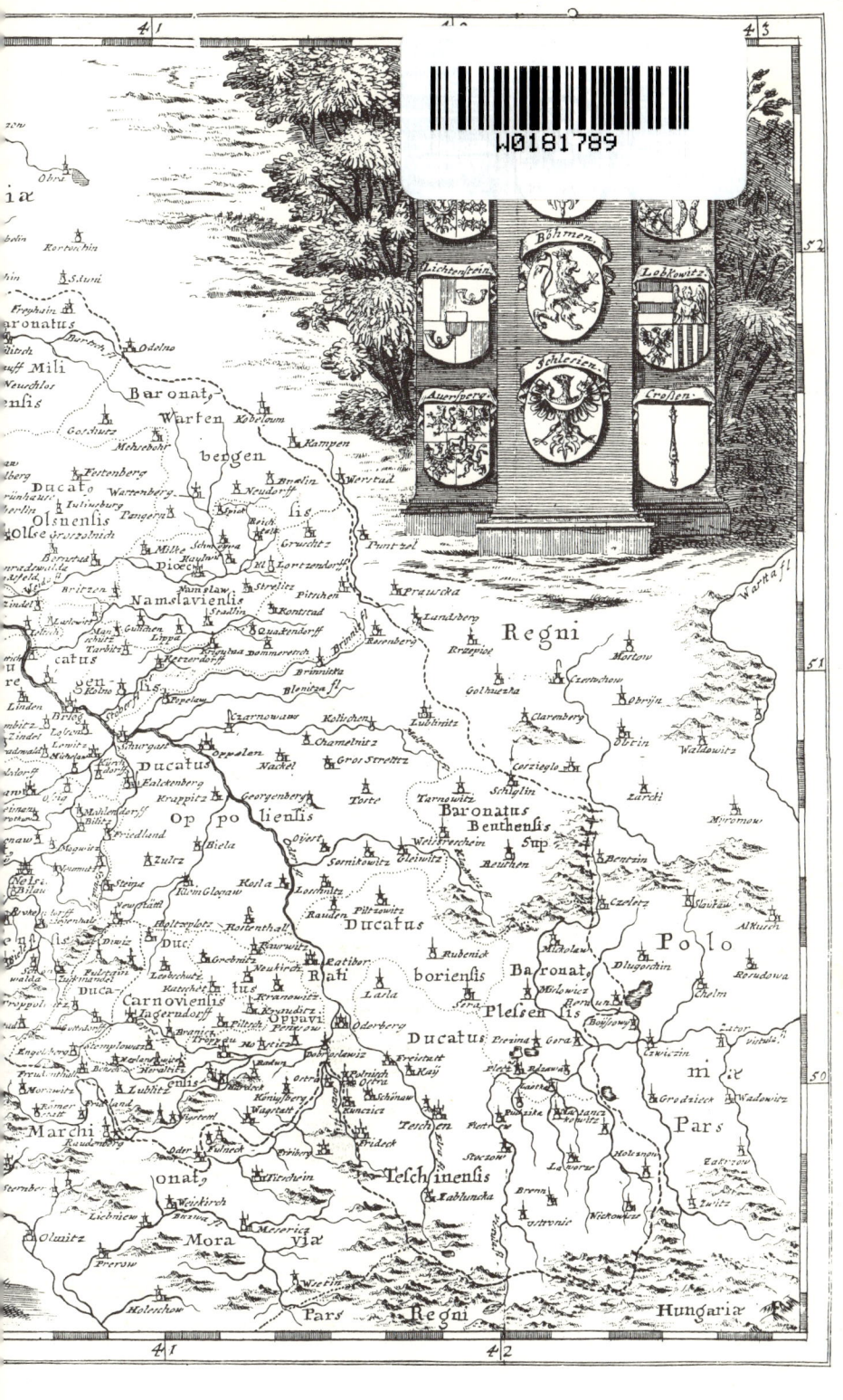

Ekkehard Kuhn · Schlesien

Ekkehard Kuhn

SCHLESIEN

Brücke in Europa

*Mein einzig geliebtes Bärbelchen,
eine gute – wenn auch vorerst
nur literarische – Reise in
Deine Heimat wünscht Dir
mit einem zärtlichen,
dankbaren Kuß
      Dein glücklicher
             Konrad.
Zum 24. 7. 96*

Ullstein

1. Auflage April 1996
2. Auflage Juni 1996

ISBN 3-550-07087-X

© 1996 by Verlag Ullstein GmbH, Berlin · Frankfurt am Main
Die Verwertung der Texte und Bilder, auch auszugsweise, ist ohne
Zustimmung des Verlags urheberrechtswidrig und strafbar. Dies gilt auch für
Vervielfältigungen, Übersetzungen, Mikroverfilmungen und für die
Verarbeitung mit elektronischen Systemen.
Abbildungen: Ekkehard Kuhn
Karte hinteres Vorsatz: Erika Baßler
Satz: ew print & medien service gmbh, Würzburg
Druck und Verarbeitung: Mohndruck, Gütersloh
Printed in Germany 1996

Gedruckt auf alterungsbeständigem Papier
mit chlorfrei gebleichtem Zellstoff

Deutsche Bibliothek – CIP-Einheitsaufnahme

Kuhn, Ekkehard:
Schlesien : Brücke in Europa / Ekkehard Kuhn. – Berlin ;
Frankfurt/Main : Ullstein, 1996
ISBN 3-550-07087-X

Inhalt

Vorwort
7

Spurensuche
Erste Reise nach Schlesien 1985
13

Grenzstadt mit Brückenfunktion
Reise nach Görlitz und Zgorzelec im März 1990
79

»Mein Gruß geht an alle Schlesier«
Reise in das deutsche Restschlesien im September 1990
113

Unterwegs mit den »Lützowern«
Reise in das postkommunistische Schlesien im März 1993
119

Denkmalpflege
Reise nach Niederschlesien im März 1994
137

»Die historische Wahrheit ist das Wichtigste«
Drehreise nach Zobten und Kreisau im Mai 1995
157

Gelebtes Miteinander
Drehreise nach Niederschlesien im Juli 1995
173

»O Täler weit, o Höhen«
Drehreise nach Oberschlesien im September 1995
225

Nachwort
273

Zeittafel
277

Personenregister
281

Vorwort

»Schlesien ist heute im öffentlichen deutschen Verständnis nicht mehr präsent. Dabei war es eines der wichtigsten Länder des Deutschen Reiches. Wir haben hier eine Kulturlandschaft allererster Güte. Auch im europäischen Maßstab. Ein sehr reiches Land, das in seiner Bedeutung gar nicht genug geschätzt werden kann.« Dieser Meinung des deutschen Generalkonsuls Bruno Weber, der mir diese Sätze in Breslau, im heutigen polnischen Schlesien, sagte, kann ich nur beipflichten. Die Mehrzahl der Deutschen hat dieses alte ostdeutsche Land schon vergessen.

»Wir können und sollen auf unser Schlesien stolz sein«, sagt der Bischof von Oppeln, Alfons Nossol. Mit »wir« meint er die Polen und die Deutschen, die heute gemeinsam in Schlesien leben. Schlesien mag in Deutschland von vielen vergessen sein. Aber es lebt weiter. Im Polnischen heißt das Land »Slask«, die slawische Entsprechung für »Schlesien«; beide Namen gehen auf den germanischen Stamm der Silingen zurück, der hier einst siedelte. Auch die Nachkommen der Polen, die unfreiwillig oder freiwillig in das Land kamen, empfinden sich heute als Schlesier.

»Wir Deutsche täten gut daran, uns mehr um Schlesien zu kümmern und ein neues Verständnis für diese europäische Region zu entwickeln«, fordert der Generalkonsul. »Schlesien kann eine Brücke im Sinne eines wirklich guten Beispiels der Toleranz sein. Vom guten Miteinander hier hängt in ganz wesentlichem Maße das deutsch-polnische Verhältnis ab. Ohne daß die Deutschen und Polen hier in Schlesien gut zusammenleben, wird es keine deutsch-polnische Versöhnung geben, die diesen Namen verdient, und ohne die deutsch-polnische Versöhnung werden die Verhältnisse in Mitteleuropa gestört sein.«

Die politischen Zusammenhänge, die zum Untergang Ostdeutschlands, zur Vertreibung der Ostpreußen, Pommern und Schlesier aus ihrer Heimat geführt haben, wurden mir erst richtig klar, als ich die DDR 1959 verlassen hatte und in München anfing, Osteuropäische Geschichte zu studieren. Im Unterricht im sozialistischen Teilstaat Deutschlands war alles ganz einfach gewesen: Hitler war der Verbrecher, und Stalin war ein Genie, dem die Deutschen die Niederringung des Faschismus zu verdanken hatten. Generalissimus Stalin war der »Vater der Völker«, ein Gott.

Die Wahl der Studienfächer Osteuropäische Geschichte und Slawistik ging auf ein Erlebnis als siebenjähriges Kind zurück. Meine Mutter, meine beiden Schwestern und ich wurden in einer Gruppe von Flüchtlingen durch Russen aus Geiselhaft befreit, vor dem Erschießen gerettet. Diese Tat, die nicht in das übliche Freund-Feind-Schema paßte, ließ in mir den Wunsch wach werden, etwas für die Verständigung mit den Völkern des Ostens zu tun, gegen die Deutschland einen so mörderischen Krieg geführt hatte. Diese damals noch seltene Fächerwahl gab später den Ausschlag für meinen Berufsstart beim Zweiten Deutschen Fernsehen in Mainz.

Als ich 1985 meine erste Schlesienreise antrat, war ich stellvertretender Redaktionsleiter in der ein Jahr zuvor gegründeten Redaktion Zeitgeschichte und hatte den Auftrag, einen Film über die Vertreibung der Deutschen aus dem Osten und ihre Integration in den Westen herzustellen. Eine große Herausforderung. Es galt, dem Geschehen, den Menschen, den Opfern, der geschichtlichen Wahrheit gerecht zu werden.

Vor dem Zweiten Weltkrieg lebten in den deutschen Gebieten östlich von Oder und Neiße, die mit 110 000 Quadratkilometern ein Viertel der Fläche Deutschlands ausmachten, rund zehn Millionen Deutsche. In Ostpreußen waren es 2,4 Millionen, in Pommern 1,9 Millionen, in Ost-Brandenburg 600 000, in Schlesien, das am dichtesten besiedelt war, 4,6 Millionen. Ohne den von Hitler verursachten Zweiten Weltkrieg und seine Folgen wäre Ostdeutschland für diese Menschen die seit Jahrhunderten angestammte Heimat geblieben.

Nach Kriegsende wurde auf der Potsdamer Konferenz (17. Juli bis 2. August 1945) von den Siegern Stalin, Churchill (an dessen Stelle Ende Juli Attlee trat) und Truman das Schicksal der Deutschen im Osten des Landes besiegelt. Nord-Ostpreußen mit Königsberg wurde der Sowjetunion unterstellt, der südliche Teil Ostpreußens und die Gebiete östlich von Oder und Görlitzer Neiße kamen unter polnische Verwaltung. Die Vertreibung der Deutschen aus diesen Gebieten wurde mit folgendem Passus bekräftigt: »Die drei Regierungen ... erkennen an, daß die Überführung der deutschen Bevölkerung oder Bestandteile derselben, die in Polen ... zurückgeblieben sind, nach Deutschland durchgeführt werden muß. Sie stimmen darin überein, daß jede derartige Überführung, die stattfinden wird, in ordnungsgemäßer und humaner Weise erfolgen soll.« So stand es jedenfalls auf dem Papier. Die Wirklichkeit sah ganz anders aus. Die Vertreibung der Deutschen war ein blutiges Kapitel.

Über die Lage hinter Oder und Neiße berichtete Robert Jungk am 16. November 1945 in der »Züricher Weltwoche« unter der Überschrift »Aus einem Totenland«: »Wer die polnische Zone verlassen hat und in russisch okkupiertes Gebiet gelangt, atmet geradezu auf. Hinter ihm liegen leer geplünderte Städte, Pestdörfer, Konzentrationslager, öde, unbestellte Felder, leichenbesäte Straßen, an denen Wegelagerer lauern und Flüchtlingen die letzte Habe rauben ... Hinter der Oder-Neiße-Linie beginnt das Land ohne Sicherheit, das Land ohne Gesetz, das Land der Vogelfreien, das Totenland.«

Jungk, der als Jude dem hunderttausendfachen Morden in den Konzentrationslagern Hitlers entging, war ein besonders glaubwürdiger Zeitzeuge: »Denn es geht hier um noch viel mehr als ›nur‹ um das Leben einiger Millionen Deutscher, es geht um die moralische Reinheit und Stärke der antifaschistischen Bewegung in der Welt. Wenn alle diejenigen, die Hitler und Mussolini unter großen Opfern bekämpften, um eine bessere Welt aufzubauen, es zulassen, daß ihr Kampf jetzt von Rowdies und Chauvinisten ausgenutzt und beschmutzt wird, dann sehen wir keine große Hoffnung für die Zukunft. Man hat mit Recht den Deutschen vorgeworfen, daß sie in ihrem Glauben an die Mission ihres Vaterlandes so lange die Augen vor den Greueltaten des Nazismus verschlossen hätten. Sollen die Vorkämpfer der Demokratie später einmal den gleichen Vorwurf auf sich sitzen lassen müssen? Auch wir werden ›Mitschuldige‹ sein, wenn wir nicht täglich und stündlich die Schandtaten, die heute im Namen der Demokratie und der Freiheit begangen werden, enthüllen.«

Als ich 1985 bei meinen Recherchen auf diesen Artikel stieß, dessen Schilderungen sich mit anderen Aussagen deckten, war ich tief bewegt von dem moralischen Mut des Verfassers. Ein Jude durchbrach hier wie der russische Offizier, der uns gerettet hatte, das damals so gängige Freund-Feind-Schema, dem selbst die Vereinten Nationen unterlagen, als sie am 26. Juni 1945 in ihrer Charta die deutschen Vertriebenen ausdrücklich aus der internationalen Flüchtlingsfürsorge ausschlossen.

Ein Deutscher zu sein, genügte damals östlich von Oder und Neiße, um als Verbrecher zu gelten, dem man antun konnte, was man wollte. Die Deutschen galten als vogelfrei und geächtet, sie waren »Untermenschen« wie vorher die Juden und Slawen. Dabei wurde nicht gefragt, ob der Einzelne Hitler gewählt oder gewollt hatte, ob er als Gegner Hitlers gerade die Haft überstanden hatte, ob er Nazi oder Sozialdemokrat war. Der durch die zuvor erlittenen deutschen Kriegsverbrechen entstandene Haß machte die Menschen dafür blind.

Als ich 1985, vierzig Jahre später, die Arbeit an meinem Film begann, war das damalige Geschehen Geschichte, und doch spürte ich deutlich, daß das Thema »Vertreibung der Deutschen« noch immer belastet und tabubehaftet war. Die Verbrechen Hitlers anzuprangern, war tägliche Übung, Verbrechen an Deutschen darzustellen, war verpönt, weil dies die Beziehungen mit Polen, der Tschechoslowakei und der Sowjetunion belasten würde, die immer schnell mit dem Vorwurf kamen, die Deutschen seien »revanchistisch«.

Bei meinen Besuchen von Vertriebenen, die sich auf eine Anzeige zur Mitwirkung im Film gemeldet hatten, traf eine Frau aus Schlesien den Kern des Problems: »Als ich jung war, habe ich die ganzen Erlebnisse verdrängt. Aber jetzt denke ich oft darüber nach, vor allen Dingen, weil jetzt so viel in den Medien zum vierzigsten Jahrestag berichtet wird. Und da stelle ich immer wieder fest, daß heute von ›Aufrechnen‹ oder ›Revanchismus‹ gesprochen wird, aber ich finde das völlig verkehrt. Es läßt sich nicht leugnen, daß Deutsche sehr viel Schuld auf sich geladen haben. Man muß aber auch von der Schuld an Deutschen reden. Das sind beides historische Tatsachen, und man kann nicht das eine unentwegt erwähnen und das andere verschweigen.«

Dieses Buch will nichts verschweigen, will ungeschminkt die Wahrheit sagen. Es ist ein sehr persönliches Buch, weil ich meine Begegnung mit Menschen schildere und mit vertrauten Orten meiner Kindheit. Es wendet sich an die alten Schlesier, die erfahren möchten, wie ihre Heimat heute aussieht; an deren Nachkommen, die etwas über das Land ihrer Vorfahren wissen wollen; aber genauso an Leser, die keine persönlichen Verbindungen zu Schlesien haben. Sie entdecken ein reiches und vielseitiges Land, das einen Besuch immer lohnt. Dieses Buch kann ein umfassendes Geschichtsbuch über Schlesien nicht ersetzen. Aber es kann durch seine reportagenhafte Form ein nahes und lebendiges Bild von Schlesien vermitteln. Ich lade Sie ein, mich auf meinen Reisen nach Schlesien zu begleiten, in das Land, das schon Goethe als »zehnfach interessant« bezeichnet hat: Reisen von 1985 an, als Europa noch in zwei feindliche Blöcke gespalten war und Schlesien unter kommunistischer Herrschaft zu leiden hatte, bis heute, wo Schlesien die große Chance hat, wieder »Brücke in Europa« zu sein.

Spurensuche

Erste Reise nach Schlesien 1985

Samstag, 29. Juni 1985. Ich war nach Schlesien mit einer Reisegruppe unterwegs. Weil meine Eltern aus dem Waldenburger Bergland stammten, hatte ich eine Fahrt nach Waldenburg gewählt, die ein Busunternehmen in Bad Salzuflen inserierte. Bei einer Reise von Schlesiern und Nicht-Schlesiern wollte ich selbst erleben, wie Deutsche und Polen zusammentreffen, wie Schlesien heute aussieht. Nur der Fahrer und zwei Bekannte, die auch aus Schlesien stammten und die mich auf der Reise begleiteten, wußten, daß ich eine Fernsehsendung zum Thema Vertreibung vorbereitete.

Ich wollte als Privatperson meine unbehelligten Beobachtungen machen. Im übrigen wäre ein offizieller Antrag auf eine Drehreise mit einem Kamerateam bei diesem Thema ganz sicher auf Ablehnung gestoßen. Das wollte ich nicht riskieren. Schlesien war für mich immer nur Vergangenheit gewesen, nun sollte es Gegenwart werden.

Bei meinem Antrag für die Reise hatte ich meinen Arbeitgeber ZDF ebenso angegeben wie meinen Beruf Redakteur. Da ich für die Sendung unter meinem Namen in Zeitungsannoncen Zeugen der Ereignisse unmittelbar nach Kriegsende gesucht hatte, konnte man vermuten, daß dies auch den Polen bekannt war. Eine Verbindung zwischen meiner Sendung und der Reise war leicht herzustellen. Zwar hatte ich ein Visum erhalten, aber ich bangte dennoch um meine Einreiseerlaubnis.

Etwa vierzig Leute sitzen im Bus, der nun Richtung DDR-Grenze fährt. In der Mehrzahl sind es Ältere, überwiegend Frauen. Die ersten Kontakte erfolgen nur zögernd. Gespräche gibt es fast nur unter denen, die sich schon kennen. Ich versuche meine Gedanken zu ordnen, die nach vorne springen, zu dem, was bevorsteht, und auch zurück zu einem Thema, das in den letzten Monaten und Wochen die Gemüter erhitzt hat: die Diskussion um das Motto des Schlesiertreffens in Hannover.

»Schlesien bleibt unser« – so sollte es in Hannover zunächst heißen, genauer: »40 Jahre Vertreibung – Schlesien bleibt unser«. Bundeskanzler Kohl hatte zugesagt, dort zu sprechen, bevor er das Motto kannte. Allein seine Zusage war für die Vertriebenen eine Genugtuung, denn seit zwanzig Jahren war kein Bundeskanzler mehr auf einem Vertriebenentreffen aufgetreten. Kohl hatte den Verantwortlichen nahegelegt, das Motto zu ändern. Auch bei den Vertriebenen-Funktionären war es umstritten. Der stellvertretende Präsident des Bundes der Vertriebenen Helmut Sauer – selbst Schlesier – hatte vorgeschlagen: »Heimat Schlesien, Vaterland Deutschland, Zukunft Europa.« Seine Begründung: »Ein solches Motto hätte für alle Perspektiven gehabt, sowohl für die Erlebnisgeneration wie für die Bekenntnisgeneration«, also für die Alten wie die Jungen.

Für den Ostblock, vor allem für Polen, war das zuerst verabschiedete Motto ein willkommener Anlaß zum erneuten Vorwurf des »Revanchismus«. Die Deutschen wollten also Schlesien wiederhaben! Das neue Motto, das schließlich gefunden wurde, barg fast noch mehr Zündstoff:

»Schlesien – unsere Zukunft in einem Europa freier Völker«. Aus der Sicht eines kommunistischen Staates wie Polen mußte man das als eine »Verschlimmbesserung« empfinden. Das Motto appellierte schließlich an die Freiheit, den gefährlichsten Feind der Kommunisten.

Daß Kohl dann schließlich Mitte Juni vor 150 000 Schlesiern in Hannover sprach, war ein Politikum ersten Ranges. Die Vertriebenenorganisationen waren es ja gewesen, die mit ihrer Klage gegen die Ostverträge das Bundesverfassungsgericht zu seinen Urteilen von 1973 und 1975 veranlaßt hatten. Diese Urteile des höchsten deutschen Gerichts betonten, daß »die Gebiete östlich von Oder und Neiße mit dem Inkrafttreten der Ostverträge« nicht »aus der rechtlichen Zugehörigkeit zu Deutschland entlassen und der Souveränität ... der Sowjetunion und Polens endgültig unterstellt worden« seien. Kohl verteidigte die Wegweisung aus Karlsruhe. Er warnte davor, das Beharren auf einer völkerrechtlich gesicherten Position als Formelkram abzutun. Denn würde sich diese Haltung allgemein durchsetzen, wäre damit das Mandat einer künftigen gesamtdeutschen Regierung unnötigerweise eingeschränkt. Politiker aller Parteien sollten sich hüten, die Auslegungspraxis der kommunistischen Vertragspartner zu übernehmen, die so tun, als seien die Gewaltverzichtsverträge von Moskau und Warschau bereits Grenzanerkennungsverträge.

Diese Warnung des Bundeskanzlers hatte ihre Berechtigung, zumal es in der Bundesrepublik Mode geworden war, die Vertriebenenverbände pauschal anzufeinden und als »Störenfriede« hinzustellen. Das war ungerecht und widersprach den Tatsachen. Daß die soziale, wirtschaftliche und politische Eingliederung von mehr als zehn Millionen Menschen in einem nach dem Krieg selbst notleidenden Land gelungen war, zählt unbestreitbar zu den positiven Kapiteln unserer Geschichte. Daß die Vertriebenen gegen alles Unrecht und alle Diskriminierung nicht revoltiert, sondern Ruhe und Würde bewahrt haben, das gewährleistete erst den Wiederaufbau im Westen. Die Hoffnung Stalins, daß das gewaltige Flüchtlingsproblem der Deutschen zu einer Zeitbombe für Mitteleuropa werden würde, hat sich nicht erfüllt. Ein Grund dafür war wohl, daß die eigenen leidvollen Erfahrungen die Vertriebenen dazu bewogen, allem zu mißtrauen, was die Kette von Rechtsverletzungen und Racheakten hätte fortsetzen können.

Solche Gedanken über das Schicksal und die Haltung der Vertriebenen drängten sich mir am Beginn meiner Reise nach Schlesien auf und sollten mich auch weiterhin begleiten. Die Last der Geschichte schien im Reisebus mitzufahren.

Kurz vor Mitternacht sind wir an der deutsch-deutschen Grenze in Helmstedt-Marienborn. Es gibt die üblichen Formalitäten. Einsammeln der Pässe, Gesichtskontrolle. »Einreise in die DDR«

mit langer Wartezeit. Eine Grenze mitten in Deutschland. Immer, wenn ich das deutsch-deutsche Elend so hautnah erlebte, mußte ich daran denken: Die Vertreibung der Ostdeutschen und die Teilung des Landes hat uns Hitlers verbrecherisches »Drittes Reich« eingebrockt. Seit 1961 gab es die Mauer quer durch Berlin und mitten durch Deutschland. Politik mit Beton, Minen und Scharfschützen: ein unübersehbares Symbol der Spaltung Europas und der Welt in zwei feindliche Blöcke. Die Einbindung des jeweiligen Teils Deutschlands in das Paktsystem dieser beiden Blöcke war hermetisch, unser Land ein mit Waffen vollgestopftes Pulverfaß, das jederzeit in die Luft fliegen konnte.

Deutsche und Deutsche, die sich unbeholfen und fremd mitten in der Nacht, mitten in Deutschland an einer Grenze gegenüberstehen. Versuche, mit freundlichen Worten etwas zu mildern. Aber die Atmosphäre bleibt starr, unerbittlich. Wie soll es weitergehen mit Deutschland? Ich war nie bereit gewesen, mich mit der Spaltung abzufinden. Ich wollte Veränderungen. Ich wollte die deutsche Einheit. Gerade auch, weil ich in der DDR groß geworden bin, weil mein Vater und ein großer Teil meiner Verwandten dort wohnen, weil ich wußte, daß es dort wirtschaftlich weiter bergab ging – trotz aller vollmundigen Sprüche Erich Honeckers.

Nur mit der Überwindung der deutschen Teilung – so schien es mir – war die immer drohende Kriegsgefahr zu beseitigen. Ein Abbau der internationalen Spannungen würde vielleicht doch einmal einen neuen Versuch zur deutschen Einheit zulassen. Im März war in Moskau gerade ein neuer Generalsekretär an die Spitze der Staatspartei gewählt worden. Michail Gorbatschow, der neue Mann, war erst 54 Jahre alt. Nach den senilen Greisen Breschnew, Andropow und Tschernenko war das eine überraschende Entscheidung, die hohe Erwartungen weckte. Was würde er ändern wollen und können? Würde etwas für die Deutschen dabei herauskommen?

Nach einer dreiviertel Stunde Aufenthalt setzt sich der Bus wieder in Fahrt. Es fallen Bemerkungen über die Art der Abfertigung, über das Benehmen der DDR-Grenzer. »Die können doch auch nichts dafür, daß sie hier ihren Dienst tun«, sagt eine ältere Frau. »Die hätten sich ja diesen Job nicht auszusuchen brauchen«, erwidert der Mann neben ihr, »die könnten sich schon etwas anders benehmen, wenn sie wollten, aber sie wollen es eben nicht, das sind treue Diener dieses verrückten Staates.« Hinter den Scheiben ist es dunkel. Schemenhaft erkennt man die eintönige märkische Landschaft. Schnurgerade führt die Autobahn durch den kargen Kiefernwald, in dem sich einzelne Birken mit ihrer hellen Rinde abheben. Nur ganz selten ist eine Ortschaft zu erblicken.

Der Bus hält. Stimmengewirr. Wir sind an der deutsch-polnischen Grenze bei Forst an der Neiße. Ich habe doch einige Stunden geschlafen. Jetzt ist es sechs Uhr morgens. Die polnischen Grenzbediensteten und Zöllner erscheinen mir freundlicher als die DDR-Deutschen. Empfängt man so die »revanchistischen« Schlesier? Doch bei aller Freundlichkeit dauert die Abfertigung noch länger als an der DDR-Grenze. Ist etwas nicht in Ordnung? Hat man den Zusammenhang zwischen meiner Fernsehsendung und dieser Reise herausgefunden? Darf ich etwa nicht einreisen?
 Bange Minuten. Dann gibt es die Pässe zurück. Abfahrt. Hinter der Neiße, die hier schon um einiges breiter als in meinem Heimatdorf ist, liegt altes deutsches Land im Morgendunst. Neben der schnurgeraden Straße, die hier keine Autobahn mehr ist, links und rechts Wälder. Nur selten eine Ortschaft. Der Busfahrer erzählt von früheren Fahrten nach Schlesien, es ist bereits seine zehnte. Dann legt er eine Musikkassette in den Recorder. Die Mitreisenden beginnen lebhafter zu erzählen. Von den Erinnerungen, die sie an ihre Heimat haben. Von den Erwartungen, was sie antreffen werden.
 Die Straße wird wieder zur Autobahn. Es ist die alte Autobahn aus dem »Dritten Reich«. Zwischen den großen Betonplatten tun sich breite Risse auf. Doch die Federung des Busses ver-

schluckt fast alle Unebenheiten. Die Waldstücke werden seltener. Bestelltes weites Ackerland. Rübenfelder. Gelb leuchtende Rapsfelder. Ich schaue in meine Reiseunterlagen. Links von uns liegt Legnica – so steht es auf der polnischen Karte, die ich von meinem Vater bekommen habe, der 1964 mit meiner Mutter, einer meiner Schwestern und ihrem Mann in seine Heimat gefahren war. Legnica ist das alte Liegnitz, die drittgrößte Stadt Niederschlesiens.

Wenige Kilometer weiter erscheinen rechts zwei barocke Türme einer Kirche. Es ist das ehemalige Benediktinerkloster Wahlstatt, das an dem für die Geschichte Schlesiens und des christlichen Abendlandes so bedeutsamen Ort errichtet wurde. Hier hatte am 9. April 1241 die blutige Abwehrschlacht gegen das mongolische Reiterheer stattgefunden, das Europa bedrohte. Dreißigtausend deutsche und polnische Ritter kämpften gemeinsam unter dem schlesischen Herzog Heinrich II. gegen die dreifache Übermacht der heidnischen Eindringlinge. Der Herzog aus dem Geschlecht der polnischen Piasten fiel in diesem mörderischen Kampf wie so viele seiner deutschen und polnischen Ritter. Seine Mutter – die später als die Heilige Hedwig und Schutzpatronin Schlesiens verehrt wird – soll auf dem Schlachtfeld seinen Leichnam drei Tage und drei Nächte gesucht haben. Nur an der Mißbildung eines Fußes, der sechs Zehen hatte, habe sie den Sohn wiedererkennen können, weil die Mongolen ihn enthauptet hatten.

Die heidnischen Sieger hatten auch allen toten Christen die Ohren abgeschnitten und damit neun große Säcke gefüllt; so schildert es die »Schlesische Kern-Chronik« von 1711. Dieses wertvolle, in Schweinsleder gebundene Buch hatte mir mein Vater 1979 mit einer Widmung übereignet – eine fast tausend Seiten umfassende Fundgrube zur Geschichte des alten Schlesiens, in der als Fazit über die Wahlstatter Schlacht in altertümlicher Diktion steht: »Weil aber dieser blutige Sieg denen Tartarn war gar theuer zu stehen kommen so getrauten sie sich mit ihrer geschwächten Macht nicht weiter in Teutschland einzubrechen.«

Von Deutschen und Polen wurde diese Schlacht, wie später die gegen die Türken bei Wien, als Rettung des Abendlandes vor den Gefahren aus dem Osten und Süden gefeiert. Auf dem Schlachtfeld ließ die Herzogin Hedwig eine Benediktinerabtei errichten, die später während der Hussitenkriege zerstört wurde. Die heutige Kirche wurde Anfang des 18. Jahrhunderts von dem berühmten Stiftsbaumeister Ignaz Dientzenhofer erbaut. Bedauerlich, daß es keine Gelegenheit gibt, diese so bedeutsame Klosteranlage zu besichtigen. Aber es ist früher Morgen, und die Schlesier im Bus wollen weiter nach Breslau und in das Waldenburger Bergland. Die flachen Äcker der niederschlesischen Ebene, die links und rechts vorbeigleiten, sehen gut bestellt aus. Erzählungen von dem vielen Land, das brach liegt, bestätigen sich hier nicht.

Eine Wohnsiedlung in typischer Plattenbauweise taucht auf. Wir haben Breslau erreicht, die schlesische Hauptstadt, die jetzt Wroclaw heißt. Am Ende des Zweiten Weltkrieges hatte Hitler sie zur Festung erklärt, die bis zum letzten Mann verteidigt werden mußte. Das war der Hauptgrund für die fürchterlichen Zerstörungen dieser einst so schönen Stadt, von der meine Eltern oft geschwärmt hatten.

Der Bus verlangsamt seine Fahrt. Links ein kleiner See mit ganz unnatürlicher Farbe, gelb und grün, am Rande braune Schaumkronen. Es sieht nach Chemikalien aus, auch wenn weit und breit keine Fabrik zu sehen ist. »Schaut euch das nur an!« ruft eine ältere Frau, »so lassen die Polen unser schönes Breslau verkommen. Von Umweltschutz haben die wohl noch nichts gehört!« Ich gebe ihr im stillen recht, weil es wirklich schlimm aussieht. Ich habe so etwas noch nie gesehen. Nur wenige hundert Meter weiter hält der Bus vor einem modernen Hotelgebäude. Hier steigen die Breslauer aus, während wir »Waldenburger« Richtung Südwesten weiterfahren. Den altehrwürdigen Stadtkern der schlesischen Hauptstadt wollen wir uns bei einer Tagesfahrt von unserem Hotel in Waldenburg aus anschauen.

Nach einigen Kilometern taucht zur Linken ein immer höher

werdender Bergrücken auf – der Zobten, der sich bis zu 718 Meter aus der niederschlesischen Ebene erhebt. Von diesem Berg, den sie auch Zutaberg nannte, hatte mir meine Großmutter erzählt, er habe sich mit der Schneekoppe im Riesengebirge und mit anderen Bergen gestritten. Wie ich später feststellte, war dies die berühmte Erzählung »Der Bergkrach« von Paul Keller, die jeder richtige Schlesier kennt. Berge, die im Dialekt miteinander reden und sich streiten, als wären sie belebte Wesen, das war wohl echt schlesisch und paßte in ein Land, das auch den Berggeist Rübezahl erfunden hatte, von dem jeder Schlesier schon als Kind die unglaublichsten Geschichten hörte.

Der Zobten, der sich nun blau über den gelben Rapsfeldern erhebt, ist ein altes Wahrzeichen Schlesiens. Schon die germanischen Silingen, eine Untergruppe der Wandalen, die hier seit etwa 100 vor Christus lebten, hatten auf dem Berg ihre Kultstätte. Ihr Königreich bestand bis Anfang des 6. Jahrhunderts, und sie entwickelten ein reiches Handwerk und handelten, wie Funde belegen, mit den römischen Provinzen an der Donau.

Wir fahren durch Svidnica, das alte Schweidnitz. Es fallen die vielen Kasernen auf, die Schwärme von Soldaten und Offizieren der Roten Armee. »Die Russen gehen hier abends nur in Gruppen auf die Straße«, erzählt einer im Bus, der schon einmal hier war, »die fürchten sich vor den Polen, weil die Polen die Russen hassen.«

»In meinem Heimatdorf in der DDR sind die Russen auch nur in Gruppen ausgegangen«, werfe ich ein, weil ich das Gefühl habe, die Russen verteidigen zu müssen. Der Mann konnte ja nicht wissen, daß mir russische Soldaten einst das Leben gerettet hatten. Dennoch mochte es stimmen, daß die Polen auf die Russen hier besonders schlecht zu sprechen waren.

Der Bus biegt um eine Kurve, und plötzlich ist ein hoher Kirchturm zu sehen. »Das ist die katholische Stadtpfarrkirche. Sie hat den höchsten Kirchturm Schlesiens, über hundert Meter«, erklärt eine Frau. Ich schaue in meinen Reiseführer, es sind genau hundertdrei Meter. In Schweidnitz gibt es auch die berühmte evangelische Friedenskirche, die nach dem Westfälischen Frieden von 1648 erbaut wurde. Die katholischen habsburgischen Landesherren gestatteten den Evangelischen nur eine Kirche aus Holz außerhalb der Stadtmauern. Aus dieser demütigenden Auflage entstand die größte europäische Holzkirche mit 3000 Sitz- und 4500 Stehplätzen. Auch hier gibt es leider keinen Halt.

Mein Reiseführer ist auch in der jüngeren Geschichte bewandert: »In der Nähe von Schweidnitz (südöstlich) liegt Krzyzowa/Kreisau. Nach dem früheren Besitz der Familie von Moltke hat der berühmte Kreisauer Kreis, die Widerstandsgruppe des Grafen Helmuth von Moltke gegen den Nationalsozialismus, seinen Namen.« Aber Kreisau liegt nicht an unserer Wegstrecke nach Waldenburg. Ich denke darüber nach, was wohl gewesen wäre, wenn das Attentat des Grafen Stauffenberg und der damit verbundene Staatsstreich am 20. Juli 1944 gelungen wäre. Wie sähe Deutschland heute aus? Würden hier noch Schlesier wohnen? Wäre Schlesien noch deutsches Land? Gewiß wäre dann das Gut des Grafen Moltke zu einer vielbesuchten Gedenkstätte geworden. Zur Erinnerung an den Widerstand gegen Hitlers Politik, die Deutschland in die größte Katastrophe nach dem Dreißigjährigen Krieg geführt hat.

In der überwiegenden Zahl waren es preußische Adlige, die sich gegen Hitler erhoben hatten. Aber waren sie nicht zu spät aufgewacht, zu spät zur Tat geschritten, um Deutschland von dem Tyrannen Hitler zu befreien? Heute hat man leicht reden. Wie hätte ich mich damals verhalten? Sicherlich hätte ein gelungener Staatsstreich den Deutschen in den Verhandlungen mit den Kriegsgegnern Vorteile gebracht. Das zeigt allein schon ein Blick auf den Frontverlauf am 20. Juli 1944. Die Alliierten waren gerade erst in der Normandie gelandet. Im Osten war zwar die Rote Armee auf dem Vormarsch, aber noch stand sie nicht auf deutschem Boden. Dresden, Würzburg und viele andere Städte waren noch nicht bombardiert. Hunderttausende Menschenleben hätten gerettet werden können, nicht zuletzt auch unter den Opfern der deutschen Vernichtungspolitik. Wäre es den Deutschen aus eigener Kraft gelungen, Hitler und seine Führungsschicht zu stürzen, so hätten die Kriegsgegner wohl kaum auf der Casablanca-Formel von der »bedingungslosen Kapitulation« beharren können. Es ist nicht ausgeschlossen, daß ein erfolgreicher Staatsstreich auch die Einheit Deutschlands – einschließlich seiner Ostgebiete – hätte bewahren können.

Hinter den Busscheiben plötzlich bewaldete Bergkuppen links und rechts. Dazwischen Schornsteine und Fördertürme, Kohlehalden und rußgeschwärzte Häuserreihen. Wir sind in Waldenburg angelangt, in der zweitgrößten niederschlesischen Stadt mit dem für uns Deutsche unaussprechlichen polnischen Namen Walbrzych. Als wir vor dem modernen Hotelklotz »Sudety« dem Bus entsteigen, spüren wir sofort die strenge Luft dieser Industriestadt, die vor allem vom Abbau der Steinkohle geprägt ist. Mit fast akzentfreiem Deutsch begrüßt uns ein sympathischer junger Mann, der sich mit seinem Vornamen Christoph vorstellt und von uns auch so genannt werden möchte. Es ist der polnische Reiseleiter.

»Ich begrüße Sie alle hier in Walbrzych sehr herzlich. Ich freue mich, daß Sie hier sind, daß Sie – wie ich eben hörte – eine gute Reise hatten. Das Wetter ist ja etwas gemischt. Aber es soll sich bessern. Ich wünsche Ihnen hier in Schlesien einen guten Aufenthalt.« Er gebraucht das Wort Schlesien, als ob es das Normalste auf der Welt sei. Ich spüre den Einfluß der vielen Jahre, die ich in der DDR gelebt habe, wo Schlesien ein Tabuwort war.

Von meinem Hotelzimmer im fünften Stock habe ich einen guten Blick auf die bewaldeten Berge, die eine grüne Kette bilden. Ich vergleiche die alte deutsche Karte mit dem polnischen Plan, den ich mir in der Rezeption gekauft habe. Links der Hochwald, der höchste Berg. Rechts dahinter Adelsbach und Alt-Reichenau, die Heimatdörfer meines Vaters und meiner Mutter. Mir klopft das Herz, als ich sehe, wie nahe sie sind. Davor liegt Bad Salzbrunn, der Geburtsort der beiden Dichter Carl und Gerhart Hauptmann.

Ich fiebere dem nächsten Tag entgegen, lese in den Unterlagen, die ich aus den Chroniken meines Vaters mitgenommen habe, schaue mir die Karten an. Das Waldenburger Bergland gehört zu den mittleren Sudeten, liegt zwischen dem Riesengebirge im Westen und dem Eulengebirge im Osten. Die Sudeten sind die rund dreihundert Kilometer lange und dreißig bis fünfzig Kilometer breite Gebirgskette, die sich von der Zittauer Bucht im Nordwesten bis zur Mährischen Pforte im Südosten hinzieht. Ich betrachte den Stadtplan von Waldenburg. Es sind viele Ortsteile, die die Täler ausfüllen und oft nur durch eine Straße miteinander verbunden sind. Trotzdem frage ich mich, wo hier die mehr als 120 000 Einwohner leben. Die Stadt bietet ein Kontrastprogramm von schönster bergiger Landschaft und rußbedeckten Industrieanlagen.

Plötzlich ein Klopfen an der Tür. Ich öffne. Auf dem Flur steht eine gutaussehende junge Frau. Vielleicht um die 35 Jahre, blond. In gebrochenem Deutsch sagt sie: »Ich habe gesehen Bus gekommen aus Bundesrepublik. Verzeihung, daß ich störe Sie. Aber ich möchte Ihnen zeigen ein Schloß. Hat gepachtet mein Mann und ich. Wollen dort machen ein Restaurant. Wollen hören Ihre Meinung.«

Mein erster Gedanke: Das ist ein leichtes Mädchen, eine Prostituierte. Daß es hier, in einem Hotel dieser Größe, Prostitution gibt, ist nicht auszuschließen. Von Kollegen aus Warschau hatte ich gehört, daß sich für Mark oder Dollars Mädchen in den Hotels anbieten.

»Ich verstehe nicht ganz, was Sie von mir wollen?« sage ich, um dem seltsamen Angebot auf den Grund zu gehen.

»Sehen Sie, da unten im Auto wartet mein Mann.« Sie zeigt zum Fenster. Ich schaue hinunter auf den Parkplatz. Dort steht tatsächlich ein Mann vor einem Auto. Das ist jetzt auch noch der Zuhälter, denke ich. Irgendwie ist mein Kopf voller Vorurteile. Ich schäme mich fast, denn welche Prostituierte stellt ihren Zuhälter vor. Ich verwerfe meinen anfänglichen Gedanken. Es muß schon stimmen, was sie sagt. Alles andere hätte wirklich keinen Sinn.

»Warten Sie bitte auf dem Flur auf mich. Ich will zwei Kollegen fragen, ob sie mitwollen. Ginge das überhaupt?« frage ich, nachdem ich gesehen habe, daß es sich bei ihrem Auto um einen polnischen Fiat der kleinsten Bauart handelt.

»Fünf Leute ist nicht ganz erlaubt, aber es geht, ist nur kurze Strecke.«

Ich gehe die wenigen Meter zum Zimmer, in dem die beiden Brüder Tschira wohnen, die aus Eltville, meinem Wohnort im Rheingau, mitgereist sind, und erzähle ihnen von der überraschenden Bitte der Frau. Sie zeigen Interesse: »Wir kommen mit!«

Es ist wirklich ein Fiat 500, in den wir uns zu fünft hineinzwängen. Der Mann, unrasiert, aber sympathisch wirkend, fährt mit dem kleinen Auto viel zu schnell. Ich bange um meine körperliche Unversehrtheit und bereue schon das ganze Unternehmen.

Vor dem Losfahren hatte mir die Frau auf meiner Karte gezeigt, wo es hingehen soll. Dabei war mir aufgefallen, daß die

Schloß Fürstenstein bei Waldenburg – Westseite.

Route an einem anderen Schloß vorbeiführt, von dem mir meine Mutter so oft erzählt hat: an dem großen Schloß Fürstenstein. Ich bitte die Frau, dort vorbeizufahren. Sie übersetzt ins Polnische, und der Mann nickt. Von diesem Schloß hatte ich schon Bilder gesehen, aber jetzt, wo ich vor ihm stehe, bin ich von seiner Größe doch sehr überrascht. Mit den drei Türmen sieht es aus wie ein Königsschloß aus dem Märchen.

Es ist Sonntag. Touristengruppen und Eltern mit herausgeputzten Kindern strömen in Scharen dem imposanten Gebäude zu. Wir verweilen bei einer Führung, die in polnisch erfolgt. Unsere blonde Begleiterin faßt das Wichtigste zusammen. Es ist das größte Schloß in Schlesien mit rund vierhundert Räumen. Mehrere Jahrhunderte wurde an ihm gebaut. 1943 hat man mit dem Umbau für ein »Führerhauptquartier« begonnen. Erzählt wird, das Schloß sei von Polen erbaut worden. Das aber ist nicht wahr.

Als wir uns von der polnischen Touristengruppe trennen und wieder allein sind, sagt unsere Begleiterin:»Ich weiß, daß nicht stimmt mit polnischen Erbauern. Aber wissen Sie, kommunistischer Staat will lügen. Ich kenne Geschichte von hier. Deutsche waren hier seit 13. Jahrhundert. Vertreibung von Deutschen war nicht gut. Mein Mann ist auch Vertriebener aus Ostpolen. Stalin hat gemacht das alles.«

»Stalin und Hitler«, sage ich, »haben beide viel Elend für die Menschen gebracht. Stalin wollte ganz sicher, daß Polen und Deutsche sich nach alledem für immer hassen.«

Wir fahren Richtung Boleslawice nach Nordosten. Das Land wird wieder flach. Bunzelwitz hieß das Dorf früher. Wir biegen ab und sehen ein Ortsschild Bagienec. Es ist ein kleines, überschaubares Dorf. Wir fahren über eine kleine Brücke und halten vor einer Ruine.

»Das ist das Schloß, was ich gesagt habe, aber es ist noch sehr kaputt«, erklärt uns die Frau, während wir aus dem kleinen Auto steigen. »Aber mein Mann kann viel machen!«

Was wir sehen, ist die Ruine eines alten Gutsherrensitzes. Die Bezeichnung Schloß ist etwas übertrieben. Das zweistöckige Ge-

Ein verwahrloster ehemaliger Gutsherrensitz, den ein polnischer Pächter sanieren will.

bäude besitzt zwar noch ein Dach, aber der Uhrturm in der Mitte sieht mehr als baufällig aus. Die Spitze ist schief, nach hinten geneigt. Am offenen Torbogen angelangt, lese ich laut, was über ihm in Stein gehauen steht: »Sitzt du gut, so sitze feste, alter Sitz, der ist der Beste«. Der Spruch ist in altdeutschen Buchstaben geschrieben und völlig unversehrt. Er verrät, daß das früher der Alterssitz für das große Gut gegenüber war. Über dem Spruch thront ein ebenfalls in Stein gehauenes Wappen. Eine Krone über zwei Schilden, von denen das eine nur noch zur Hälfte besteht. Ein Name ist nicht zu finden.

»Wissen Sie, wem das Schloß früher gehört hat?« frage ich neugierig und zugleich skeptisch, denn wer erzählt hier im kommunistischen Polen freiwillig etwas über die deutsche Vergangenheit des Landes. »Nein, wir wissen nichts über Leute, denen gehört hat das Schloß.« Als wir das Gebäude betreten, sehen wir, daß fast alle Zwischendecken fehlen. Nur die Mauern stehen noch.

»Zunächst wollen wir machen ein Restaurant hier«, sagt die Frau und zeigt auf ihren Mann, »später vielleicht ein Hotel.« Mir verschlägt es fast die Sprache. Zu groß ist der Kontrast zwischen dem, was ich sehe, und den Plänen der beiden. Dann kommt die Frage, weshalb sie uns überhaupt hierher geschleppt haben: »Glauben Sie, kommen Gäste genug hierher? Leute aus Bundesrepublik, die hier essen und schlafen? Glauben Sie? Sagen Meinung, bitte!«

»Ich glaube schon, daß Schlesier hierher kommen, wenn sie ihre alte Heimat besuchen. Wenn man die entsprechende Reklame macht. Das Schloß ist herrlich gelegen. Aber wie wollen Sie das alles schaffen?«

»Gut, wenn Sie das sagen. Mein Mann versteht was von Bau. Er hat gelernt. Kommen Sie, wir zeigen!« Die beiden führen uns ums Haus, zeigen die ersten Erfolge. Ein Gerüst, aus einfachen Holzstangen errichtet, reicht bis zum Dach.

»Mein Mann hat ausgebessert schon halbes Dach!« Jetzt glaube ich plötzlich, daß es zu schaffen ist. »Wenn Ihr Mann so viel kann, könnten Sie das mit dem Restaurant schon hinkriegen«, sage ich, und die beiden Tschiras schließen sich meinem Optimismus an. »Auf alle Fälle wäre es hier attraktiver als in dem verrußten Waldenburg mit seiner schlechten Luft!«

Die Frau, die uns gebeten hat, sie Silwia zu nennen, übersetzt. Der Mann holt erleichtert Luft, sagt etwas auf polnisch. »Mein Mann freut sich. Wir sollen etwas darauf trinken!« Jetzt kommt der obligatorische polnische Wodka, denke ich. Aber weit gefehlt. Wasser mit Honig vermischt ist das Getränk, das uns angeboten wird.

Daß es diesem Ehepaar, das in Breslau wohnt, wirklich nur auf eine Meinungsäußerung von uns ankommt, erweist sich, als sie die DM-Scheine, die wir ihnen als »Starthilfe« geben wollen, kategorisch zurückweisen. Nur eine Tafel Schokolade und eine

Schachtel Zigaretten nehmen sie an. Was könnte aus diesem Land mit der Initiative solcher Menschen werden, wenn es ein anderes Wirtschaftssystem hätte? Der Mut dieses polnischen Ehepaars ist bewundernswert. Die Lektion, die wir an diesem Nachmittag erhalten, stimmt hoffnungsfroh.

Als wir ins Hotel zurückkehren, entdecke ich ein Plakat für ein Konzert mit Werken von Henri Wieniawski in Szczawno Zdroj am selben Abend. Hinter dem unaussprechlichen Namen verbirgt sich das alte deutsche Bad Salzbrunn, nur wenige Kilometer von Waldenburg entfernt. Nach dem Abendessen nehmen wir uns ein Taxi. Stanislaw, der Fahrer, spricht sogar deutsch.

»Woher kommen Sie?«

»Aus der Bundesrepublik, aus Eltville am Rhein, in der Nähe von Wiesbaden.«

»So, vom deutschen Rhein« – seine Aussprache ist fehlerfrei, und diese Bemerkung verblüfft mich.

»Woher können Sie so gut Deutsch?«

»Ich habe in meiner Jugend in Oberschlesien gelebt. Wenn ich nicht Jude wäre, wäre ich eigentlich Deutscher gewesen, aber so bin ich heute ein Pole.«

Dieses Bekenntnis auf meine Frage schockiert, denn hier ist plötzlich das schlimmste Kapitel unserer Geschichte angesprochen, ohne daß Bitterkeit oder ein Vorwurf mitschwingt. Ich ringe mich zu der Frage durch: »Wie haben Sie überlebt?«

»Ich habe Auschwitz überlebt – auch das gab es! Weil ich noch arbeiten konnte, mußten wir, bevor die Russen kamen, bis zum KZ nach Mauthausen laufen. Ein elender Marsch, aber meine Rettung!«

»Sie reden mit uns so freimütig. Müssen Sie nicht die Deutschen hassen?«

»Nein, ich hasse Hitler, seine SS-Leute, alle, die ihm geholfen haben beim Morden – aber ›die‹ Deutschen, das gibt es für mich nicht.«

Das Ortsschild Szczawno Zdroj erscheint. Links und rechts die ersten Häuser. Es sieht nicht gerade nach einem Kurort aus.

Dafür ist alles doch zu ungepflegt. Stanislaw scheint unsere Gedanken zu lesen. »Es sieht alles nicht so schön aus. Im Krieg war hier nichts kaputt. Nur der ›Zahn der Zeit‹, wissen Sie.«

»Meine Mutter hat mir oft erzählt, wie schön Bad Salzbrunn war. Sie ist in Alt-Reichenau geboren. Der Dirigent der Kurkapelle war ein Schwarm ihrer Jugend. Ich weiß sogar noch seinen Namen – Max Kaden.«

»So, dann stammt Ihre Mutter aus Stare Bogaczowice, waren Sie schon dort?« Stanislaw hat den deutschen Namen des Ortes sofort erkannt, die polnische Bezeichnung ist die genaue Übersetzung.

»Wir sind heute erst angekommen, aber wenn Sie uns morgen früh fahren könnten, wäre das sehr gut. Mein Vater stammt übrigens aus dem Nachbarort Adelsbach. Struga, wie es in meiner polnischen Karte steht.«

Wir einigen uns auf neun Uhr am nächsten Morgen. »Wissen Sie, daß hier in Salzbrunn Carl und Gerhart Hauptmann geboren sind, in Obersalzbrunn im Hotel ›Zur preußischen Krone‹?« fragt Stanislaw. »Das Gebäude gibt es noch, ist heute ein Sanatorium.«

»Meine Eltern haben im Herbst 1964 eine Reise hier in ihre Heimat unternommen, und mein Vater hat Tagebuch geführt«, erwidere ich. Ich habe seine Aufzeichnungen dabei. Über Bad Salzbrunn schreibt er, daß die Preußische Krone, jetzt in Piasten-Krone umbenannt, sogar einen neuen Außenputz erhalten hat und daß die Erinnerungstafel zu Ehren von Gerhart Hauptmann in deutscher Schrift noch vorhanden ist.«

Stanislaw hält vor einem schmiedeeisernen Tor.

»Das ist der Eingang zum Kurpark. Den Kursaal, wo das Konzert stattfindet, finden Sie leicht. Sie brauchen nur den Menschen hier hinterherzugehen.«

Festlich gekleidete Leute laufen auf einen klassizistischen Bau zu. Der Kursaal füllt sich bis zum letzten Platz, und das Symphonie-Orchester aus Riesa in der DDR wird freundlich beklatscht. Die Musik von Wieniawski gefällt mir. Vor allem das Violinkonzert in d-moll, das eine junge, hübsche Polin spielt. Klassische Musik, dargeboten von Angehörigen verschiedener Nationen, das ist für mich der Inbegriff von Kultur. Hier spielen Polen und Deutsche zusammen, Angehörige zweier Völker, die sich das Schlimmste angetan haben.

Meine Gedanken eilen hin und her. Ich muß an meine Mutter denken, die in diesem Saal gesessen hat, als junges Mädchen, als junge Frau. Vor fünf Jahren ist sie gestorben. Wie hätte sie sich gefreut, von meinem Besuch in ihrer Heimat zu erfahren.

Die polnische Virtuosin zieht mich wieder in ihren Bann. »Der Polin Reiz ist unerreicht« – die Operettenzeile fällt mir ein. Und dann, inmitten von Polen bei polnischer Musik, von Deutschen und Polen interpretiert, muß ich daran denken, daß dieses Volk eineinhalb Jahrhunderte geteilt war, daß es in dieser Zeit jede staatliche Souveränität verloren hatte. Den Namen Polen gab es auf der Landkarte nicht mehr. Aber die Menschen hatten über Generationen hinweg ein Beispiel für nationale Zusammengehörigkeit gegeben. »Noch ist Polen nicht verloren!« – war das nicht eine Zeile aus der Nationalhymne dieses Volkes? Sind die Polen nicht gerade deshalb ein Vorbild für uns Deutsche? Meine Landsleute haben heute kaum noch ein Nationalbewußtsein. Ich finde das bedauerlich. Auch im Zeitalter internationaler Zusammenarbeit und Verflechtung werden Nationalstaaten nicht überflüssig. Auch wenn sie einen Teil ihrer souveränen Rechte an die übernationale Gemeinschaft abtreten, bleiben sie als historisch gewachsene Gemeinschaften für ihre Bürger notwendig. Auch wir Deutsche können uns nicht aus unserer Nation »abmelden« und nur Europäer werden. Wir sind beides.

Der notwendige Blick auf die gemeinsamen Probleme der Menschheit wie Umweltzerstörung, Klimaveränderung, Übervölkerung, Hunger, Armut, soziale und politische Spannungen steht nicht im Gegensatz zu einem gesunden Nationalbewußtsein, das den Wert des eigenen Volkes ganz natürlich empfindet und begreift. Ein Mensch, der sich nicht selbst achtet, ist zu keiner echten Partnerschaft fähig. Ein Volk, das kein Selbstwertgefühl besitzt, ist für andere Völker ein fragwürdiger Bundesgenosse. Nationale Selbstverleugnung ist ebenso abwegig wie nationaler Größenwahn. Wann ziehen die Deutschen endlich die wichtigste Lehre aus ihrer Geschichte, nämlich in ihrem nationalen Selbstverständnis Maß und Mitte zu finden?

Während mir solche Gedanken durch den Kopf gehen, tut es mir irgendwie doch weh, daß hier in diesem Saal, anders als früher, keine Deutschen mehr sitzen, sondern nur Polen. Vielleicht liegt das daran, daß meine Mutter gerade von diesem Ort so viel erzählt hatte. Natürlich habe ich nichts gegen die Menschen, die um uns herumsitzen, aber das Unrecht der Vertreibung steht hier in diesem Raum. Viele Polen waren ja selbst Vertriebene aus ihren ehemaligen Ostgebieten, die Stalin ihnen geraubt hatte. Schlesien ist jetzt ihre neue Heimat. Für die hier Geborenen ist es ebenso Heimat, wie es die Heimat meiner Eltern war.

Bei den Recherchen zu meinem Vertreibungsfilm war ich auf ein Zeitdokument aus Bad Salzbrunn gestoßen. Der »Sonderbefehl für die deutsche Bevölkerung der Stadt Bad Salzbrunn« ordnete die »Umsiedlung« der Menschen innerhalb von drei Stunden ohne vorherige Benachrichtigung an. Jeder Deutsche durfte höchstens zwanzig Kilogramm Reisegepäck mitnehmen. »Das Inventar ... bleibt Eigentum der Polnischen Regierung.« Dieser Befehl datierte vom 14. Juli 1945, also noch vor dem Beginn der Potsdamer Konferenz, die die »Umsiedlung« beschloß. Die polnischen Behörden wollten die Deutschen möglichst schnell aus dem Lande haben. Punkt 7 des Schriftstücks lautete: »Nichtausführung des Befehls wird mit schärfsten Strafen verfolgt, einschließlich Waffengebrauch.« Ich habe keinen Bericht über die Vertreibung der Bad Salzbrunner Deutschen gefunden. Meine Eltern lebten schon vor dem Krieg westlich der Neiße, waren also nicht betroffen. Es wird sich wohl auch hier so abgespielt haben, wie es Robert Jungk in seiner Reportage vom Herbst 1945 aus Schlesien beschrieben hat.

Das Konzert geht mit langem Beifall zu Ende. Bis zu unserem Treffen mit Stanislaw ist noch Zeit; wir suchen nach einem Lokal, um etwas zu trinken. Die Enttäuschung ist groß. Eine Gaststätte oder ein Kiosk ist nicht zu finden. Wir gehen zum Kurpark zurück und probieren das Wasser, das hier aus der Quelle sprudelt. Es schmeckt, aber ein Wein wäre mir lieber gewesen.

Die Pflanzen im Park stehen in voller Blüte. Die gärtnerische Pflege steht im Kontrast zu dem heruntergekommenen Aussehen der Häuser, Mauern, Zäune und Bürgersteige in dem ehemaligen Nobelort. Stanislaw ist pünktlich zur Stelle. »Wie hat Ihnen das Konzert gefallen?«

»Das Konzert – sehr gut. Ein gutes Orchester und eine hübsche, begabte Solistin. Aber wieso gibt es hier nichts zu trinken?« »Das ist ganz einfach. Hier sind Sanatorien auch für Alkoholiker. Sie wissen ja sicher, wieviel Wodka so mancher Pole trinkt. Szczawno Zdroj ist der gesündeste Ort von Polen. Übrigens, wollen Sie bei mir Wodka kaufen? Ich habe ein paar Flaschen im Wagen. Die Flasche kostet zehn Mark.«

»Ja«, sagen die beiden Tschiras wie aus einem Munde. »Ja, gern«, schließe ich mich zögernd an, denn eigentlich bin ich Weintrinker. Aber der polnische Wodka, so hatte ich gehört, sei noch besser als der russische. Wir kaufen zwei Flaschen, und Stanislaw, der mich irgendwie an den braven Soldaten Schwejk erinnert, lädt uns vor dem Hotel ab. »Wenn ich Sie morgen früh zu Ihren Dörfern fahre, sollten wir auch einen Abstecher nach Kloster Grüssau machen. Das ist wunderschön! Sollten Sie sich unbedingt ansehen.«

Der nächste Morgen. Vor dem Hotel warten wir auf das Taxi von Stanislaw. Es ist morgenfrisch, und die Sonne scheint. Gespannte Erwartung. Was werden wir sehen und erleben? Der Straßenverkehr ist belebter als gestern. Es ist Montag. Stanislaw kommt pünktlich, auf die Minute. Mir geht die gestrige Unterhaltung mit polnischen Lastwagenfahrern in der Bar durch den Kopf, die in gebrochenem Deutsch über ihre Reisen in die Sowjetunion und in die Bundesrepublik erzählt hatten. Der »deutsche Revanchismus« war bei ihnen kein Thema gewesen, sosehr wir uns auch bemüht hatten, zu dieser Frage etwas zu hören. Offenbar kam die staatliche Propaganda bei diesen auslandserfahrenen Männern nicht an. Ihr Thema war der schlechte Gegenwert, den Polen in der Sowjetunion für seine Exporte erlöste. Sie fuhren mit vollen Autos hin und kamen meist mit leeren zurück. Gegenüber der Sowjetunion war fast Haß zu spüren. Es war erstaunlich, mit welcher Furchtlosigkeit die Kraftfahrer in aller Öffentlichkeit redeten. Hatten sie keine Angst vor Spitzeln?

Als ich Stanislaw von der Begegnung des Vorabends und meinem Erstaunen über die Offenheit der Fahrer erzähle, sagt er: »Wissen Sie, die Polen sind in erster Linie Polen und eigentlich auch gar keine Kommunisten. Sie machen für das System, das sie jetzt haben, Stalin und die Sowjetunion verantwortlich. Es ist kein Geheimnis, daß Moskau uns ebenso ausnimmt wie die DDR und andere sozialistische ›Bruder-Staaten‹. Die Polen sind in ihrem Herzen nach Westen orientiert, da konnte auch ein Hitler nichts dran ändern.«

»Stanislaw, stellen Sie sich vor, wir haben in der Bar ganz offen auf die Freiheit von Polen und Deutschen und ein einiges Gesamteuropa angestoßen. So etwas wäre in der DDR gar nicht möglich!«

»Die Polen lassen sich den Mund nicht verbieten, und wenn die Sicherheitspolizei einen Priester wie den armen Popieluszko umbringt, dann schreit das ganze Volk auf. Sie sehen ja, Jaruzelski mußte dessen Mörder verurteilen lassen. Ich finde, wir sind schon weiter und freier als die Deutschen in der DDR. Das ist ein Erfolg der Solidarnosc.«

Wir fahren wieder Richtung Bad Salzbrunn. Die Bilder und Eindrücke sind die gleichen wie am Vortag. Dann, am Ortsausgang von Szczawno Zdroj, ein Hinweisschild: »Struga 3 km«. Struga – das ist Adelsbach, der Geburtsort meines Vaters. Als das Auto auf der schmalen Straße eine Steigung erklommen hat, liegt der Ort vor uns, links und rechts in einem Tal ausgebreitet.

Über Adelsbach hatte mein Vater in seiner Familienchronik niedergeschrieben:

»Der Name des Dorfes klingt recht ›feudal‹, er soll erst ›Adelungisbach‹ geheißen haben und weist auf die deutsche Besiedlung bzw. Gründung dieses Dorfes hin, die im 12. Jahrhundert stattgefunden hat. Nach Salzbrunn ist Adelsbach eine der ältesten Siedlungen im Waldenburger Bergland überhaupt. Das langgestreckte Tal am kleinen Zeisbach, der vom Sattelwald munter daher geplätschert kommt und als dicht bewaldet anzunehmen war, bot den aus Thüringen und Franken kommenden jungen Bauern ausreichend Platz zur Anlegung eines sich ca. 5 km hinziehenden Waldhufendorfes.
Die Auslegung der Hufen erfolgte nach beiden Seiten des Tales. Nach Norden zu grenzten sie an das auch in dieser Zeit entstehende ›Reichenau‹ (9 km lang am Striegauer Wasser gelegen), und nach Süden zu waren die Bauern von Salzbrunn am Salzbach ihre Nachbarn. Anfangs waren die Adelsbacher Bauern auf den mit unendlich viel Schweiß gerodeten Hufen ›frei‹. Sie zahlten später erst einen durchaus tragbaren Grundzins an die Grund- bzw. Gutsherrschaft. Im 14. und 15. Jahrhundert wurde ihnen diese persönliche Freiheit aber allmählich genommen. Die Gutsherren fühlten sich gegenüber den zu Wohlstand kommenden Patriziern in den Städten als ›arm‹. Um diesen Zustand zu ihren Gunsten zu verändern, suchten sie nach billigen Arbeitskräften, die sie in ihren erbuntertänigen Bauern zu finden glaubten. Sie hielten sie für ›leibeigen‹, verlangten von ihnen Hand- und Spanndienste mehrmals in der Woche sowie auch Abgaben in Naturalien zu bestimmten Zeiten, oder als Ablösung dafür auch bares Geld.
Da die erpreßten Einnahmen von den armen Bauern den Grundherren immer noch nicht zur standesgemäßen Hofführung zu reichen schienen, sanken viele von diesen Herren zu ›Raub- und Strauchrittern‹ herab. So wurde auch die ›Zeiskenburg‹ bei Adelsbach, am Auslaufe des Zeisbaches ins

Striegauer Wasser in der Nähe der Handelsstraße Freiburg-Landeshut gelegen, zu einem Raubritternest. Da es deren Besitzer sehr schlimm trieben, wurde diese Burg im 15. Jahrhundert nach mehrfacher Belagerung zerstört.

Die Ruine der Burg ist mir noch in guter Erinnerung; besonders der ›Hungerturm‹ (einstiger ›Bergfried‹) hatte mir als Junge beim ersten Besuch einen ›gruseligen‹ Eindruck gemacht. Hinzu kamen die Sagen, die sich um das alte Gemäuer und seine Umgebung rankten, wie z. B. die ›Liska-Fee‹, eine Wasserjungfrau im ›Liskateich‹ des Zeisbachtalgrundes vor der Burg, die Carl Maria von Weber in seiner Oper ›Oberon‹ mit verwendet haben soll. Auch das alte Schloß im Dorf hatte seine mysteriösen Sagen, wo natürlich auch die ›weiße Frau‹ umging und die tugendreiche ›Mathilde‹ von Platen durch ihren nächtlichen wilden Ausritt auf dem feurigen Rappen den begegnenden Wanderer in Schrecken versetzte.«

Wir fahren durch ebendiesen Ort Adelsbach. Langsam, ganz langsam. Auf den Knien habe ich mein Klemmdeckelbuch mit den aus den Unterlagen meines Vaters herausgesuchten Seiten und Fotografien. Die Seite mit dem alten Foto des Elternhauses ist aufgeschlagen. Ich schaue nach links und nach rechts. Dieses Haus könnte es sein. Nein, das ist es nicht. Die Fenster sind anders. Weiter. Da. Wir halten. Ich vergleiche die Anordnung der Fenster auf dem Foto mit der des Hauses vor uns. Es gibt keinen Zweifel: Das ist das Elternhaus meines Vaters.

Wir steigen aus. Gehen über die schmale Brücke über den Bach. Das Wohnhaus sieht freundlich aus. Um die Fenster sind weiße Ränder gemalt. Daneben eine völlig verwahrloste Scheune mit Löchern im Dach. Ein aufgebocktes Auto ohne Räder steht mitten im Hof, auf dem Gras wächst und Hühner aufgeregt gackernd umherrennen.

Zwei Männer kommen aus dem Haus. Vater und Sohn. Ich zeige auf das Foto und lasse Stanislaw übersetzen: »Das ist Ihr Haus und wird Ihr Haus bleiben. Ich komme nur her, weil mein

Meine Großeltern Anna und Paul Kuhn mit drei Kindern, Mägden und Knechten im Jahr 1899.

Das Geburtshaus meines Vaters in Adelsbach, 1985. Davor der jetzige polnische Besitzer mit seinem Sohn.

Vater hier geboren ist. Wenn es Ihnen nichts ausmacht, würde ich gern auch einen Blick hineinwerfen.« Diese Erklärung bereinigt die Situation. Ein sympathisches Lächeln legt sich auf das Gesicht des Vaters. »Tak« – »Ja«.

Wir gehen zunächst einmal hinter das Haus. Ein Garten mit Obstbäumen. Wäsche hängt auf der Leine, die zwischen zwei Bäumen gespannt ist. Der Sohn umschreitet, vom Vater dazu aufgefordert, das Grundstück, weil es keine Zäune gibt, die es begrenzen. »Das habe ich gekauft«, sagt der Vater.

Wir gehen ins Haus. Zwei hübsche Mädchen mit langen Zöpfen begrüßen uns. Es sind die Töchter. Ein kleineres Mädchen aus der Nachbarschaft steht neben ihnen. Der Vater führt uns. Die Wände der Mädchenzimmer sind mit Postern zugeklebt, wie bei unseren drei Töchtern zu Hause. Jeder Raum hat Heizkörper. »Die Zentralheizung habe ich selbst eingebaut. Seit einem Jahr ist auch das Bad fertig«, erzählt der Vater stolz. Das Haus strahlt Wärme aus, Gemütlichkeit. In dem Zimmer, in dem jetzt die polnischen Eltern schlafen, sind mein Vater und seine sechs Geschwister zur Welt gekommen.

Einige Jahre zuvor, nach seiner Pensionierung, hatte mein Vater seine Kindheit in diesem Haus auf einigen Seiten beschrieben, die ich wie einen Schatz bei mir trage. Als Motto hatte er eine Strophe aus dem Gedicht von Chamisso »Das Schloß Boncourt« vorangestellt: »Ich träum' als Kind mich zurücke / und schüttle mein greises Haupt; / Wie sucht ihr mich heim, ihr Bilder, / die lang ich vergessen geglaubt!« Und dann beginnt seine plastische Schilderung, die für mich beim Gang durchs Haus wieder lebendig wird:

»Da sehe ich es wieder vor mir, das Heimathaus, ein Bauerngut, in dem sich am Zeisbach lang hinziehenden schlesischen Gebirgsdörfchen Adelsbach bei Bad Salzbrunn. Von der holprigen Dorfstraße führt über eine steinerne Bogenbrücke die Gasse bis zum Latten-Hoftor ... Nun stehe ich im Wirtschaftshof, dem Kinderparadies der Bauernjugend, mit seinen

vielfachen zum Spiel einladenden Plätzen, Winkeln, Wagen, Geräten und angrenzenden Ställen. Hier ist auch noch der alte Göpel, der vor Einzug der elektrischen Kraft, mit zwei oder drei vorgespannten Pferden, die Dreschmaschine in Gang setzte, sonntags aber als Kinderkarussell diente.
Zwei Stufen vor der Haustür führen in einen nicht allzu großen Hausflur, der uns sogleich durch eine Glastür die Blicke in die durch einen Anbau erweiterte Küche tun läßt. Ein großer, einfacher Tisch, umstellt an zwei Wänden von Bänken, nimmt in der Nähe der Fenster einen großen Platz ein. Die ›Hölle‹ beim Küchenofen war für uns Kinder im Winter das liebste Plätzchen. Hier wurden auch am frühen Morgen, ehe es zur Schule ging, noch schnell die vergessenen Bibelsprüche und Liederverse mit Hilfe der Großmutter ›eingelernt‹, wenn auch in der danebengelegenen Futterküche die Eimer und Töpfe klapperten ...
Nun trete ich in die dunkle Wohnstube. Die kleinen Fenster werden noch von wildem Wein berankt. In der Ecke steht das Klavier, der Freudenbringer an Sonntagen. Die schönsten Tage in diesem Wohnraum waren die Weihnachtsabende der Jugendzeit bis 1912 ...
Vom Wohnzimmer führte eine Tür zum kleinen Schlafzimmer der Eltern, wo einst auch die Wiege für uns Geschwister stand. Ich erinnere mich noch an die zeitweilig brennende ›Nachtfunzel‹, ein im Öl schwimmender kleiner Docht. Bei Krankheit als Kleinkinder wurden wir hier noch mütterlich versorgt, dann aber wanderten wir zur Großmutter in den ersten Stock, wo diese ihr Stübchen hatte. Hier las sie oft vor dem Einschlafen Märchen und Geschichten vor. ›Die Wartburg‹ hing eingerahmt über unserem Bett, das von zweien geteilt wurde. Mit zehn Jahren wurde ins große Kinderzimmer gewechselt, wo es dann meist lauter zuging. Neben ihm lag die Kammer für die Knechte und die Kuhjungen.
Im ersten Stock befand sich auch ›die gute Stube‹ mit den Aussteuerstücken der Mutter, immer fein aufgeräumt und

behütet. Daneben die ›Alkove‹, die als Gästezimmer diente, aber auch die eingemachten Früchte des Gartens barg, was uns Kinder oftmals zum verbotenen Naschen verlockte.«

Jetzt stehe ich hier in diesem vom Vater so lebendig beschriebenen Haus. Wir gehen die Treppe hinab. Unten im Flur sind wieder die Mädchen, denen wir ein paar Tafeln Schokolade schenken. Der junge Vater bittet uns, auf seine Frau zu warten, die jeden Moment vom Einkauf zurückkehren müsse und uns ein Essen bereiten werde. Das liebenswürdige Angebot lehnen wir mit der Begründung ab, daß wir noch ein großes Besichtigungsprogramm vor uns haben. Da es fast als Beleidigung gilt, derart die Gastfreundschaft der Polen abzuschlagen, muß Stanislaw seine ganze Vermittlungskunst aufbringen.

Die heutigen Besitzer des Hauses sind andere als die, die meine Eltern vor zwanzig Jahren hier angetroffen hatten. Der Mann ist noch jung, zwischen dreißig und vierzig Jahre, und er scheint tüchtiger als der Vorgänger zu sein. Denn von seinem Besuch im Jahre 1964 schreibt mein Vater: »Die Wohnhausfassade bot einen ungepflegten Anblick, aus den Dachrinnen wuchsen Unkraut und Grasbüschel.« Und über die damaligen polnischen Besitzer: »Sie machten einen ärmlichen Eindruck. Der gesamte Hof mit seinem kärglichen Inventar bestätigte dies auch. Eine Sorge trugen sie uns noch vor: Sie werden das Quellwasser vom Berge in ihrem Keller nicht los. Unser Rat, nach dem alten Abzug zu suchen, wurde skeptisch aufgenommen. Wahrscheinlich scheute man die schwierige Arbeit. Von Wasserleitungen und Brunnen scheinen die neuen Besitzer in der gesamten Heimat nicht viel zu halten. Vielfach ist man zu dem alten Brauch des Wasserschöpfens zurückgekehrt. War das der Einfluß davon, daß die Menschen, die jetzt hier in Schlesien lebten, so weit aus dem Osten kamen? War das auf dem Land dort üblicher Brauch gewesen?«

Ganz anders der gepflegte Zustand des Hauses, den wir antreffen. Als wir hinaus auf den Hof treten, erklärt uns der neue Eigentümer mit einem Blick auf die kaputte Scheune: »Das gefällt mir auch nicht. Aber ich bin kein Bauer, ich brauche die Scheune nicht. Ich fahre zur Arbeit nach Walbrzych. Bei den Schwierigkeiten, Handwerkszeug und Material zu bekommen, bin ich froh, daß ich mit dem Wohnhaus so weit gekommen bin.«

Nach einem freundlichen Abschied fahren wir zum Friedhof des Ortes. Der Turm, der hier von altersher von der Kirche getrennt ist, hat kein Dach mehr. Das Metallgerüst, in dem einst die Glocken hingen, steht nackt und schwarz inmitten von grünem Geäst. Ich kenne das Aussehen von Turm und Kirche. In meinem Arbeitszimmer hängt ein Aquarell, das mein Vater gemalt hat. Auf ihm sind auch zwei Kreuze zu sehen, die die Gräber seiner Großeltern aus der mütterlichen Linie markieren. Wir gehen durch die Reihen der Gräber. Polnische Namen. Deutsche Grabsteine entdecken wir unter einem Gebüsch am Rande des Friedhofs, durcheinanderliegend, versteckt.

Durch Gräber gehen wir wieder zurück. Auf einem Grab, auf einem hellen Steinkreuz entdecke ich plötzlich das deutsche Wort »Wiedersehen«. Ich schaue in meine Unterlagen, suche das Foto vom Grab der Großeltern. Es gibt keinen Zweifel: Es ist eines der beiden Kreuze. Auf seiner Rückseite lese ich: »Trennung ist unser Leid, Wiedersehen unsere Hoffnung«. Ein Wort, das nicht nur für den christlichen Glauben gilt, sondern auch für alle Vertriebenen-Schicksale stehen kann, für deutsche und für polnische. Unter dem Kreuz ruht nun die Polin Salomea Rzepiel, die am 6. August 1957 gestorben ist. Ich wundere mich, denn 1964 hatte mein Vater die Gräber seiner Großeltern noch vorgefunden. Offenbar wurde das Kreuz erst Jahre später auf dem Grab der Polin angebracht.

Wir fahren weiter Richtung Altreichenau. Am Ortsausgang von Adelsbach imponiert das alte Rittergut, das wir gern fotografiert hätten. Aber Stanislaw warnt uns. Das sei verboten. Staatsbesitz dürfe grundsätzlich nicht fotografiert werden. Wir gehorchen, allein schon ihm zuliebe und um Scherereien zu vermeiden.

Der Geburtsort meiner Mutter zieht sich lang hin. Rechts plätschert ein Bach neben der schmalen, von Bäumen überwölbten Straße. Hühner, Enten und Gänse flüchten vor uns. Eine Kurve noch, und da ist er, der »Goldene Anker«, das frühere Gasthaus und Geburtshaus meiner Mutter und ihrer sieben Geschwister. Der Anker, der dem Haus den Namen gegeben hat, ziert noch den Giebel. Aber das Gold ist verblaßt. Um das Haus herum liegen Stapel von Baumaterialien, Steinen und Ziegeln. Es wird renoviert. Die polnischen Bauarbeiter gucken neugierig. Stanislaw erklärt ihnen, warum wir hier sind. Anders als in Adelsbach sind es hier nicht die Besitzer, die sich durch einen Besuch bedrängt fühlen könnten. Das Haus gehört der Gemeinde.

Links vom Hauseingang mit der schweren Holztür und den Glasfenstern, wo früher die Wirtsstube war, ist jetzt ein Laden für Lebensmittel. Die Regale sind voll, aber es sind nur wenige Artikel, die neben- und übereinander gestapelt sind. Dies kenne ich von meinen Besuchen in Moskau und im ganzen Ostblock. Die Brauselimonade, die ich Stanislaw und den Tschiras spendiere, kostet umgerechnet nur ein paar Pfennige.

Wir gehen um das Haus herum. Im Hof rattert ein Betonmischer. Die Arbeiter lassen auch hier ihre Arbeit liegen und interessieren sich für unseren Besuch. Eine Abwechslung ist immer willkommen. Wir betreten den großen Saal, in dem Stapel von Fensterkreuzen und Brettern lagern. Einer der Arbeiter begleitet uns. Ich zeige die kolorierte Postkarte, die den großen Raum in seiner ganzen früheren Pracht zeigt. Große Fenster, Stuck an der Decke. Die Bühne mit einem farbenprächtigen Gemälde und einem roten Samtvorhang. Einen so großen Saal mit einer solchen Bühne gab es im weiten Umkreis nicht, hatte mir meine Mutter erzählt. Sie waren der ganze Stolz meines Großvaters, des »Ankerchefs«. Die Wandbemalung der Bühne ist noch gut erhalten. Eine Phantasielandschaft mit Bäumen, Bergen und einer Burg.

In den letzten Jahren hat der Saal als Getreidespeicher gedient, erzählt der Pole. Jetzt soll er als festlicher Raum für die

Ansichtskarte von Altreichenau mit dem Gasthof »Goldener Anker« aus der Vorkriegszeit.

Der frühere Gasthof »Goldener Anker«, das Geburtshaus meiner Mutter und ihrer sieben Geschwister, im Jahre 1985.

ganze Gemeinde wiederhergerichtet werden. Meine Frage, ob die Wandmalerei erhalten wird, kann er nicht beantworten. Obwohl ich keine Beziehung zu dem Bild habe, täte es mir doch leid, wenn es übermalt werden würde. In diesem Saal haben meine Eltern ihre Verlobung und ihre Hochzeit gefeiert.

Nun gehen wir ins Haus. Im Flur lagern Zementsäcke. Wir steigen die Treppe hinauf. Die Räume sind alle leer. An den Wänden, unterhalb der Decke, kleben Schwalbennester. Ein grüner Kachelofen steht in der Ecke als Relikt vergangener Zeiten. Die Türen mit den bunten Glasscheiben sind noch vorhanden. Im Vergleich zu dem bescheidenen Bauernhaus, aus dem mein Vater stammt, ist dieses Dorfgasthaus, in dem meine Mutter aufwuchs, schon fast städtisch. Wir steigen noch eine Treppe höher. Hier im Erker, an dessen Außenwand der Anker hängt, habe ich damals, nach Kriegsende, gespielt. Daran erinnere ich mich.

Mir fällt unser damaliger Beschützer ein, als wir auf der Flucht hier bei unseren Verwandten unterkamen und von Russen und Polen drangsaliert wurden. Er war ein großgewachsener Mann, der aus Jugoslawien stammte. Er war im Krieg meinem Onkel als Zwangsarbeiter zugeteilt worden, und es war ihm vergleichsweise gut gegangen. Er bedankte sich nun dafür, indem er sich bei jeder Gefahr breitbeinig vor das Haus stellte und Russen und Polen mit seiner slawischen Sprache und seinen wilden Gesten fernhielt.

Was Gewalt, Schutz und Rettung bedeutet, hatte ich damals bereits selbst erlebt. In den Nachkriegswirren waren meine Mutter, meine beiden Schwestern und ich zusammen mit anderen deutschen Flüchtlingen von einem Trupp Polen in Pleß in Oberschlesien gefangengenommen worden. Wir sollten zu einem Ort geführt werden, wo die SS ein polnisches Dorf niedergemetzelt hatte – als Geiseln, die man dort umzubringen gedachte. Wer auf dem Marsch dorthin nicht mehr weiterkonnte, wurde zusammengeschlagen oder erschossen. Der Ort blieb ungenannt, nicht aber das Vorhaben, das eine Deutsche, die polnisch verstand, mitgehört hatte. Die Umstände haben mir meine Mutter und meine ältere Schwester später genau geschildert, von beiden gibt es darüber auch eine Niederschrift.

Als sowjetische Soldaten mit einem Offizier an der Spitze auf unseren Elendszug stießen, gelang es der Frau, die auch russisch sprach, ihnen den Zweck unserer Gefangennahme mitzuteilen. Die Russen, vor denen wir so viel Angst gehabt hatten, wurden unsere Befreier. Ich höre noch heute die deutsch gesprochenen Worte des Offiziers: »Ihr nicht erschossen – Krieg aus!« Die sowjetischen Soldaten verjagten unsere Peiniger, die sich wütend davonmachten, und führten uns zum Burghof von Teschen, der hoch über dem Ufer des Flußes Olsa liegt. Einige Wochen kampierten wir dort auf Stroh in leeren Räumen. Wir waren frei, und die Soldaten gaben uns zu essen.

Befreiung aus Todesangst – dieses Erlebnis hatte sich mir tief eingeprägt. Menschlichkeit statt Rache und Vergeltung. Seit damals weiß ich, daß es keine guten und schlechten Völker gibt, sondern nur bessere oder schlechtere Menschen.

Der Pole, der uns durch das Haus führt, stammt aus Galizien, ist also auch ein Vertriebener, ein Opfer von Hitlers und Stalins Politik. Als wir wieder unten auf der Straße sind, reiche ich ihm ein halbes Pfund Kaffee, das ich vorsorglich als kleines Geschenk mitgenommen habe, und bedanke mich für seine Führung. Er eilt freudestrahlend, die Kaffeepackung in der Luft schwenkend, in den Laden und kommt gleich darauf mitsamt der Verkäuferin wieder heraus. Sie schließt den Laden, beide kommen zu uns herüber, bedanken sich überschwenglich, verabschieden sich winkend und gehen eilig die Dorfstraße hinunter.

»Was soll das? Wieso schließen sie so plötzlich den Laden?« Stanislaw klärt uns auf: »Kaffee ist hier sehr teuer, ein seltener Genuß. Das ist ganz normal, daß die beiden jetzt nach Hause gehen und sich einen Kaffee aufbrühen. Jeder hier würde es so machen.«

Wir drei Deutsche schauen uns fassungslos an. »Wegen ein bißchen Kaffee so viel Freude«, sage ich fast ein bißchen neidisch. Bei unserem Wohlstand zu Hause werden derlei Dinge kaum noch geschätzt. Eine so ungewöhnliche Szene vor dem Haus des Anker-Großvaters, der sich so reich fühlte, vor dem Haus, das mein Onkel verlor, als er daraus vertrieben wurde. Darüber nachzudenken, wer schließlich mehr verloren hatte, die Polen oder die Deutschen, schien mir müßig. Hier trafen Menschen aufeinander, die sich gegenseitig beschenken konnten, mit ein bißchen Kaffee, mit Freude und Herzlichkeit.

Wir fahren in die Mitte des Dorfes, wo sich die beiden Kirchen – die katholische und die evangelische – nur durch die Straße getrennt gegenüberstehen. Typisch für Schlesien und verständlich aus seiner Geschichte. Das Land war lange Teil des katholischen Habsburgerreiches und wurde dann, nach den Eroberungskriegen Friedrichs des Großen, den sogenannten Schlesischen Kriegen, Teil des protestantischen Preußens. Von Altreichenau ist es nicht weit nach Hohenfriedeberg, das durch die Schlacht im zweiten Schlesischen Krieg in die Geschichte eingegangen ist, in der Friedrich Anfang Juni 1745 mit sechzigtausend Mann das siebzigtausend Mann starke Heer der Österreicher und Sachsen durch einen Überraschungsangriff schlug. Der König soll dort den berühmten »Hohenfriedeberger Marsch« komponiert haben, der später zu einem Kennzeichen des preußischen Königshauses wurde.

Die katholische Kirche mit ihrer doppelten Turmhaube und ihrem neuen, hellbraunen Außenputz strahlt in der Sonne. Die prächtige Barockkirche wurde 1685 bis 1689 im Auftrag des Abts des reichen Klosters Grüssau unter der Leitung des Stiftsbaumeisters Martin Urban erbaut. Leider ist sie verschlossen, so daß wir die reiche Innenausstattung mit den farbenfrohen Deckengemälden nicht anschauen können. Um die Kirche herum sind viele Gräber, die Grabinschriften allesamt polnisch. Früher wurden die protestantischen und katholischen Altreichenauer gemeinsam auf diesem Gottesacker bestattet. Christliche Ökumene war in Schlesien kein Fremdwort, sie wurde täglich praktiziert. In Altreichenau waren beide Bekenntnisse etwa gleich stark. Man hatte Hochachtung voreinander und half sich gegenseitig. Weil die evangelische Kirche keine Glocke besaß, läutete die katholische Kirche auch für die protestantischen Gläubigen.

Die Gräber meiner Vorfahren suche ich vergeblich. 1964 hatte mein Vater noch berichtet: »Nun stiegen wir hinauf, den Stufenweg zur katholischen Kirche und damit zum Friedhof aller Altreichenauer. Links entdeckten wir noch das verstümmelte Kriegerdenkmal für die Toten des Ersten Weltkrieges. Die Namen der Gefallenen waren entfernt. Doch es war eine Genugtuung und Freude, daß wir die Gräber unserer Lieben in ihren Denksteinen unversehrt, wenn auch total zugewachsen, vorfanden. ... Altvertraute Namen an den Gedenksteinen ließen bekannte Gestalten von Verwandten und guten Bekannten des schönen Dorfes Altreichenau in Erinnerung bringen.«

Wir gehen über die Straße zur evangelischen Kirche, in der meine Mutter getauft, konfirmiert und meinem Vater angetraut wurde. Das ehemals schöne Gotteshaus, das 1759 nach Plänen von Carl Gotthard Langhans errichtet wurde, dem aus Schlesien stammenden Schöpfer des Brandenburger Tors in Berlin, besitzt zwar noch ein Dach und mittendrauf einen intakten Turm, aber die großen Fensterhöhlen verraten: Es ist keine Kirche mehr. Sie ist geschändet, ausgeraubt. Wo früher die Barockorgel zum Gottesdienst erklang, stehen heute Maschinen für die Landwirtschaft. Stanislaw spürt mein Unverständnis. »Das ist doch eine Kirche! Wieso kann man sie als Scheune benutzen?« frage ich ihn aufgebracht. »Aber wir Polen sind doch fast alle Katholiken. Man kann schlecht zwei Kirchen in einem Dorf haben, wo man nur eine braucht«, lautet seine lapidare Antwort.

Weiter geht die Fahrt zum ehemaligen Gut meines Onkels Reinhard Kuhn, der sich 1955 in der Bundesrepublik das Leben nahm, weil er mit seinem Vertriebenenschicksal nicht fertig wurde. Die neuen Besitzer sind nicht da, sind auf dem Feld, wie uns eine Nachbarin erklärt. Ich stehe inmitten des großen Gehöfts und denke an das kleine, spitzgieblige Haus in Jesteburg in Niedersachsen, das mein Onkel und seine Frau bewohnt hatten.

Welch ein Kontrast der Kirchen, die nur durch die Straße getrennt gegenüberliegen! Die katholische ist gepflegt, die evangelische verwahrlost.

Jetzt verstehe ich ihn plötzlich. Er war Bauer aus Leidenschaft gewesen. Im Westen war er arbeitslos. Hier war sein Hof.
Ich gehe durch die Scheunendurchfahrt. Dahinter hügelige, liebliche Landschaft. Fruchtbare Felder. Bauernland. Sein Land. Mehrere Jahrhunderte deutsche Siedlungsgeschichte sind vorbei, endeten mit der Katastrophe der Vertreibung. Wer das begreift, fühlt bitter. »Die können uns viel erzählen. Alle waren sie Rittergutsbesitzer, die Schlesier, die Ostpreußen, die Pommern!« – so lauteten die gehässigen, vorurteilsbeladenen Stimmen in der Bundesrepublik. Oft habe ich mich gefragt, wie die Menschen, die von hier weggehen mußten, das nur ausgehalten haben. Woher nahmen sie die Kraft? Menschen aus der Heimat zu vertreiben, wo auch immer dies geschieht, ist ein Verbrechen. Die Polen, die jetzt hier wohnen und den Hof bewirtschaften, sind auch Vertriebene. Sie hat Stalin aus ihrer Heimat hinauswerfen lassen. Was werden sie wohl empfinden, jetzt hier zu wohnen, wissend,

Das Wohnhaus im ehemaligen Gutshof meines Onkels in Altreichenau, 1985.

daß die Deutschen, die hier früher wohnten, dasselbe Schicksal erlitten haben wie sie?

Anders als wir heute hatten meine Eltern 1964 die neuen Besitzer angetroffen. Hier der Bericht meines Vaters:

»Beim Betreten des Gehöfts, das noch in seinen Gebäuden erhalten ist, kam uns die neue Besitzersfrau, eine junge, sympathische, große, blonde Frau mit blitzenden, schneeweißen Zähnen freundlich entgegen. Sie wurde von unserer polnisch sprechenden Reisebegleiterin in unseren Besuchsgrund eingeweiht. Die Unterhaltung kam bald ins beste Fahrwasser. Meine Frau, die ja hier einige Jahre bis zu unserer Hochzeit als ›geliehenes Pflegekind‹ beim Großonkel verbracht hatte, fragte, erklärte, antwortete. ... Das Schalten und Walten war früher allerdings anders gewesen. Von intensiver Wirtschaftsweise war jetzt wenig spürbar. Auch hier war der Hof aufgeteilt, die Inneneinrichtung primitiver geworden. Wasserleitung, Bad und andere Errungenschaften der Vorkriegszeit waren verschwunden.

Einige Zeit später kam auch der jetzige Besitzer, der aus Galizien, der heutigen Westukraine stammte, auf den Hof. Er erschien uns zwiespältig, leicht erregbar. Andererseits wieder gutmütig und gastfreundlich. Er wollte uns partout ein Paar lebende Tauben zum Geschenk machen (nur zur Zucht, nicht zum Schlachten war seine Bedingung). Auf die Sowjets war er nicht gut zu sprechen. Er war im Bilde über das Schicksal meines Bruders, über seinen Selbstmord. Wie er das erfahren hatte, war nicht auszumachen. Er berichtete auch, daß er Zeuge von Mißhandlungen der Miliz an meinem Bruder war, die er heftig verurteilte. Seine Einladung zu einem Imbiß nahmen wir gern an. So kam es, daß wir bald in seiner Küche, der früheren guten Stube, am Tisch saßen und die Frau des Hauses uns prächtige Butterschnitten zu frischer Milch servierte. Ein Paar Strümpfe und ein Paar Socken waren unsere gern angenommene Gegengabe.«

Jetzt, einundzwanzig Jahre später, verlassen wir den Hof, ohne die Besitzer kennengelernt zu haben. Die Nachbarin bitten wir, Grüße auszurichten, und hinterlassen Kaffee, dessen Bedeutung wir ja am Vormittag schon erlebt haben, und einige Tafeln Schokolade für die Kinder. Eine halbe Stunde später fährt uns Stanislaw auf den großen Parkplatz des Klosters Grüssau, dessen Besuch er uns so sehr empfohlen hatte.
»Leider sind die Türme noch immer eingerüstet, aber im Innern werden Sie nicht enttäuscht sein«, prophezeit er. Wie recht er hat. Uns empfängt ein strahlender barocker Gottesraum in seiner ganzen Pracht. Zu allem Glück gibt es auch noch betörendes Spiel auf der großen Orgel. Später erfahre ich, daß es die letzte in Schlesien erhaltene Orgel des bedeutenden schlesischen Orgelbaumeisters Michael Engler ist. Über den Pfeifen seines Werkes leuchten trompetende Engel aus weißem Marmor. Marmorengel schweben auch über dem Altar, umgeben ein hohes Gemälde, das von einer gewaltigen goldenen Krone überragt wird. Die größte Barockkirche Schlesiens glänzt in Gold und

strahlendem Weiß, das mit dem dunklen Holz des Gestühls und der Kanzel und mit den leuchtenden Farben der frisch restaurierten Fresken kontrastiert.

Die Marienkirche des Klosters Grüssau ist wirklich eine Perle des schlesischen Barock. Nun verstehe ich meine Eltern, die angesichts der herrlichen oberbayrischen Barockkirchen gelegentlich ausriefen: »Wie die Kirche in Grüssau!« Irgendwie bin ich stolz darauf, daß es so etwas Schönes eben nicht nur in Bayern, Franken und Schwaben gibt. Schlesien – was für ein schönes und reiches Land!

»Ich bin glücklich, daß Sie uns hierher gefahren haben«, sage ich zu Stanislaw, dem polnischen Schlesier, der ebenso stolz ist wie ich.

»Für mich ist das die schönste Kirche!« strahlt er. »Aber wir sollten auch noch in das Mausoleum der Schweidnitzer Piasten gehen und uns die Kirche des heiligen Josef ansehen. Die Fresken des berühmten Willmann dort sind fast noch schöner!«

Der Chor der Marienkirche im Kloster Grüssau, Schlesiens größte Barockkirche.

Wir betreten das Mausoleum, das hinter dem Chor der Kirche liegt. Die Fürsten Bolko I. und Bolko II. ruhen hier mit ihren Ehefrauen. Ich muß an die Bolkoburg denken, von der mir meine Mutter oft erzählt hat, die in der Nähe ihres Heimatdorfes liegt. Dann besichtigen wir die Fresken in der älteren Josefskirche, von dem Maler Michael Willmann in den Jahren 1693 bis 1698 geschaffen. Sie sind blasser als die in der Marienkirche, aber ausdrucksstärker. Was für ein Kloster, wo solche Kunstwerke miteinander konkurrieren können! Von einem Besuch im württembergischen Bad Wimpfen weiß ich, daß die von hier vertriebenen Grüssauer Benediktinermönche dort ihr neues Zuhause gefunden haben. Was für Heimweh nach ihrem schönen Kloster müssen sie gehabt haben!

Am nächsten Tag steht eine Fahrt ins Riesengebirge auf dem Plan. Wir besteigen vor unserem Hotel in Waldenburg den Reisebus, in dem die »Breslauer« schon sitzen. Das Wetter ist trüb. Der Fahrer ist skeptisch, ob wir auf die Schneekoppe können, den mit 1605 Metern höchsten Berg Schlesiens. Man tauscht die Erlebnisse des gestrigen Tages aus. Der ältesten Teilnehmerin unserer Reisegesellschaft und ihrem Sohn wurde der Besuch ihres ehemaligen Hauses verweigert. Beim Versuch, das Grundstück zu betreten, wurden die beiden vom Hof gejagt. Alle Vermittlungsversuche des Taxifahrers seien fehlgeschlagen. Die alte Frau mit ihrem runzligen Gesicht und den schneeweißen Haaren tut mir leid.

Hinter den Busscheiben Hügelland mit saftigen Wiesen. Eine graue Wolkenwand verhindert den Blick auf die Berge. Wir fahren durch Karpacz, das frühere Krummhübel.

»Hier bin ich zum erstenmal auf Skiern gestanden«, sagt eine ältere Frau vor mir. »Ich bin hier mit meinen Eltern und Geschwistern gerodelt«, ergänzt die Nachbarin. »Es gab eine Menge Schnee damals, viel mehr als heute. Die Winter hier in Schlesien waren doch etwas ganz anderes als jetzt bei uns in Niedersachsen.«

Ich wundere mich, daß sie nur über den Winter sprechen. Vielleicht liegt es am schlechten Wetter, das nun wirklich nicht an Sommer denken läßt.

Wir halten auf einem großen Parkplatz. Hier beginnt der Sessellift, der auf die kleine Koppe, auf 1375 Meter Höhe, führt. Aber er ist wegen des Wetters nicht in Betrieb. Die Enttäuschung ist bei allen groß. Der Fahrer versucht zu trösten: »Wir versuchen es auf dem Rückweg noch einmal. Jetzt fahren wir erst mal zur Kirche Wang.«

Nach diesem Stichwort beginnt im Bus eine lebhafte Unterhaltung. Fast jeder hat irgendwelche Erinnerungen an diese Kirche. Auch bei uns zu Hause hing ein Foto von ihr und gab es Erzählungen der Mutter.

Wenige Minuten später stehen wir vor dem kleinen Gotteshaus aus Holz mit dem gemauerten Glockenturm daneben. Ein bauliches Ensemble, das mich sofort gefangennimmt. Holz und Stein, Kirche und Turm halten hier Zwiesprache, ergänzen sich, passen in die Landschaft, als wären beide für diesen Ort entworfen und hier erbaut worden. Aber das Holzkirchlein, das wir jetzt betreten, hat eine lange eigene Geschichte.

Im 12. Jahrhundert wurde es in Südnorwegen am Wang-See erbaut – ein Gotteshaus aus dem Holz der Bergkiefer, wie es sie zu Hunderten dort gibt. 1840 drohte ihm der Abriß, weil die Gemeinde eine neue Kirche bauen wollte. Davon erfuhr der norwegische Maler und Schriftsteller Johann Christian Dahl, der an der Dresdner Kunsthochschule lehrte. Mit der Bitte, dieses Kleinod der Baukunst zu retten, wandte er sich an den preußischen König Friedrich Wilhelm IV., von dem er wußte, daß er ein Kunstmäzen war.

Im Januar 1841 konnte Dahl das Kirchlein im Auftrag des Königs ersteigern. Auseinandergenommen und in Kisten verpackt landete es schließlich im Königlichen Museum in Berlin. Seinen Plan, es auf der Pfaueninsel in der Havel aufzustellen, ließ Friedrich Wilhelm IV. bald wieder fallen. Er suchte nach einem Ort, an dem die Kirche weiterhin einer Gemeinde als Gottes-

Die aus Norwegen stammende evangelische Kirche Wang im Riesengebirge. Im Hintergrund die Schneekoppe.

haus dienen konnte. Als er von der Gräfin von Reden erfuhr, daß die evangelischen Bewohner von Brückenberg im Riesengebirge keine eigene Kirche hatten, machte er sie dieser Gemeinde zum Geschenk. Den Bauplatz zur Wiedererrichtung stiftete der reiche Graf von Schaffgotsch aus Bad Warmbrunn. Im März 1842 wurden die verpackten Teile auf Flußbarken verfrachtet. Über Kanäle und die Oder gelangten sie bis in die Nähe von Liegnitz. Dort wurden sie auf neun Pferdewagen verladen. Unter Glockengeläut von den Kirchen beider Bekenntnisse und vorbei an den Spalier stehenden Schlesiern gelangten sie endlich an den neuen Ort ihrer Bestimmung. Am 2. August 1842 legte der preußische König persönlich den Grundstein zur Rekonstruktion der Kirche. Knapp zwei Jahre später, am 28. Juli 1844, erfolgte die feierliche Einweihung unter dem Namen »Bergkirche Unseres Erlösers – Wang«. Anwesend waren das königliche Ehepaar, die Gräfin von Reden und andere Prominente. Seither ertönen die Glocken der mit 885 Metern höchstgelegenen schlesischen Kirche.

Im Gegensatz zu den meisten evangelischen Kirchen in Schlesien wird die Kirche Wang gepflegt und gehütet. Ihr Raum strahlt Wärme und Geborgenheit aus. Es ist ein Gotteshaus, das Deutsche und Polen verbindet. Hier wurden nicht, wie anderswo, die deutschen Grabmäler zerstört. Das steinerne, große Denkmal der Gräfin von Reden, das König Wilhelm IV. errichten ließ, ist gut erhalten, und die Grabhügel vor den hölzernen Kreuzen der früheren Pfarrer sind gepflegt.

Die Verabschiedung vom polnischen Pfarrer ist noch herzlicher als die Begrüßung. Ich habe das Gefühl und die Hoffnung, daß die Kirche Wang als Symbol für die deutsch-polnische Versöhnung noch eine große Bedeutung erlangt.

Der nächste Aufenthalt ist wieder ein Wallfahrtsort der Schlesier. Hier in Agnetendorf lebte von 1902 bis zu seinem Tod 1946 Gerhart Hauptmann. Heute heißt der Ort Jagniatkow. Auf dem Weg zum »Haus Wiesenstein«, wo Hauptmann wohnte und heute ein Kinderheim untergebracht ist, bieten Kinder Souvenire an. Wir gehen auf das große Haus zu, das mit hohen Bäumen umstanden ist. Der Blick geht hinab über weite Wiesen. Der Name des Landsitzes kann nicht passender sein. Eine Besichtigung des Hauses wird uns trotz aller Bitten unseres polnischen Begleiters mit der Begründung verwehrt, die Kleinen im Heim sollten nicht gestört werden. Dies ist verständlich, erscheint uns aber auch als Ausflucht, weil es im Haus keinerlei Gedenkstätte für Hauptmann gibt. An den Literaturnobelpreisträger erinnert lediglich eine Tafel an der rechten Hausseite.

Das Ende von Gerhart Hauptmann ist für Polen kein rühmliches Kapitel. Hier in der schlesischen Erde wollte er begraben sein. Aber polnische Willkür verhinderte seine Beerdigung. Der Zinksarg mit den sterblichen Überresten des Dichters stand sechs Wochen unbestattet im Hause. Begraben wurde er nicht hier, sondern selbst nach seinem Tode wurde er »vertrieben«. Auf

»Haus Wiesenstein« in Agnetendorf im Riesengebirge, in dem der Dichter Gerhart Hauptmann bis zu seinem Tod 1946 wohnte.

Blick auf den Kamm des Riesengebirges mit der Schneekoppe vom Hirschberger Tal.

der Ostseeinsel Hiddensee fand er schließlich seine letzte Ruhestätte. War die Verweigerung der Bitte Hauptmanns ein Zeichen der Angst vor dem Geist dieses großen Schlesiers und Weltbürgers gewesen?

Die Sowjets, die Schlesien den Polen überantwortet hatten, schützten damals den Dichter. Auf ihren Druck stellte das Warschauer Erziehungsministerium am 7. August 1945, wenige Tage nach der Potsdamer Konferenz, eine Verordnung aus, die das Betreten von Haus und Park Wiesenstein für Fremde unter Strafe stellte. Dennoch kam es zu Übergriffen. Im Frühjahr 1946 lief dann die Vertreibungsmaschinerie aus Schlesien auf Hochtouren. Sowjetmarschall Schukow ließ Hauptmann die Übersiedlung nach Dresden oder Berlin anbieten. Er hätte sogar sein gesamtes Vermögen mitnehmen können. Doch der Schlesier, die Tragödie seiner Landsleute vor Augen, wollte für sich keine Sonderrechte. Er lehnte das Angebot ab.

Am 7. April 1946 besuchte Oberst Sokolow im Auftrag Schukows erneut Hauptmann. Diesmal erklärte er ihm: »Heute komme ich in amtlicher Mission. Ich überbringe Ihnen das letzte Angebot der Sowjetischen Militär-Administration. Die Deutschen aus dem Kreise Hirschberg werden nunmehr restlos evakuiert. Die polnische Regierung besteht darauf. Auch Sie, verehrter Herr Doktor, können nicht länger bleiben, ohne sich in Gefahr zu bringen.«

»Nun, dann fahren wir eben!« hatte Hauptmann geantwortet, aber ein Termin wurde nicht vereinbart. Gerhart Pohl, der die letzten Tage des Dichters im Hause Wiesenstein miterlebt und den Sarg auf der Fahrt nach Hiddensee begleitet hat, beschreibt in seinem Buch »Bin ich noch in meinem Haus. Die letzten Tage Gerhart Hauptmanns«, was dieser wirklich wollte: »Er hatte den Entschluß gefaßt, hier zu sterben. Das Sinnbild seines Todes in unerschütterlicher Treue zu Schlesien sollte durch die Dunkelheit der deutschen Katastrophe leuchten.«

An einem Maiabend verlangte der Greis, die Franziskanerkutte zu sehen, die er vor Jahren in einem italienischen Kloster erworben hatte. In ihr wollte er begraben werden. Eine Ausgabe des Neuen Testaments, die er seit seiner Jugend besaß, sollte dem Sarg beigegeben werden. Als es ihm nach einer Lungenentzündung wieder besser ging, verkündete er noch: »Mein letztes Werk soll eine große Rede an das deutsche Volk sein. Mag sie ein anderer für mich halten! Ich will noch einmal sagen, worum es geht: Furchtlosigkeit, Zuversicht und — Einigkeit.«

Doch dazu kam es nicht mehr. Ein Rückfall raubte ihm das Bewußtsein. Pohl schreibt über die letzten Tage: »Die Schlesier, die noch im Riesengebirge waren, verfolgten den Todeskampf ihres großen Landsmanns. Boten erschienen am Hintereingang des Wiesensteins, nahmen die neueste Hiobsbotschaft entgegen und verschwanden. Am 3. Juni waren die letzten Worte Gerhart Hauptmanns zu vernehmen. Sie formten kein Vermächtnis des Künstlers, keinen Appell an die Welt, kein Wort der Liebe für die wahrhaft geliebte Gattin, vielmehr — die in ihrer Möglichkeit bestürzende, die Menschheit tief beschämende Frage: ›Bin — ich — noch — in — meinem — Hause?‹ Drei Tage später, am 6. Juni um 15 Uhr 10, war Gerhart Hauptmann tot. Auf sein Herz in den Zinksarg legte man ein Säckchen mit schlesischer Erde, wohl ahnend und wissend, daß dem Dichter sein Wunsch, in der Heimaterde begraben zu werden, versagt bleiben wird.«

Die große Rede, die Hauptmann noch ankündigte, hätte die Abtretung Schlesiens und der anderen Ostgebiete gewiß nicht verhindern können, auch wenn es die Worte eines Nobelpreisträgers waren. Aber sie wäre eine Warnung vor den Folgen, eine Mahnung zum Frieden zwischen den aufgehetzten Völkern gewesen.

Gegen die Abtrennung Ostoberschlesiens vom Deutschen Reich hatte Hauptmann fünfundzwanzig Jahre zuvor leidenschaftlich protestiert. Obwohl die von den Siegermächten des Ersten Weltkriegs verlangte Volksabstimmung in Oberschlesien am 20. März 1921 59,6 Prozent für den Verbleib bei Deutschland ergeben hatte, drohte die Abtrennung. Auf einer Kundgebung in Berlin hatte Hauptmann am 15. Juli 1921 die Sieger-

mächte zu einer gerechten Haltung gegenüber dem besiegten
Deutschland aufgerufen:

»Wir stehen also hier für ein ganzes Volk, um vor einer Entscheidung, die über ihm schwebt, noch einmal seine Stimme hörbar zu machen. Ein Oberster Rat zu Paris, bei dem wir Sitz und Stimme nicht haben, wird darüber Beschluß fassen, ob wiederum ein Teil vom deutschen Nationalkörper abgetrennt und einem anderen Staatswesen angeleimt werden soll. Niemand, Franzose oder Pole, wird, sofern er nur ein halb zurechnungsfähiges Hirn und Herz besitzt, dem Deutschen zumuten, in die Diskussion einer Frage einzutreten, die dahin lautet, ob er auf sein uraltes, angestammtes Eigentum ein größeres Recht besitzt als ein beliebiges anderes Volk. Oberschlesien war bereits ein Teil des alten Römischen Kaiserreichs Deutscher Nation. Es ist alsdann ein Teil Preußens und also ein Teil des neuen Deutschen Reiches gewesen. Wie gesagt, es gibt in dieser Frage für den Deutschen keine Diskussion. Gewalt ist Gewalt! Wir sind ein besiegtes Volk, ein Volk, das im Kriege, Gewalt gegen Gewalt, unterlegen ist. Also hat man uns meinethalben im Sinne eines irrtümlichen Gedankens der Gerechtigkeit gewaltsam die Verfügung über unseren Landsteil Oberschlesien entzogen ... Wir sind ein besiegtes Volk. Es ist die allerbitterste Wahrheit, die allerbitterste Enttäuschung der Menschheit, daß es im Jahr 1921 überhaupt noch Sieger und besiegte Völker geben kann und insonderheit unter den europäischen Völkern ein so wie wir vom Sieger entmündigtes Volk. Ich sage das nicht als Deutscher, sondern als Europäer, als Europäer, dessen Idee Europa ist.«

In einer Zeit, als von dem deutschen Verführer und »Führer« Hitler noch keine Rede war, warnt er vor dem großen Weltenbrand, der aus der Demütigung eines Volkes hervorgehen kann: »Wir warnen den Obersten Rat schließlich und endlich deshalb, weil ihm nicht daran liegen kann, unauslöschliche heimliche

Brandherde zu schaffen, die das Werk des Friedens bedrohen und binnen kurz oder lang einen schrecklicheren Weltbrand erzeugen müssen als den, der kaum vorüber ist. Man möge doch ja nicht unterlassen, sich diese Tatsache einzugestehen. Ein neuer Weltbrand würde den letzten Rest menschlichen Wohlstandes und menschlicher Gesittung hinweggraffen, das Gebäude der menschlichen Kultur dem Boden gleichmachen und einen Aschenhaufen zurücklassen.«

Hauptmanns Warnung blieb ohne Wirkung. Ostoberschlesien wurde von Deutschland abgetrennt. Gerade mit seiner Politik der Revision des Vertrages von Versailles konnte Hitler so viele Stimmen sammeln. Wenige Jahre später trat ein, wovor Hauptmann gewarnt hatte: ein Weltbrand – der Zweite Weltkrieg. Und in seiner Folge war nun ganz Schlesien bis zur Görlitzer Neiße verloren. Das Wissen um diese geschichtlichen Zusammenhänge und um Hauptmanns letzte Tage und Wochen hier in Haus Wiesenstein macht mir den Aufenthalt bitter. Erst wenn hier eine Gedenkstätte eingerichtet wird, so denke ich, die der Bedeutung dieses patriotischen Schlesiers und Weltbürgers gerecht wird, ist das so grausam verletzte Verhältnis von Polen und Deutschen wieder auf dem Weg der Heilung.

Nächste Station: der Kochelfall bei Oberschreiberhau. Dreizehn Meter stürzt das Wasser in die Tiefe, aufgefangen von einem kleinen See. Das schäumende, donnernde Naß inmitten der grünen Bäume und dunklen Felsen bietet ein eindrucksvolles Naturschauspiel. »Das Wasser hier kommt aus den Kochelteichen in der Kleinen Schneegrube«, klärt uns ein alter Schlesier auf. Wieder kommt Enttäuschung auf, als der Fahrer auf die Frage, ob wir nicht doch noch auf die Schneekoppe können, in schönstem Schlesisch antwortet: »Sie sahn doch nischt.« Jetzt fängt es auch noch zu regnen an. Die neue Devise heißt: »Wir fahren nach Hirschberg!« Denn dort, sagt der Busfahrer, »könnt ihr unter den Lauben laufen, da stört euch kein Regen«. Die Leute, die Hirschberg kennen, sind schnell mit dem Vorschlag einverstanden. Mir fällt der Untermarkt in meiner Heimatstadt Görlitz ein, auch dort gibt es unter den Häusern »Lauben«, unter denen der Aufenthalt bei Regen besonders reizvoll war. Man konnte einfach dastehen und schauen, trockenen Hauptes und doch mittendrin.

Hirschberg ist als das Eingangstor zum Riesengebirge bekannt. Nun heißt der Ort Jelenia Gora, was die genaue Übersetzung des deutschen Namens ins Polnische bedeutet, und ist Sitz einer Woiwodschaft. Malerisch liegt er, seinem Namen zum Trotz, in einem weiten Talkessel zwischen dem Riesengebirge, aus dem wir kommen, und dem Bober-Katzbach-Gebirge im Norden. Es gibt zwei Theorien über die Entstehung dieser Senke. Die eine besagt, es handele sich um ein Einsturzbecken ähnlich dem Rheingraben zwischen Schwarzwald und Vogesen. Die andere sieht das Tal schlicht als ein Ergebnis der Erosion.

Weniger umstritten sind dagegen die nackten Geschichtsdaten der Stadt: 1281 von deutschen Siedlern gegründet, 1335 böhmisch, 1525 habsburgisch, 1742 preußisch – wie es sich für eine schlesische Stadt gehört. Schon im 16. Jahrhundert wurde das Lob von Hirschberg gesungen. Pankraz Geier, der hier geboren wurde und in Padua in Italien die Hohe Schule besucht hatte, veröffentlichte 1504 unter dem wohlklingenden Namen Poncratius Vulturinus sein Dichterbuch »Slesia Bresla et totius Silesi« mit Lobeshymnen auf Breslau und ganz Schlesien. Über seine Heimatstadt dichtete er (hier in einer späteren deutschen Übersetzung):

»Ich schwöre bei meinem Boberstrom,
Du Hirschberg bist mehr als Troja und Rom ...
Du Hirschberg, du allerliebste Stadt,
an der ganz Schlesien seine Ehre hat.«

Jetzt hält unser Bus auf einem Platz direkt neben verfallenen Häusern. Statt eines Lobgesangs kommt die Frage einer älteren Mitreisenden: »Das verstehe ich nicht! Ich denke, Hirschberg war im Krieg überhaupt nicht zerstört. Warum sieht das hier denn so aus?« Der Busfahrer versucht zu erklären: Es fehle an Geld, es gebe so viel zu reparieren. Dann sagt er aufmunternd: »Aber am Ring ist alles in Ordnung. Da gehen wir jetzt hin.«

Als wir den Ring, den üblichen schlesischen Marktplatz, betreten, hellen sich die Mienen auf. Alle Häuser rund um den Platz mit ihren Lauben und geschwungenen Giebeln sind neu verputzt und gestrichen; zwar in einem einheitlichen kalten Weißgrau, das in merkwürdigem Kontrast zu den ockergelben, abgestuften Tönen des Rathauses in der Mitte des Rings steht, aber das bemängelt niemand. Jeder ist nach dem Anblick der verfallenen Häuser zuvor froh, daß es hier so gepflegt aussieht. Neben dem Rathaus steht der in evangelischen Städten Schlesiens übliche Neptunbrunnen. Der Mann mit dem Dreizack in der Hand ist für die älteren Mitreisenden noch immer der »Gabeljürge«. Er erinnert mich an das steinerne Pendant auf dem Untermarkt in Görlitz.

In kleineren Gruppen schlendern wir unter den weißgetünchten Laubengängen. Auf geschnitzten Holzschildern steht »Pa-

Teilansicht des Rings in Hirschberg mit seinen typischen Lauben.

miatki« und »Upominki« – Andenkenläden. Zumeist Holzschnitzereien. Auch die Bänke unter den Lauben sind aus Holz. An allen Häusern hängen die gleichen Lampen in Laternenform. Irgendwie wirkt alles uniform, verglichen etwa mit den Laubengängen in Bozen oder anderswo »im Westen«.

Es gäbe noch vieles zu besichtigen. So vor allem die berühmte Gnadenkirche, die 1709 bis 1718 für die evangelischen Bürger der Stadt errichtet wurde – eine von den sechs, die auf Veranlassung des Schwedenkönigs Karl XII. in Schlesien gebaut werden durften. Außergewöhnlich bei dieser Kirche ist, daß die riesige Orgel direkt hinter dem Altar steht. Das weiß ich aus meinem Reiseführer; eine Besichtigung kann nicht stattfinden. »Da muß man sich vorher anmelden. Und heute wollten wir ja eigentlich auf die Schneekoppe«, belehrt uns der Busfahrer.

Am nächsten Morgen endlich strahlendes Sommerwetter. Das wäre das richtige für die Schneekoppe gewesen! Aber heute haben wir uns für Breslau verabredet. Das Ehepaar Kubiak will uns mit seinem Auto hier in Waldenburg abholen. Ich erzähle den Brüdern Tschira, mit denen ich vor dem Hotel warte, wie es dazu gekommen ist. Daß ich mit der in der Bundesrepublik lebenden Schwester von Frau Kubiak bekannt sei und ihr von meiner Schlesienreise erzählt hätte.

»Da müssen Sie unbedingt in Breslau meine Schwester und ihre Familie besuchen!« hatte sie erwidert. Alle meine Einwände, wir seien zu dritt und könnten dort zur Last fallen, wurden beiseite geschoben. »Wissen Sie, meine Schwester ist Deutsche aus Kreuzburg in Oberschlesien wie ich. Sie ist in Breslau mit einem Polen verheiratet, der kein Wort deutsch spricht. Sie freut sich über jeden deutschen Besuch. Das ist für sie ein Stück Heimat.« Diesem Argument war nicht zu widersprechen. Nach unserer Ankunft in Schlesien hatte ich vom Hotel aus angerufen. Frau Kubiak, wie von ihrer Schwester angekündigt, wollte uns unbedingt Breslau zeigen. Das gehe nicht an einem Tag. Deshalb sollten wir bei ihr übernachten. Die Wohnung sei zwar klein, aber wir könnten ja im Wohnzimmer schlafen. Sie und ihr Mann würden uns in Waldenburg abholen.

Gerade als ich zu den Tschiras sage: »Gegen diese schlesische Gastfreundschaft gab es keine weiteren Argumente, ich mußte zusagen«, kommt ein Fiat angefahren. Eine Frau steigt aus, geht auf uns zu und sagt in allerbestem Deutsch mit schlesischem Akzent: »Sie sind sicher die drei aus Eltville. Einen schönen guten Tag! Ich möchte Ihnen meinen Mann, Tadeusz, vorstellen. Leider spricht er kein Deutsch. Aber ich kann ja dolmetschen.«

Wir bedanken uns bei beiden für ihr so großzügiges Angebot und klettern in den Fiat. Sogleich werden wir nach unseren bisherigen Eindrücken und Erlebnissen befragt. Als wir erzählen, daß der Aufstieg zur Schneekoppe wegen des schlechten Wetters nicht geklappt hat, unterbricht uns Frau Kubiak: »Wenn das Wetter so bleibt, können wir übermorgen alle zusammen hinfahren. Ich würde auch mal wieder gern ins Riesengebirge. Ich war zuletzt als Schülerin dort.«

Schon wieder so ein generöses Angebot, das wir nach der gestrigen Enttäuschung gern annehmen. Fragen nach unserer und unserer Eltern Herkunft, nach unserer Beziehung zu Schlesien. Ich erzähle. Die Tschiras berichten ein wenig verlegen, daß sie die Fotos von ihrem Geburtshaus zu Hause liegengelassen haben und nun auch den Namen des Ortes nicht genau wüßten. Obwohl man sich gar nicht kennt, ist man sich nicht fremd. Die gemeinsamen schlesischen Wurzeln verbinden.

Wir fahren durch Schweidnitz. Bald erscheint wieder der Zobten, der heute viel freundlicher aussieht. Die Rapsfelder strahlen in ihrem Gelb. Ich bin gespannt auf Breslau. Von Südwesten kommen wir in die Stadt. »Hier war alles im Krieg zerstört«, erzählt Frau Kubiak, »deshalb stehen hier überall neue Hochhäuser. In so einem wohnen wir auch. Die Straße, über die wir jetzt fahren, hieß früher Kaiser-Wilhelm-Straße. Unter Hitler wurde sie in ›Straße der SA‹ umbenannt.«

»Daß Sie das wissen!« staune ich.

Die Südseite des Breslauer Rathauses mit dem Eingang zum berühmten »Schweidnitzer Keller«.

»Wo man wohnt, will man auch etwas über die Geschichte wissen. Ich habe bei einem Besuch in Deutschland einen alten Stadtplan von Breslau gesehen, und da habe ich es mir gemerkt.«
»Und wie heißt die Straße heute?« frage ich.
»›Powstancow Slaskich‹, das heißt übersetzt ›Straße der Schlesischen Aufständischen‹. Gemeint sind die Kämpfe um Oberschlesien.«
»Powstancow Slaskich.« Ich versuche die polnischen Laute nachzusprechen. Frau Kubiak lobt mich schmunzelnd: »Dobrze« — gut! Wie bin ich froh, daß wir diese Fremdenführerin haben! Diese sympathische deutsche Schlesierin aus Kreuzburg, verheiratet mit einem polnischen Schlesier.
Wir biegen nach links in eine Seitenstraße ein. »Wir sind da.« Sie zeigt auf ein Hochhaus. »Da im ersten Stock wohnen wir. Wir werden jetzt erst mal etwas essen!« Es gibt Würstchen und Kartoffelsalat. Schlesischer Kartoffelsalat! Da sind Kartoffeln und Gurken gewürfelt. »Der muß so schmecken, daß man die Würste vergißt«, hatte ich meiner Frau gesagt, als sie das Rezept meiner Mutter zum erstenmal ausprobiert hat.
Wir fahren ins Zentrum der schlesischen Hauptstadt, parken und gehen geradewegs zum Ring mit dem alten Rathaus, das ich von vielen Abbildungen kenne. Aber was sind alle Fotos und Stiche gegen das Original! Mir verschlägt es die Sprache. Von der Schweidnitzer Straße kommend, die auch im Polnischen so heißt, bietet sich uns der Anblick der gut fünfzig Meter breiten Südfassade dar. Die Sonne beleuchtet effektvoll das gotische Filigran der beiden großen Erker, die Skulpturen über und zwischen den hohen Fenstern. Wo anfangen zu schauen bei diesem Reichtum? In der Mitte der Fassade eine offene Tür. Darüber in goldenen Buchstaben, die Schatten werfen, PIWNICA SWIDNICKA. Das ist also der berühmte Schweidnitzer Keller, in dem schon seit 1332 das Schweidnitzer Bier ausgeschenkt wird. Über dem Eingang zwei Statuen: rechts eine Frau mit Pantoffeln, links ein betrunkener Zecher mit Krug. Ein Zeichen dafür, daß die Sitten und Gebräuche früher nicht weniger locker waren als heute.

Angesichts des herrlichen Wetters und des überwältigenden Anblicks will niemand in den Keller hinabsteigen.

Wir biegen um die Ecke, der Platz weitet sich. Eine Grünanlage mit roten Begonien. Auf Bänken sonnen sich Passanten. Künstler bieten auf Staffeleien ihre Bilder zum Kauf an. Frau Kubiak zeigt auf ein Denkmal. »Das ist der polnische Dichter Alexander Fedro. Die vertriebenen Polen haben es 1946 aus Lemberg mitgebracht. Früher stand hier ein preußischer König.«

Die Westfassade des Rathauses liegt im Schatten. Sie ist ernster gehalten als die heitere Südseite. Zwei Giebel streben nach oben. Links streckt sich der Rathausturm in die Höhe, als wollte er über die ganze Stadt hinauswachsen. Ein Renaissancehelm krönt ihn. Darunter zeigen zwei große vergoldete Zifferblätter die Uhrzeit an. Ich drehe mich um und schaue auf die vielstöckigen Bürgerhäuser mit ihren hohen Giebeln. Die Mehrzahl ist in äußerlich gutem Zustand, vor einigen stehen Gerüste.

Der Breslauer Ring, das alte und neue Zentrum der Stadt, ist viel größer, als ich mir vorgestellt habe. In seiner Mitte stehen neben dem Rathaus noch weitere Gebäude. Etwa zweihundert mal zweihundert Meter messen die vier Seiten des Rings, die jede ihren eigenen Namen hat. Im Süden die »Goldene-Becher-Seite«, benannt nach dem goldenen Becher am Giebel eines Hauses. Im Westen die »Kurfürsten-Seite«, weil hier früher die feinen Besucher abstiegen. Die »Naschmarkt-Seite« im Norden, weil es dort Süßwaren, Obst und Gemüse gab. Im Osten die »Grüne-Röhr-Seite« nach einem grünfarbenen Röhrenbrunnen.

»Schauen Sie dort hinten die große Kirche, das ist die Elisabethkirche. Schon zweimal hat sie nach dem Krieg gebrannt. Einmal war es ein Blitz, der einschlug.« Ich sehe in die Richtung, in die Frau Kubiak zeigt. Hinter zwei weißgetünchten schmalen Häusern, zwei und drei Stockwerke hoch, erhebt sich ein riesiges Kirchendach, das gerade mit neuen roten und grünen Ziegeln eingedeckt wird. Zur Linken ein hohes Stahlgerüst, das einen Turm umschließt.

Die Geschichte der Elisabethkirche hinter den beiden unglei-

Die sogenannte »Kurfürstenseite« des Rings in Breslau. Maler bieten ihre Bilder zum Verkauf an.

chen Häusern, die »Hänsel und Gretel« heißen, ist wirklich tragisch. Schon 1529 stürzte die Spitze des Turms, der mit hundertdreißig Metern der höchste in Schlesien war, bei einem Sturm in die Tiefe. Nachdem sie den Zweiten Weltkrieg fast ohne Zerstörungen überstanden hatte, verlor die Kirche bei einem Brand im Jahre 1977 fast die gesamte Inneneinrichtung, darunter auch die berühmte Orgel des schlesischen Meisters Michael Engler.

Wir gehen auf der »Kurfürsten-Seite« in eine Buchhandlung. Die Auswahl ist nicht groß. In deutsch gibt es kein Buch über Wroclaw. Schließlich wähle ich eine Publikation, die »Rynek wroclawski – Breslauer Ring« heißt, und ein dickeres Buch »Wroclaw – wczoraj i dzis« – »Breslau – gestern und heute«. 25 und 160 Zloty, etwa fünf Mark für beide. Beim Blättern sehe ich auf einem Plan, daß der Gebäudekomplex mit dem Rathaus inmitten des Rings nicht gerade, sondern verkantet steht. Dann stoße ich auf Fotos vom Zustand der Zerstörung 1945, denen

Aufnahmen von 1979 gegenübergestellt sind. Was für ein Kontrast! Ich staune über die Wiederaufbauleistung der Polen.

Zugleich steigt Wut in mir auf über den von Hitler angezettelten Krieg, der dieses schöne Breslau nicht nur so schwer zerstört, sondern auch das Ende des deutschen Breslau gebracht hat. Ein »Führerbefehl« hatte Breslau in den letzten Kriegsmonaten zur »Festung« erklärt, eine Stadt, die kaum nennenswerte Verteidigungsanlagen besaß, in der aber noch viele Zivilpersonen lebten. Gauleiter Hanke versäumte es, die Bevölkerung rechtzeitig zu evakuieren. Erst am 20. Januar 1945, als die sowjetischen Truppen immer näherrückten, ordnete er an, daß Frauen und Kinder sofort die Stadt zu verlassen hatten. Es wurde ein Todesmarsch. Bei zwanzig Grad Kälte starben vor allem Kleinkinder und Alte auf den Straßen. Am 28. Januar ließ der Gauleiter den zweiten Bürgermeister der Stadt, Spielhagen, erschießen, weil er sich, die Niederlage Deutschlands vor Augen, Hankes Kurs verweigerte und Menschenleben wie auch die Schönheit seiner Stadt retten wollte. Mitte Februar war Breslau vollkommen eingekesselt. Aber noch immer lebten dort 200 000 Zivilisten. 45 000 Mann, Soldaten und Volkssturm, verteidigten die Stadt in einem mörderischen Kampf gegen die Übermacht der Roten Armee bis zur Kapitulation am 6. Mai. Am Ende waren siebzig Prozent der Stadt zerstört, mehr als 20 000 Häuser vernichtet. 80 000 Zivilisten und 6000 Soldaten starben in der Stadt, 90 000 Breslauer auf der Flucht. Eine grausame Bilanz.

Jetzt, vierzig Jahre später, laufen wir über den Ring der wieder pulsierenden schlesischen Hauptstadt. Wir gehen zur Ostseite des Rathauses. Sein schönster und bekanntester Teil ist nur durch ein Gerüst wahrzunehmen. Dieses Meisterwerk der Gotik, das 1500 vollendet wurde, wird liebevoll restauriert. Für eine Besichtigung der Innenräume bleibt uns keine Zeit. Frau Kubiak will zum Dom. Wir auch. Vorbei an Häusern und Geschäften, vorbei an der Sankt-Vinzens-Kirche, einer der größten der Stadt, daneben ein reich verziertes Barockgebäude. Durch die Markthalle mit Ständen von Obst und Gemüse. Über die Sandbrücke gelangen wir auf die Sandinsel inmitten der Oder, Standort der barocken Sankt-Anna-Kirche und der gotischen Kirche »Maria auf dem Sande« mit einem barocken Anbau, in dem die Universitätsbibliothek untergebracht ist. Vor »Maria auf dem Sande« hängen Schautafeln mit Aufnahmen des bei Kriegsende zerstörten Gotteshauses. Die wiederaufgebaute dreischiffige Hallenkirche betört mit ihrer klaren Schönheit. Schon fällt der Blick auf die nächsten Kirchen. Links mit dem spitzen Helm die Kreuzkirche, rechts mit den beiden stumpfen Türmen der ehrwürdige Dom. Über eine stählerne Brücke gelangen wir auf die Dominsel, den ältesten Stadtteil von Breslau. Hier wurde vom Böhmenherzog Wratislaw um 900 die erste Burg errichtet. Also ist die Stadt, deren Name sich von diesem Herzog ableitet, schon fast 1100 Jahre alt.

Vor der Kreuzkirche steht die große barocke Statue des heiligen Nepomuk. Unter dem Gotteshaus, in dem eine Gemäldeausstellung mit religiösen Motiven zu besichtigen ist, befindet sich noch ein weiteres, die Bartholomäuskirche. Was für ein Reichtum! Ich erinnere mich, wie meine Eltern von Breslau geschwärmt hatten. Ich hielt es damals für übertrieben. Verluste werden oft in der Erinnerung verklärt. Für mich war München, wo ich neun Jahre lang wohnte, der Inbegriff einer alten, schönen Stadt. Doch hier auf der Dominsel empfinde ich plötzlich, daß Breslau meine Herzensstadt ist. Alle meine Vorfahren stammen aus Schlesien. Breslau – das ist »meine« Landeshauptstadt, so wie für die Bayern München und für die Sachsen Dresden. Dabei ist es mir gleichgültig, daß die Stadt jetzt Wroclaw heißt. Es geht mir nicht um politische Zugehörigkeit, sondern um das Gefühl für meine Herkunft.

Wir erreichen den Dom. Vor uns die Westfassade mit den beiden Türmen. In ihnen gotische Fenster, jedes in einer anderen Form, siebenmal übereinander. Das Hauptportal hat einen reich mit Skulpturen geschmückten Vorbau. Als wir aus dem grellen Sonnenlicht in das Halbdunkel des Doms treten, kann ich es fast nicht glauben, daß dies ein Wiederaufbau ist. Aber ich hatte die

Fotos vom zerstörten Dom gesehen: ohne Dach, zerstörte Seitenmauern, im Mittelschiff alles in Schutt und Asche. Jetzt schreiten wir durch den weihevollen Raum, der als »Mutter der Kirchen Schlesiens« gilt. Die braunen Backsteine, die durchgehend bis zur Wölbung reichen, geben ihm trotz seiner Größe eine anheimelnde Wärme. Im Presbyterium erstaunt mich das barocke Chorgestühl. Das kann unmöglich neu sein. Frau Kubiak weiß die Herkunft: Aus der Vinzenskirche stammt es. Vor ihrer Zerstörung war es ausgelagert worden und konnte so gerettet werden. Auch der Hauptaltar stammt aus einer anderen Kirche. Wir gehen durch die Seitenschiffe, an die Kapellen angebaut sind: acht im Südschiff, elf im Nordschiff. Die Elisabeth- und die Kurfürstenkapelle sind die beiden prunkvollsten. In der Johanneskapelle gibt es gotische Wandmalereien.

»Wie gefällt Ihnen unser Dom?«, flüstert Frau Kubiak. »Überwältigend«, sage ich, »ich kann gar nicht alles aufnehmen.«

»Nun reichen Ihnen wohl die Kirchen«, scherzt sie, »dabei haben Sie nur einen Teil gesehen. Wir haben noch viel mehr. Breslau kann man eben nicht an einem Tag besichtigen.«

Wie recht sie hatte! Für diesen Tag ist es wirklich genug, und so fahren wir zum Abendessen ins Hotel Monopol, einen pompösen Bau im Neobarock, gegenüber dem klassizistischen Bau der Oper gelegen. »Das Hotel Monopol war früher das beste und teuerste in Breslau«, erzählt Frau Kubiak. Auch im Innern neubarocke Pracht, wenn auch von der Zeit verblaßt. An den Wänden des riesigen Speisesaals hohe Spiegel in Goldrahmen. Eine Kapelle spielt. Die Bestellung fällt nicht schwer, weil die Auswahl nicht groß ist. Aber anders als etwa in Moskau gibt es das, was auf der Karte steht.

Mit einem ungarischen Wein stoßen wir an. »Auf unsere deutsch-polnischen Breslauer!« sage ich und erzähle dann von meiner letzten Begegnung mit Frau Kubiaks Schwester zu Hause in Eltville. Sie hatte uns eine in Schlesien lebende Verwandte vorgestellt, die nur polnisch sprach. Inmitten der von der Schwester gedolmetschten Unterhaltung fiel – auf polnisch – der Satz: »Wir

Deutsche heiraten nur untereinander.« Er ließ mich aufhorchen: Deutsche, die Deutsche heiraten, aber nicht mehr deutsch sprechen. Ich wußte, daß der Gebrauch der deutschen Sprache in Schlesien von den Kommunisten verboten worden war, aber erst durch diesen Satz begriff ich, was das bedeutete.

»Jetzt wissen Sie Bescheid über uns«, unterbricht mich Frau Kubiak. »Die Deutschen in der Bundesrepublik denken doch alle, wir seien Polen, die sich nur als Deutsche ausgeben, weil wir dann Vorteile haben. Das tut schon weh. Ebenso schmerzlich ist es, wenn die Polen wider besseren Wissens sagen, es gäbe in Schlesien keine Deutschen mehr. Das ist die staatliche Doktrin. Und dann noch dieses Gerede von den urpolnischen schlesischen Gebieten am sogenannten Jahrestag der ›Rückkehr der Westgebiete‹. Wissen Sie, was Jaruzelski hier in Breslau vor ein paar Wochen gesagt hat? Polen hätte alle internationalen Verpflichtungen bei der Zusammenführung von Familien erfüllt! Damit gäbe es auch kein Problem einer deutschen Minderheit in Polen mehr! Und das ist eine glatte Lüge!«

»Was schätzen Sie, wie viele Deutsche noch in Schlesien wohnen?« frage ich und staune, als sie von etwa einer Million spricht.

»Wollen die bleiben oder in die Bundesrepublik gehen?«

»Teils, teils. Das ist nicht so einfach zu beantworten. Wer geht schon gern aus seiner Heimat weg? Aber wenn es hier weiter so bleibt wie jetzt! Alles hängt von der politischen und wirtschaftlichen Entwicklung ab. Mir wäre es am liebsten, die Bundesrepublik würde Schlesien zurückkaufen!«

»Schlesien zurückkaufen? Wie stellen Sie sich das vor? Sie machen einen Scherz!«

»Nein, nein! Schon 1975 hat man behauptet, es gäbe keine Deutschen mehr bei uns. Dann kam euer Bundeskanzler Schmidt, sagte unserem Ministerpräsidenten Gierek 2,3 Milliarden Mark zu, und plötzlich durften 125 000 Deutsche aus Polen aussiedeln. Ist das nicht Beweis genug, was man mit der D-Mark alles erreichen kann? Für Geld lassen sich die polnischen Kommunisten auch Lügen strafen.«

Zwar hoffe ich immer noch auf das Ende der DDR und Deutschlands Wiedervereinigung. Aber an eine Rückkehr von Schlesien, Pommern und Ostpreußen glaube ich nicht mehr. Dafür ist es jetzt, vierzig Jahre nach Kriegsende, zu spät. Hier wohnen jetzt Polen, das Land ist ihre Heimat geworden. Eine neue Vertreibung darf es nicht geben. So wenden wir uns einer möglichen Zukunft Schlesiens in einem Europa freier Staaten zu – eine schöne Träumerei im Restaurant des Hotels Monopol an diesem Sommerabend in Breslau.

Das Wetter hält. Am nächsten Morgen wieder strahlender Sonnenschein, wolkenloser Himmel. Also auf ins Riesengebirge, doch noch zur Schneekoppe! Zunächst jedoch geht es in die entgegengesetzte Richtung, zur Jahrhunderthalle. Pflichtprogramm für Touristen. Nach Rathaus und Dom ist sie das dritte Baudenkmal, das die Breslauer ihren Gästen unbedingt zeigen müssen. Sie wurde 1913 zum hundertjährigen Jubiläum der Erhebung gegen Napoleon fertiggestellt. Sie wird von einer zweiundvierzig Meter hohen und fünfundsechzig Meter Spannweite messenden riesigen Kuppel überwölbt, damals die größte freischwebende Kuppel überhaupt. Mit sechstausend Sitzplätzen war sie eine der größten Hallen in Europa. Heute heißt sie »Hala Ludowa« – »Volkshalle«. Das Gelände um sie herum dient Messen und Großveranstaltungen. Gegenüber liegt der Zoo, einer der größten in Europa.

Nun aber geht es zum eigentlichen Tagesziel, der Schneekoppe. Wir fahren zurück, quer durch die Stadt, und dann auf die Autobahn. Freude über das strahlende Wetter. Wir lachen über die etwas seltsame Fahrweise von Tadeusz, der in Breslau ein paar unerlaubte Wendungen vollführt hat. Das sei eben polnisch, scherzt seine Frau. Bei Liegnitz müssen wir nach Süden abbiegen, vor oder gleich hinter der Stadt. Beide Straßen führen über Hirschberg ins Riesengebirge. Aber wenn ich anhand meiner Karte sage: »Jetzt abbiegen«, antwortet Tadeusz: »Jesche ne« – »noch nicht«. Und schon sind wir zu weit gefahren. Die Tankanzeige ist auch schon ziemlich weit unten. Aber die Störrigkeit von Tadeusz hat auch einen Vorteil. Wir fahren nämlich nun durch Bunzlau und Löwenberg, zwei Städte, von denen ich schon gehört habe. Ein Tontopf hieß bei uns früher einfach »Bunzeltopf«, weil alle Tontöpfe aus Bunzlau kamen. Und von Löwenberg ist es gar nicht mehr weit nach Görlitz, meiner Heimatstadt.

Die Landschaft erinnert mich an meine Heimat, an die Oberlausitz. Als wir durch Löwenberg fahren, überrascht der verhältnismäßig gut erhaltene mittelalterliche Stadtkern. Am Ring ein schönes Rathaus, das vom selben Baumeister – Wendel Roßkopf – stammt wie das Görlitzer Rathaus. Die Sandsteinquader für das Brandenburger Tor und das Reichstagsgebäude in Berlin kommen hier aus Löwenberg. Wie doch alle Gegenden in Deutschland miteinander verwoben waren!

Weiter geht es nach Krummhübel. Das Ziel, das wir vorgestern nicht erreicht hatten, die Besteigung des beliebtesten Berges der Schlesier, rückt in greifbare Nähe. Wir steigen in den Sessellift, der hinauf zur Schneekoppe führt. Der betriebsame Lärm des Kurortes bleibt unter uns. Zunehmende Stille, unterbrochen von fröhlichem Vogelgezwitscher. Polnische Worte von denen, die uns entgegenschweben. Die Bäume, die immer kleiner werden, sind krank, viele völlig kahl. Umweltschäden, wie ich sie noch nirgendwo so kraß gesehen habe.

Aussteigen, weiter zu Fuß. Die Zeit bis zum Gipfel kann man schlecht schätzen. Vielleicht eine Stunde. Posten halten uns an. Verlangen unsere Pässe. Deutsche dürfen nicht ganz nach oben, weil dort die polnisch-tschechische Grenze verläuft. Aber erst einmal dürfen wir weiter. Vielleicht gibt es ja eine Ausnahme. Wir beschließen, daß die Kubiaks in der Nähe der Grenzer nur noch polnisch reden und wir so tun, als ob wir es verstünden, indem wir »Tak, tak« sagen, »Ja, ja«.

Es funktioniert. Wir kommen ungehindert an den Posten vorbei. Nach knapp einer Stunde haben wir unser Ziel erreicht, stehen auf dem Gipfel, auf der berühmten Schneekoppe, rund 1600

Meter hoch. »Snezka« heißt sie auf polnisch, was die wörtliche Übersetzung ist. Strahlend blauer Himmel mit weißen Schönwetterwolken. Vor uns ein rundes Holzgebäude, auf dem Dach ein Kreuz. Eine alte Kapelle. Daneben ein hoher, viereckiger Turm, ebenfalls aus Holz. Etwas tiefer ein neues Gebäude aus Beton, das aussieht wie eine Weltraumstation.

Das Wetter läßt einen Rundblick in die Täler zu, in alle vier Himmelsrichtungen. Das Riesengebirge hier ist anders als alle deutschen Mittelgebirge. Es ist nicht mit den Höhen des Bayrischen Waldes zu vergleichen, ähnelt nicht den Bergen im Südschwarzwald. Es ist etwas ganz Eigenes. Eine Urwelt, schroff und rauh. Im Winter ist hier die durchschnittliche Temperatur sogar niedriger als auf den Alpengipfeln.

Ich laufe ein Stück allein auf der Kuppe umher. Plötzlich stehe ich vor einem Kiosk mit tschechischer Beschriftung. Ich bin unversehens über die hier oben unsichtbare Grenze gelaufen. Das kann dumm ausgehen. Mit klopfendem Herzen gehe ich auf die polnische Seite zurück, ohne daß etwas passiert. Zusammen be-

Die Schneekoppe im Riesengebirge, mit 1603 Metern der höchste Berg Schlesiens.

treten wir nun das futuristisch anmutende Restaurant. Fast rundherum bieten Fenster einen Blick ins Weite. Ich schreibe Karten nach Hause an meine Familie und an meinen Vater in der DDR, der schon sehr krank ist. Ob er es noch mitbekommt, daß sein Sohn hier oben auf der Schneekoppe war? Wie würde er sich darüber freuen!

So viel bedeutet mir dieser Berg. Tausende Mal hatte ich in meiner Kindheit, im Vorbeigehen im Flur, Caspar David Friedrichs Bild »Das Kreuz im Gebirge« gesehen. Kindliche Phantasie und Fernweh mischten sich zu einer unbestimmten Sehnsucht. Von meinen Eltern kannte ich das »Riesengebirgslied« – »Blaue Berge, grüne Täler ...« Auch hatte ich die Sagen über Rübezahl gehört, der hier im Riesengebirge hausen sollte.

Carl Hauptmann, der im Schatten seines jüngeren Bruders Gerhart stand, hat alle Erzählungen über Rübezahl gesammelt und schreibt über diesen schlesischen Berggeist: »Viele Menschen wollen Rübezahls Gunst und Gnade erfahren haben. Noch mehrere seine niederträchtigen Tollheiten und gemeingefährlichen Tücken ... Aber richtig gesehen hat Rübezahl keiner. Oder vielmehr, das ist eben das Rätsel. Ein jeder von denen, die einmal in seinem Banne waren, hat Rübezahl gesehen. Ein jeder schwört, daß er ihn Auge in Auge vor sich gehabt, leibhaftig wie einen alten Eichenstamm oder einen mächtigen Steinklotz. Schwört, daß Rübezahls Auge so listig gespielt hätte, wie der Elbbrunnen mit den Sonnenstrahlen. Daß Rübezahls Mund gelacht hätte, wie das siebenfache Echo in den Schneegruben lacht, so hart und gellend ... Alle schwören, daß sie den Rübezahl leibhaftig gesehen hätten. Sogar als einen in die Lüfte in Menschengestalt sich aufhebenden und mit den Nebeln fortwirbelnden Heuschober ... Das ist eben das große Geheimnis, daß Rübezahl als der Geist des Gebirges mit Händen nicht zu packen ist.«

Sein Bruder Gerhart hat zwei Jahre vor seinem Tod ein letztes Gedicht über das Riesengebirge geschrieben, eine kurze, packende Beschwörung von dessen Urgewalten:

> Was groß und menschenfremd in dir,
> du Weltgebirge, lob' ich mir:
> Den Sturm, der deine Nacht durchbraust,
> darin der Urwelt Dämon haust.
> Dem bleibst du fremd, der recht dich kennt.
> Urmythos ist dein Element.
> Du schweigst gewaltig, wenn du sprichst
> und rasend deine Forsten brichst.
> Du duldest uns im Winterschnee,
> doch deine Gnaden tuen weh.
> Nun aber, weichlich sind wir nicht:
> wir lachen dir ins Angesicht!

Auch wenn sein Grab nicht unten in Agnetendorf liegt, mit direktem Blick auf die Gipfel hier oben, wie er es sich gewünscht hatte: Der Geist Hauptmanns ist überall, wo immer sich jemand mit seinem Werk vertraut macht. Er ist unsterblich wie die gewaltigen Bergrücken des Riesengebirges.

Am späten Nachmittag fahren uns die Kubiaks in das Hotel nach Waldenburg zurück. Die politischen Gespräche des Vorabends sind auf der Schneekoppe verstummt. Vielleicht, weil es so viel zu schauen gab. Jeder genoß das Glück, bei diesem Wetter hoch auf den Bergen sein zu können.

Vor dem Hotel herzlicher Abschied von unseren Breslauern, deren Gastfreundschaft wir so sehr genossen haben. Was für prächtige Menschen! Das Zusammenleben von deutschen und polnischen Schlesiern – in der Ehe der beiden war es Realität. Was waren das für Gespräche mit dieser Frau inmitten des kommunistischen Polen mit seiner Militärdiktatur! Dieser Dialog hat Mut gemacht. Der Zustand, so wie er ist, wird nicht bleiben. Alles entwickelt sich. Wer hätte denn je gedacht, daß es einmal einen Papst aus Polen geben würde?

Im Hotel dann der Abschiedsabend mit einem üppigen Menü. Auch Kaffee, den es sonst nicht gegeben hat. Nach dem Essen steigt eine Verlosung. Jeder erhält ein Geschenk vom polnischen Reisebüro. Eine nette Geste. Ich bekomme ein braunes Holzkästchen mit eingebranntem Muster. Für unseren Reiseführer, den Germanistikstudenten Christoph, wird gesammelt. Zu vorgerückter Stunde komme ich mit ihm ins Gespräch.

»Warum müßt ihr Polen so sehr die Unwahrheit erzählen, ihr wißt doch, daß das Land viele Jahrhunderte deutsch war?« Ich erzähle von Geschehnissen bei der Vertreibung der Deutschen. Das hat er noch nie gehört. Er ist betroffen. Ich sage ihm, daß ich mich für die Verbrechen, die von Deutschen an Polen begangen wurden, schäme, auch wenn ich damals noch ein Kind war. Daß es aber Unrecht und Verbrechen auf beiden Seiten gegeben habe. Daß nun, vierzig Jahre danach, Wahrheit und Wahrhaftigkeit vonnöten seien. Auf beiden Seiten.

Wir reden nicht nur über die Geschichte, auch über die Zukunft. Über Europa. Wir müssen nach vorne schauen. Die gemeinsame leidvolle Vergangenheit muß uns Mahnung sein, es besser zu machen. Spät nach Mitternacht scheiden wir als letzte mit der gegenseitigen Versicherung, zum Verständnis zwischen unseren beiden Völkern weiterhin beitragen zu wollen.

Am nächsten Morgen Abfahrt aus Waldenburg. Herzlicher Abschied von allen, auch von Stanislaw, unserem so liebenswerten Taxifahrer der beiden ersten Tage, der plötzlich vor dem Bus steht. Ich muß daran denken, wie er die Vorzüge und Nachteile von Deutschen und Polen beschrieben hatte: »Die Deutschen sind zu fleißig und vergessen dabei oft das Leben, die Polen verstehen zu leben, vergessen dabei aber oft das Arbeiten!« Das hatte er zum besten gegeben, als ich ihm meine Beobachtung mitteilte, daß hier Bauern schlafend auf dem Feld zu sehen seien, was in Deutschland ganz unvorstellbar sei. Mit seinem Spruch hatte er ganz sicher recht.

Der Bus fährt nach Breslau, um die anderen Mitreisenden aus ihrem Hotel abzuholen. Die Dörfer grau und verfallen, gepflegte Häuser sind selten. Hat das mit dem zu tun, was Stanislaw über die Polen gesagt hatte? Die Breslauer steigen zu. Austausch über das Erlebte und Gesehene. Die beiden älteren Damen in der Reihe vor mir schimpfen auf Hitler, der schuld daran sei, daß dieses schöne Land für die Deutschen verloren ist.

Wir nähern uns wieder der Neiße, dem Grenzfluß seit vier Jahrzehnten, der den östlichen deutschen Staat von Polen trennt. Polen hatte Schlesien 1945 zur Verwaltung bekommen, bis zur endgültigen Regelung in einem Friedensvertrag. Wird es einmal zu einem solchen völkerrechtlich verbindlichen Vertrag kommen? Was wird der rechtliche Vorbehalt noch nützen, wenn sich die Wurzeln des Faktischen immer tiefer und tiefer eingegraben haben?

Grenzstadt mit Brückenfunktion

*Reise nach Görlitz und Zgorzelec
im März 1990*

Es ist der 15. März 1990. Ich bin wieder einmal Richtung Osten unterwegs. Diesmal nicht mit einer Reisegesellschaft wie im Sommer 1985, sondern mit meinem ZDF-Team. Das Reiseziel ist Görlitz. Wir produzieren einen dreiteiligen Film mit dem Titel »Die deutsche Einheit – Traum und Wirklichkeit«.

Ich kann noch immer nicht fassen, was sich in den letzten fünf Monaten alles in der DDR verändert hat. Am 9. Oktober 1989 hatte in Leipzig die Revolution der Bürger gegen die verhaßte SED-Diktatur gesiegt. Trotz der achttausend Bewaffneten, die die Montagsdemonstration an diesem Tag verhindern und auseinandertreiben sollten, waren siebzigtausend Frauen und Männer auf die Straße gegangen. Mit ihrer selbstbewußten Parole »Wir sind das Volk!« hatten sie das marode Honecker-Regime ins Wanken und schließlich zum Einsturz gebracht, ermutigt durch den Besuch von Gorbatschow wenige Tage zuvor in Ost-Berlin. Sein Satz »Wer zu spät kommt, den bestraft das Leben!« war als Signal für den Beginn von Veränderungen in der DDR verstanden worden. Glasnost und Perestroika sollte es also auch in der DDR geben.

Und dann der Abend des 9. November 1989. Nach achtundzwanzig Jahren fiel in Berlin die Mauer, lagen sich die Menschen aus Ost und West vor Freude weinend in den Armen. Sie brachten durch ihre spontane Reaktion auf eine SED-Verlautbarung über eine neue Reiseregelung nicht nur die Mauer zu Fall, sondern setzten tiefgreifende Veränderungen in Gang. Der beste Beweis dafür war, daß es in drei Tagen, am Sonntag, dem 18. März 1990, die ersten freien Wahlen in der DDR geben würde.

Und die werden wir in meiner Heimatstadt Görlitz selbst miterleben. Für mich ist das noch immer wie ein Traum. Um mir selbst zu bestätigen, daß es die Wahrheit ist, greife ich in meine Brieftasche: »Pressekarte für zeitweilig akkreditierte Korrespondenten. Name: Ekkehard Kuhn. Redaktion: ZDF. Journalistisches Vorhaben: Filmaufnahmen ›Die deutsche Einheit – Traum und Wirklichkeit‹. Team: Eckart Hoffmeyer, Christian Rohrmann, Michael Deinert. Mitgeführte Technik: Aufnahmetechnik.« Darunter ein Stempel »DDR – Ständige Vertretung in der Bundesrepublik, Bonn« und eine Unterschrift. Da standen also wirklich der Filmtitel »Die deutsche Einheit« und mein Name schwarz auf weiß. Beglaubigt und besiegelt.

Die deutsche Einheit wird von fast allen Parteien, die zur Volkskammerwahl angetreten sind, gefordert. Also wird sie, egal wer gewinnt, auch kommen. Aus dem Traum so langer Jahre wird Wirklichkeit werden. Vielleicht sogar noch in diesem Jahr.

Der eigentliche Anlaß, nach Görlitz zu fahren, ist jedoch nicht die Wahl zur Volkskammer, sondern der »Görlitzer Vertrag«, der am 6. Juli 1950 zwischen Polen und der DDR abgeschlossen wurde. In ihm hatte die DDR die Oder-Neiße-Linie als »unantastbare Friedens- und Freundschaftsgrenze« anerkannt, was die Bundesregierung als Grenzvereinbarung der »Sowjetzone« sofort für »null und nichtig« erklärte. Jetzt wollen wir an der schicksalhaften Oder-Neiße-Linie selbst drehen, gerade in einer Zeit, als die endgültige völkerrechtliche Regelung der Ostgrenze eines wiedervereinigten Deutschlands bevorzustehen scheint. Denn diese Wiedervereinigung der beiden deutschen Staaten ist ohne die Geschichte seit 1945 nicht zu verstehen.

Wir fahren durch den Seulingswald, durch den sich die Autobahn in langen Kurven windet. Vor uns der Mercedes der Kamera-Kollegen. Ich sitze auf der Bank im VW-Bus, den der Tonkollege steuert. Umgeben von Büchern und Akten, Unterlagen für unser Thema. In einer Stunde werden wir bereits im anderen deutschen Staat sein, der wahrscheinlich bald nach Artikel 23 des Grundgesetzes der Bundesrepublik beitreten wird. Die Art und das Tempo dieser Vereinigung können die Deutschen selbst bestimmen. Das hatte Michail Gorbatschow Helmut Kohl gegenüber am 10. Februar in Moskau überraschend eingeräumt.

Ich wundere mich darüber, daß in diesen Tagen alle sagen, die deutsche Einheit sei nicht vorhersehbar gewesen. Ich teile diese Meinung nicht. In meinem Buch »Nicht Rache, nicht Vergeltung – Die deutschen Vertriebenen«, das im April 1987 erschienen war, hatte ich geschrieben: »Die Sowjetunion ist heute – verkürzt gesagt – das letzte große Kolonialreich der Erde. Es gehört wohl keine große Prophetie dazu, vorherzusagen, daß in Zukunft der Druck der vielen sowjetischen Völker und der Völker Osteuropas auf das großrussische Herrschervolk zunehmen wird ... Die Freiheit, die Selbstbestimmung wird eines Tages allen Völkern in Europa gehören. So wie der russische Zar es gestattete, daß die deutschen Staaten im 19. Jahrhundert durch Bismarcks Reichsgründung in einem großen Kaiserreich zusammenwuchsen, so wird eines Tages auch die Sowjetunion bereit sein zuzulassen, daß die Deutschen wieder in einem Staat zusammenleben.«

Einen Monat später – im Mai 1987 – erschien es mir noch wahrscheinlicher, daß es zur Wiedervereinigung der beiden deutschen Staaten kommen würde. Der Chef der Berliner Filmfirma Chronos, Bengt von zur Mühlen, erzählte mir, er habe von einem russischen Professor erfahren, daß in seinem Moskauer Institut über Modelle zur Wiedervereinigung Deutschlands nachgedacht werde. Das war nicht irgendein Institut, sondern es gehörte zur Staatlichen Akademie der Wissenschaften der UdSSR. Aber wie war diese Mitteilung aus Moskau zu werten? Was bedeutete es, wenn sowjetische Wissenschaftler Wiedervereinigungsmodelle entwarfen? Hatten sie einen Auftrag der politischen Führung?

Ich hatte von zur Mühlen ermuntert, seine Informationen niederzuschreiben und an die einschlägigen Bonner Adressen zu schicken. Sein siebenseitiges Papier vom 29. Mai 1987 schließt mit den Worten: »Die Architekten solcher Gedankengebäude glauben, die Aufgabe der DDR für eine Neutralisierung ganz Deutschlands in Kauf nehmen zu können, wenn ein vereinigtes

Deutschland in erheblichem Maße zur Finanzierung der Reformpläne in der Sowjetunion beiträgt und gleichzeitig die in der Sowjetunion als solche empfundene Bedrohung durch die NATO mit dem Ausscheiden der Bundesrepublik aus dem Bündnis entfällt.«

Während wir in Richtung deutsch-deutscher Noch-Grenze fahren, lese ich meinem Kollegen Michael diesen letzten Absatz vor. »Was sagst du dazu? Das klingt doch für die Russen plausibel. Deshalb habe ich in den letzten Jahren immer damit gerechnet, daß Gorbatschow mit einer Friedensvertragsinitiative kommt. Schon weil er Geld braucht.«

»Ich wollte schon immer raus aus der NATO!« ist Michaels lapidare Antwort. In dieser Hinsicht sind wir konträrer Meinung. Ich bin gegen jede Neutralisierung. Doch etwas anderes verbindet uns: Er hat schlesische Vorfahren wie ich. Sein Vater kommt aus Breslau. Und beide sind wir gespannt auf unseren Besuch im letzten deutschen Rest von Schlesien, rund um Görlitz herum.

Wir kommen an die Grenze. Alles sieht noch aus wie früher. Aber die Abfertigung geht viel schneller voran. Die DDR-Bediensteten sind wesentlich freundlicher. Auf der thüringischen Autobahn die berüchtigten Schlaglöcher, die es gar nicht möglich machen, schneller als neunzig Stundenkilometer zu fahren. Rechts der Kamm des Thüringer Waldes. Bald kommt die Ausfahrt Gotha. Hier fahre ich immer ab, wenn ich Schwester und Schwager in Breitenbach besuche. Dort, im berühmten Vesser-Tal, einem UNESCO-Naturschutzgebiet, hatten sie ein altes, reparaturbedürftiges Fachwerkhaus gekauft, dessen steinerne Grundfesten auf das Jahr 1527 zurückgehen. In der Kreisstadt Schleusingen sind auch die Gräber der Eltern. Am 18. Juli 1985 war mein Vater gestorben, nur vierzehn Tage nach meiner ersten Reise in seine schlesische Heimat. Die Ansichtskarte, die ich ihm von der Schneekoppe geschrieben hatte, erreichte ihn nicht mehr bei Bewußtsein. Ich stelle mir vor, wie sehr er die jetzigen politischen Veränderungen begrüßt hätte.

Am späten Abend erreichen wir Görlitz. Für die sechshundert

Kilometer lange Strecke haben wir elf Stunden gebraucht. Nun sind wir im Hotel »Stadt Dresden«, schräg gegenüber vom Bahnhof. An der Rezeption empfängt uns freundlich eine junge Frau: »Herzlich willkommen in unserer Stadt. Schön, daß Sie hier filmen wollen. Wir können zwar noch kein ZDF empfangen, aber wir sind immer froh, wenn aus unserer Stadt berichtet wird. Wir sind ganz schön vernachlässigt worden. Wir sind hier sozusagen am ›Ende der Welt‹.«

»Das wird sich ändern«, sage ich. »Ich stamme hier aus der Gegend und hoffe, daß aus Görlitz wieder eine Perle wird wie früher.«

»Dann sind Sie ja ein Schlesier! Wissen Sie, früher durften wir nicht einmal das Wort Schlesien sagen. Dabei sind wir doch alle Schlesier hier! Die alten Görlitzer und die, die nach dem Krieg über die Neiße kamen. Aus Ost-Görlitz und von weiter weg. Hier bei uns gibt es fast keine Sachsen, höchstens ein paar Grenzsoldaten.«

Das ist das erste schlesische Bekenntnis, das ich höre, und das hier in meiner Heimatstadt! Der jungen Frau tut es sichtlich gut, daß ein Schlesier, dazu noch einer vom »West-Fernsehen«, ihr interessiert zuhört.

Dann geht es an die Zimmervergabe. Die ist weniger erfreulich. »Wissen Sie, wir haben nur ein Einzelzimmer. Die anderen drei müssen in einem Raum schlafen. Ich muß Ihnen auch sagen, daß unser Hotel lange nicht mehr renoviert worden ist. Immerhin war es mal das beste in Görlitz. Erwarten Sie also bitte nicht zuviel.«

Mein Team überläßt mir großzügig das Einzelzimmer, was ich dankend annehme. Der Standard ist wirklich ungewohnt. Toilette im Flur, keine Dusche im Zimmer, das Bett durchgelegen, die Zudecke dick und schwer. »Das ist wirklich kein Weltniveau«, denke ich im DDR-Jargon. Die Kollegen scherzen. Zu dritt haben sie schon lange nicht mehr geschlafen!

Am nächsten Morgen strahlend blauer Himmel. Ausgeschlafen und frisch stehe ich mit meinen Kollegen vor dem Hotel. Ich kann es noch immer nicht fassen, daß ich nach so vielen Jahren wieder in meiner Heimatstadt bin und hier für den Film »Die deutsche Einheit« drehen kann. Während die Kollegen die technischen Geräte in den Mercedes laden, weil wir später in den polnischen Teil von Görlitz nur mit einem Wagen und ohne die ZDF-Aufschrift fahren wollen, schaue ich mich um. Der Bahnhof und die anderen Gebäude sind noch grauer, noch verschmutzter, als ich es in Erinnerung habe. Gegenüber das »Hotel Handwerk«, in dem ich 1974 mit meinen Eltern, meiner Frau und unserer kleinen Tochter Susi übernachtet hatte, ist fast schwarz.

Die Straßenbahn, die hier vom Bahnhof kommt und in die Berliner Straße biegt, die inzwischen Fußgängerzone ist, quietscht noch immer so wie früher. Ich hätte große Lust, diese Straße Richtung Zentrum hinunterzulaufen, in die Geschäfte zu schauen, wo ich früher eingekauft habe, durch die Straßburg-Passage zu gehen, alles zugleich zu sehen. Was ist geblieben? Was hat sich verändert?

Zunächst aber wollen wir zur »Görlitz-Information«, um dort einen Stadtplan zu kaufen und uns Prospekte über die beiden Stadtteile zu besorgen. Wir fahren durch die Jakobstraße. Am Karl-Marx-Platz sehe ich meine alte Schule, wo ich 1956 das Abitur gemacht habe. Wo die Lehrer mir mit einer schlechten »gesellschaftlichen Beurteilung« die berufliche Zukunft in der DDR verbaut hatten. Aber eigentlich war das nur gut gewesen. Wäre ich sonst aus diesem Staat weggegangen? Was wäre hier aus mir geworden?

Am »Platz der Befreiung« vorbei, der jetzt schon wieder »Postplatz« heißt. Die spätgotische Frauenkirche steht da, als wäre ich nie fort gewesen. Durch die Struve- und Breitscheidstraße. Über den Klosterplatz mit dem alten, ehrwürdigen Gymnasium, das in der DDR keines mehr war. Nach wenigen Minuten halten wir auf dem größten Platz der Altstadt, dem »Leninplatz«, nun wieder der »Obermarkt«.

Meine drei Kollegen, die alle noch nicht in Görlitz waren, sind von der Geschlossenheit des Stadtbildes sichtlich beeindruckt. »Wenn das alles mal wieder frische Farben hat, ist das eine tolle Stadt«, sagt der Kameramann, ein gebürtiger Berliner. Ich erzähle, daß Görlitz mit seinem Grundbesitz im alten Preußen einmal die reichste Stadt war, und betätige mich als Stadtführer: »Dieser hohe Turm dort ist der Reichenbacher Turm, mit seinen beiden Brüstungen sicher der schönste der Befestigungstürme in Görlitz. Dahinter ist der ›Kaisertrutz‹, ein großes Rondell, das so heißt, weil die Schweden hier in dieser protestantischen Stadt dem katholischen Kaiserheer standgehalten haben. Das da drüben ist die Dreifaltigkeitskirche. Ihr besonders schlanker Turm heißt ›Mönch‹, weil das früher eine Klosterkirche war. In ihr gibt es die berühmte ›Goldene Maria‹. Dahinter ist der Rathausturm am Untermarkt zu sehen.«

Wir betreten eines der Barockhäuser, die den Platz säumen. Es hat die schönste Fassade. Von seinem Balkon hat Napoleon 1813 eine Truppenschau abgehalten. Die große Innenhalle ist seit dem Mittelalter typisch für die Görlitzer Häuser. Man konnte mit mehreren Wagen in sie hineinfahren. So war das Handelsgut der Kaufleute immer in Sicherheit. Durch eine alte, schwere Tür gehen wir in die »Görlitz-Information«. Auch hier freundliche schlesische Laute. Ich stelle uns vor, erzähle von unserem Vorhaben, über die erste freie Wahl in der DDR in Görlitz zu drehen, und erfahre, daß noch heute der Wiesbadener Oberbürgermeister Exner auf einer Wahlveranstaltung der SPD auf dem Marienplatz sprechen wird. Görlitz und Wiesbaden hatten gleich nach der Wende eine Städtepartnerschaft beschlossen.

Wir bekommen kostenlos einen Prospekt von »Zgorzelec«, dem jetzt polnischen Ostteil von Görlitz, in deutsch. Außerdem kaufe ich einen Stadtführer »Görlitz«. Der stammt noch aus der sozialistischen Zeit. Der bereits abgesetzte SED-Oberbürgermeister Butzinger spricht im Vorwort von der Stadt »in unserem sozialistischen Vaterland«. Es entspreche »den immer enger werdenden brüderlichen Beziehungen der sozialistischen Staatengemeinschaft, daß Görlitz – im Dreiländereck gelegen – ein Treffpunkt von Bürgern der DDR, der Volksrepublik Polen und der

ČSSR ist«. Dreiländereck stimmt noch. Der Sozialismus aber ist in allen drei Staaten obsolet geworden.

Die Hauptdaten der Stadtgeschichte sind unbestritten. In einer Urkunde von Kaiser Heinrich IV. wird im Jahr 1071 erstmals eine »villa Gorelic« erwähnt. Es ist die geschichtliche Geburtsstunde von Görlitz, das demnach im Jahre 1996 seinen 925. Geburtstag feiert. An dem Kreuzungspunkt der alten Handelswege, der Hohen Straße von West nach Ost, die hier über die Neiße führte, und der Route von Böhmen zur Ostsee siedelten sich im 13. Jahrhundert Kaufleute und Handwerker, vor allem Tuchmacher, an. Sie kamen zumeist aus Franken, Thüringen und dem Bistum Meißen. Ende des 15. Jahrhunderts zählt Görlitz mit über neuntausend Einwohnern zu den großen deutschen Städten und besitzt fast den Rang einer Freien Reichsstadt. 1635 fällt es mit der Oberlausitz an das Kurfürstentum Sachsen. 1815 spricht der Wiener Kongreß die östliche Oberlausitz mit der Stadt Görlitz dem preußischen Königreich zu. So wird dieses Gebiet der Provinz Schlesien einverleibt. Die »schlesische Oberlausitz« erfährt einen rasanten wirtschaftlichen Aufschwung. Die Einwohnerzahl von Görlitz steigt von zehntausend im Jahr 1815 bis auf hunderttausend im Jahr 1945 an.

Wir fahren quer durch die Stadt in Richtung Neiße. Vorbei an der Hals-Nasen-Ohren-Klinik, in der ich am 17. Juni 1953, am Tag des Volksaufstandes in der DDR, operiert worden bin. Sie lag zwischen der Russischen Kommandantur und dem nun ehemaligen Gebäude der Staatssicherheit. Als damals beim Stasigebäude geschossen wurde, versteckte mein Zimmerkamerad, der Volksarmist war, seine Uniform hinter dem Schrank, weil er dachte, der Umsturz hätte bereits das SED-Regime beseitigt. Am nächsten Tag kamen meine Eltern und erzählten mir im Garten der Klinik flüsternd, was eigentlich geschehen war. Daß es auch in unserem Heimatort Zodel nach dem gescheiterten Aufstand Verhaftungen gegeben habe. Daß zwei meiner Onkel darunter waren. Wir kommen zum Stadtpark. Genau hier verläuft der 15. Meridian, der Längengrad, der unsere mitteleuropäische Zeit bestimmt. Hier in Görlitz gehen also die Uhren in Deutschland am genauesten. Nur hier ist um zwölf Uhr wirklich der Höchststand der Sonne. Auf diese Tatsache macht im Park der »Meridianstein« aufmerksam.

Dann das unvermeidliche Einreihen in die Schlange der wartenden Fahrzeuge vor der Grenze, auf der »Straße der Freundschaft«. Jetzt um die Mittagszeit ist sie nicht ganz so lang. Links verweise ich die Kollegen auf einen großen Bau, die Stadthalle. Ich erzähle von dem Einsturz bei ihrer Errichtung, bei dem es Tote gab. Daß ich hier meine ersten Konzerte gehört habe. Daß in der überfüllten Halle Propagandaminister Goebbels noch im März 1945 eine Durchhalterede gehalten hat. In einem Buch über Görlitz habe ich mir eine Passage aus dieser Rede angestrichen, die ich nun vorlese: »Es soll mir niemand sagen, wir haben keine Chancen mehr. Ich bin der Überzeugung, wenn wir den Krieg führen, wenn jedes Haus eine Festung, wenn jede Stadt ein Bollwerk, jedes Herz ein uneinnehmbarer Schützengraben ist – ich bin der Überzeugung, daß wir nicht nur den Feind zum Stehen bringen werden, sondern daß wir den Feind wieder zurückjagen, wo er hergekommen ist und wo er hingehört.«

»Ein Herz als ein Schützengraben, was für ein Irrsinn!« kommentiert unser Jüngster, der Kameraassistent, kopfschüttelnd.

Wir fahren über die Neiße, den Grenzfluß der jetzt geteilten Stadt. Hätte Hitler nicht diesen wahnwitzigen Krieg angefangen, wäre hier alles noch normal, wäre Görlitz eine ungeteilte Stadt, denke ich wehmütig. Dann das übliche Gebaren an einer Staatsgrenze. Den Paß vorzeigen, das Visum wird abgestempelt. Zum erstenmal nach dem Krieg betrete ich die Ostseite der Stadt. Laut Prospekt hat Zgorzelec jetzt siebenundzwanzigtausend Einwohner. Es geht lebhaft zu. Viele Wechselstuben und fliegende Händler. Das Kulturhaus ist auf unserem Plan nicht zu finden. Aber wir haben die hohe Kuppel der ehemaligen Ruhmeshalle bei der Fahrt über die Neiße rechts über die Dächer hinweg glänzen sehen. Wir fahren nach Gefühl und finden das große Gebäude am Ende einer baumumsäumten Straße. Noch immer ist strahlend blauer Himmel. Die Kollegen packen ihre Geräte aus. Stativ, Kamera, Tonaufnahmegerät. Eine Drehgenehmigung benötigt man im postkommunistischen Polen nicht mehr. Sollte uns jemand fragen, was wir hier machen, so können wir auf die Tafel vor dem Gebäude verweisen, auf der in polnisch von der Unterzeichnung des Görlitzer Vertrages am 6. Juli 1950 berichtet wird. Darüber zu berichten kann keinen Anstoß erregen. Im jetzigen Kulturhaus – Dom Kultury – gehen die Leute ein und aus. Sie schauen nach uns, aber niemand spricht uns an.

Die 1902 fertiggestellte »Ruhmeshalle« erinnert an den Reichstag in Berlin, als er noch die große Kuppel hatte. Nur daß sie hier viel kleiner ist. Über dem Hauptportal standen bis 1945 die Worte: »Dem Gründer des Deutschen Reiches – die dankbare Oberlausitz«. Als wir den Giebel ins Visier der Kamera nehmen, sehen wir, daß einige Buchstaben des überstrichenen Schriftzuges wieder durchscheinen. »Lausitz« ist ohne Schwierig-

Die ehemalige »Ruhmeshalle« in Görlitz dient heute im polnischen Zgorzelec als »Kulturhaus«.

keit zu lesen. Die deutsche Geschichte dieses Ortes ist hartnäckiger, als es den Polen lieb sein mag.

Es wird augenfällig, was für einen Einschnitt der verlorene Krieg für Görlitz bedeutete. Ich denke an das »Görlitzer Tagebuch« des katholischen Pfarrers Franz Scholz, der bei Kriegsende hier im Ostteil von Görlitz als Seelsorger tätig war. Unter dem Datum des 21. Juni 1945 heißt es dort: »Kein Deutscher darf sich mehr allein auf der Straße bewegen, es sei, er hätte einen Ausweis zum Bleiben. Alle anderen werden unnachsichtig zum Haufen der zur Austreibung Versammelten gebracht, auch für Mütter mit Kleinkindern gibt es kein Pardon. Ein Bild schrecklichen Elends und Jammers. Niemand hört es in der weiten Welt, niemand ist Zeuge, niemand kann helfen. Es gibt keine Presse, keinen Pressefotografen, keine Macht der Welt, die helfen könnte ... Unaufhaltsam bewegt sich jetzt der Zug des Elends. Tausende werden in das verhungerte, überfüllte Görlitz-West hineingepreßt.« Und am 30. Juni 1945 notiert Scholz: »Erstmalig wird hier in aller Form ein Dekret der polnischen Regierung kundgetan. Polen habe aus der Geschichte gelernt, daß Deutsche nicht wert seien, in Polen zu leben, da sie dieses Land verwüstet und seinen Staat vernichtet hätten. Daher müsse jetzt jeder Deutsche, soweit er nicht dringend zur Arbeit bei Polen benötigt werde, heraus ... Jedenfalls erfahren wir aus dieser Erklärung erstmalig, daß die polnische Regierung Görlitz-Ost zu Polen rechnet und nicht zu einer Besatzungszone des besetzten Deutschland. Görlitz-Ost zu Polen gehörig? Wir greifen uns an den Kopf und können die Welt nicht mehr verstehen.«

Wir betreten das Kulturhaus. Im Lichthof, wo früher über der Treppe die Statuen von Kaiser Wilhelm I. und Friedrich III. standen, hebt jetzt eine bronzene Mutter ihr Kind in die Höhe. Ihr ist nicht anzusehen, ob sie Polin oder Deutsche ist. Die Löwen rechts und links der Treppe sind noch dieselben, die ich in einem alten Görlitz-Buch gesehen habe. Aber wie außen sind auch innen alle deutschen Beschriftungen beseitigt, um die deutsche Vergangenheit der Stadt auszumerzen.

Filmarbeit an der Neiße in Görlitz, die hier die Grenze zwischen Deutschland und Polen bildet. Im Hintergrund auf deutscher Seite die Peterskirche.

Wir fahren zum Neißeufer, blicken über den Fluß zurück zur Peterskirche mit ihrem großen, fünfschiffigen Hallenkörper und den beiden hohen Türmen, die das Stadtbild beherrschen. Sie waren auch von meinem Heimatort Zodel aus zu sehen, der zehn Kilometer von hier entfernt liegt. Diese riesige Kirche mit den schlanken Säulen ist meine Görlitzer Lieblingskirche. Ich habe dort mein erstes Orgelkonzert gehört, ein unvergeßliches Erlebnis.

Auf dem schmutzigen Wasser der Neiße schwimmen Schwäne, so stolz wie überall. Kinder kommen zu uns, interessieren sich für unsere Dreharbeit. Wir können uns nicht verständigen, aber ein paar Kaugummis und Aufkleber nehmen sie gerne an. Erwachsene rufen dagegen unfreundlich aus den Fenstern. Ich verstehe nicht, was sie sagen, erinnere mich aber an einen Zeitungsartikel, den ich erst vor wenigen Tagen gelesen hatte: »Die Polen in Görlitz fürchten die deutsche Einheit.« Der darin angegebene Grund war vor allem, daß bei den Polen in Zgorzelec die

Angst davor wächst, die Deutschen könnten im Zuge einer absehbaren Wiedervereinigung Ansprüche auf den Ostteil der Stadt stellen.

Trotz der unfreundlichen Rufe bleibe ich bei meinem Vorhaben, nach Lissa zu fahren, das nun Lasow heißt und am rechten Neißeufer liegt, meinem Geburtsort direkt gegenüber. Die Straße dorthin ist schmal und voller Schlaglöcher. Im Ort angekommen, biegen wir in den erstbesten Weg zum Flußufer ein und landen bei den Resten der alten Brücke hinüber zu meinem Heimatort, dessen Kirchturm und Häuser ich über der Flußaue sehen kann. Zum erstenmal seit mehr als vierzig Jahren stehe ich wieder auf der anderen Seite der Neiße. Plötzlich hören wir Rufe von einigen Männern, die unser deutsches Auto erkannt haben. Auch wenn wir nichts verstehen, begreifen wir, daß wir hier unerwünscht sind. Ihre heftigen Gesten machen das mehr als deutlich. Als sie sich aufgeregt mit den Armen fuchtelnd auch noch nähern, sage ich zu meinen Kollegen: »Ruhig bleiben. Fortjagen können sie uns hier nicht. Wir tun nichts Unrechtes. Die Zeiten, wo gleich geschossen wurde, wenn man sich der Grenze näherte, sind doch wohl vorbei. Vielleicht können wir uns mit Englisch verständigen.«

Dann kommt mir eine Idee. Womöglich sind sie der Meinung, daß wir aus Lissa stammen und unsere alte Heimat inspizieren wollen. Als die Männer bei uns ankommen, halte ich ihnen daher meinen Paß unter die Augen. »Prosze Zodel! Nicht Lasow! Zodel! Da drüben«, sage ich eindringlich und zeige auf das Dorf jenseits der Neiße. »Meine Heimat ist Zodel, nicht Lasow!«

Ihr anfangs so sichtlicher Entschluß, uns aus ihrem Ort zu vertreiben, kehrt sich rasch ins Gegenteil. Jetzt wollen sie uns sogar zum Trinken einladen. Aber nach der so feindlichen Begrüßung habe ich keine Lust. Die Kollegen auch nicht. Und Wodka am Nachmittag, wo wir noch in Görlitz drehen wollen? Besser nicht! Also freundliche Verabschiedung und zügige Rückkehr nach Görlitz.

»Offenbar haben sie Angst, daß jetzt wieder Deutsche hierherkommen und das Land und die Höfe beanspruchen«, sage ich, erleichtert über den Ausgang der Begegnung, und Michael, der Tonmann, fragt: »Was hätten sie denn mit uns gemacht, wenn wir wirklich aus Lissa gewesen wären und nach unseren alten Häusern hätten schauen wollen? Das muß doch wohl noch möglich sein!«

Gegen halb sechs erreichen wir den Görlitzer Marienplatz, wo die Wahlkundgebung der SPD stattfindet. Es spricht gerade der Wiesbadener Oberbürgermeister Achim Exner. Vor dem Dicken Turm, direkt unter dem Stadtwappen aus spätgotischer Zeit, ist eine breite, hellblaue Wand aufgebaut. Davor ein Plakat mit der Aufschrift »Alles spricht für uns«. Vielleicht tausend Leute hören zu, stehen in losen Gruppen auf dem Platz. Exner wendet sich gegen eine Schlammschlacht der Parteien: »Wiedervereinigung in Frieden und Freiheit wird es nur geben, wenn alle demokratischen Kräfte an einem Strang ziehen.« Meine Kollegen drehen. Ich höre gar nicht mehr hin. Zu unwirklich ist das alles für mich. In meiner Heimatstadt macht ein Bürgermeister aus Wiesbaden, der Stadt, in deren Nähe ich jetzt wohne, Wahlkampf für eine freie Wahl in der DDR. Und beide Städte sind dabei, eine Partnerschaft einzugehen. Zwei Jahre zuvor hat Wiesbaden schon eine Partnerschaft mit Breslau/Wroclaw abgeschlossen, Exners Geburtsstadt. Was für ein Dreiklang: Breslau – Görlitz – Wiesbaden!

Und was für ein Tempo in der Politik! Was werden die Görlitzer wählen? Prognosen geben der SPD gute Chancen. Aber ich habe ein anderes Gefühl. Ein Passant, der sich mit unserem Team unterhält, sagt: »Wir wählen in Görlitz CDU.« Vielleicht liegt das daran, daß diese Partei mit der »Allianz für Deutschland« den schnelleren Weg zur Einheit verspricht.

Ein junges Mädchen kommt mit Handzetteln vorbei, drückt mir einen in die Hand. Schlesien, steht unterstrichen darauf. Die Umrisse der Kreise Görlitz, Hoyerswerda, Niesky und Weißwasser sind mit einer Computergrafik abgebildet. Es ist der Restzipfel des deutschen Schlesiens. Darunter Noten und Text des Schlesierliedes. Rechts und links davon die Wappen der vier Städte. Auf der Rückseite des Blattes stehen Daten aus der Geschichte der schlesischen Oberlausitz. Darunter in einem Kasten eingerahmt der Artikel 23 Grundgesetz der Bundesrepublik Deutschland. Dann die eigentliche Quintessenz des Blattes: »Die schlesische Oberlausitz gehörte 300 Jahre lang wie auch Schlesien zu den Ländern der Böhmischen Krone. Seit 1815 waren die Kreise Görlitz, Rothenburg, Hoyerswerda Bestandteile Schlesiens. Sie haben das Recht auf Wahrung ihrer schlesischen Eigenart. Sie gehören nicht zu Sachsen!« Und dann dick und unterstrichen die Forderung: Den Schlesiern ein Land Schlesien.

Daß sich die Schlesier von den Sachsen durch ihre Geschichte unterscheiden, ist mir und den älteren Leuten hier bewußt. Den Jüngeren muß es gesagt werden. In der Schule wurde es ja nicht gelehrt. Aber für die rund dreihunderttausend Schlesier aus den vier alten Kreisen ein eigenes Land Schlesien? Daran glaube ich nicht. Dafür ist ihre Zahl zu gering. Allenfalls ein eigener Regierungsbezirk.

Ich suche auf dem Zettel das Impressum, vergeblich. Wer ist für diesen Text verantwortlich? Von dem, was sich hier in meiner Heimat tut, kann ich nicht genug bekommen. So kaufe ich an einem Kiosk den »Neuen Görlitzer Anzeiger«. Auf der ersten Seite geht es um die Städtepartnerschaft. Auf Seite zwei erfahre ich, daß es früher in Görlitz einmal 149 Restaurants und 135 Bäckereien gab. Dann lese ich die Meldung: »Eine unabhängige Initiativgruppe Niederschlesien konstituierte sich am 1. März in Görlitz ... Sie will keine Vereinnahmung durch die zukünftigen Bundesländer Sachsen und Brandenburg ... Sitz der Landesregierung in Görlitz ... Aufarbeitung der Geschichte Niederschlesiens ... Wiederbelebung und Pflege des Kulturgutes und der Traditionen unserer Heimatlandschaft.« Mit Freude registriere ich, daß sich meine Landsleute nach der Unterdrückung der schlesischen Geschichte wieder zu Wort melden und Forderungen stellen.

Am Abend essen wir im Restaurant unseres Hotels »Stadt

Dresden«. Durch den Umtauschkurs 1:3 ist für uns alles sehr günstig. Selbst der beste ungarische Wein verträgt sich mit unserem Spesensatz. Wir reden über das Erlebte, freuen uns, daß es so offensichtlich in Richtung Einheit geht. Vor allem, daß jetzt jedermann die Freiheit hat, offen über alles zu reden. Unser Kameramann sagt: »Was können sich die Menschen hier bei Gorbatschow bedanken und bei den Leuten in Leipzig, die auf die Straße gegangen sind. Spätestens in zehn Jahren wäre hier alles zusammengekracht. Da wäre alles zu spät gewesen. Jetzt kann man doch vieles noch retten.«

Später gesellt sich, wie verabredet, der Erste Kapellmeister des Görlitzer Theaters, Thilo Schmalenberg, zu uns. Ich hatte ihn und seine Frau wenige Tage vorher beim Neujahrsempfang des Vereins für Volksbildung und Kultur in Wiesbaden kennengelernt. Seine Frau, die aus Armenien stammt, hatte dort Stücke von Chatschaturjan und Bach auf dem Flügel gespielt. Wir hatten uns über die politische Entwicklung in Deutschland und über das Kulturleben in Görlitz unterhalten.

Jetzt knüpfen wir an diese Unterhaltung an, und ich bitte ihn, von seinem Theater zu erzählen. »Von unseren Problemen etwa? Wir sind ein kleines Musiktheater mit sechshundert Plätzen. Machen jedes Jahr sechs bis sieben Inszenierungen. Aber unser Theater muß dringend renoviert werden. Nicht nur optisch. Die ganze Technik im Haus ist veraltet oder kaputt. Die Heizungsanlage ist so defekt, daß das Publikum im Winter friert, während die Musiker bei dreißig Grad im Orchestergraben schwitzen, weil darunter die Heizungsrohre laufen.«

»Und was würde eine Renovierung kosten?« frage ich. »Fünfzehn bis zwanzig Millionen Mark der DDR, hat unser Intendant ausrechnen lassen. Wer soll das bezahlen? Ein Theater nach dem anderen wird bei uns geschlossen, weil die Städte die Subventionen kürzen. Von unserem Etat von 4,9 Millionen Mark sind allein 4,6 Millionen Zuschüsse.«

»Und was kostet der Eintritt?«

»6,05 Mark der teuerste Platz. 65 Pfennige der billigste. Wenn wir die Preise erhöhen würden, kämen die Leute nicht mehr. Das ist das Problem. Eine einfache Lösung gibt es da nicht.«

Es geht hin und her. Wir bekommen eine Ahnung davon, daß die Lösung der vielen Probleme schwer werden oder gar unmöglich sein wird. Daß man Prioritäten setzen muß. Aber darf man gerade am Theater sparen?

»Kommen Sie doch alle morgen um elf auf unsere Probe«, lädt uns Herr Schmalenberg ein. »Den Zustand unseres Theaters müssen Sie gesehen haben!«

Am nächsten Morgen wieder strahlend blauer Himmel. Wir fahren einen Umweg zum Theater, weil wir noch Zeit haben und uns umschauen wollen. Aus vielen Fenstern hängen schwarz-rot-goldene Fahnen. Ab und zu ist auch eine weiß-gelbe dazwischen, die alten Farben von Niederschlesien.

Pünktlich um elf Uhr sind wir am Bühneneingang. Der sieht aus wie anderswo. Vollgehängt mit Plakaten. Aber dann kommen wir ins Foyer. Ich bin entsetzt. Der Fußboden ist uneben und aufgewellt. Abgewetzte Läufer. Die Farben unkenntlich verblaßt. Wir betreten den Zuschauerraum. Auch im Halbdunkel erkenne ich seinen schäbigen, trostlosen Zustand. In meiner Kindheit, als ich hier das erste Weihnachtsmärchen gesehen habe, war dieser Raum ein Himmel der Glückseligkeit gewesen. Alles blitzeblank. Leuchtendroter Samt, goldene Stuckausmalung, goldglänzende Leuchter.

Thilo Schmalenberg hat uns gesehen. Nach einigen Takten unterbricht er die Probe, kommt zu uns in die hinteren Sitzreihen, erklärt uns, was sie proben. Es ist eine ungarische Rockoper nach Stefan Heyms »König David Bericht«.

»Na, wie finden Sie unser Theater?«

Unsere Antwort ist schonungslos. Warum sollten wir uns auch zurückhalten? Der Kapellmeister kann nichts für den Zustand des Hauses.

»Wenn Sie mögen, hören Sie zu oder schauen Sie sich um. Und berichten Sie Gutes über Görlitz oder halt einfach die Wahrheit.«

Ich habe keine Lust auf Rockmusik, meine Kollegen auch nicht. Aus Höflichkeit bleiben wir noch etwas sitzen, dann brechen wir auf zur Stadtbesichtigung.

Um dreiviertel zwölf sind wir auf dem Untermarkt, der guten Stube von Görlitz. Die Uhr des Rathauses geht genau. Ich schaue mich um. Es ist das geschlossene, harmonische Bild, das ich von früher kenne. Renaissancebauten in einer Fülle wie an keinem anderen deutschen Marktplatz. Wir gehen einmal um die Zeile herum, wie die Häuser genannt werden, die inmitten des Platzes stehen. Über der Peterstraße grüßen die hohen Türme der Peterskirche. Die Sonne läßt die Häuser erstrahlen, die hier zum Teil noch einen intakten Farbanstrich haben. Licht und Schatten wechseln sich kontrastreich ab. Wie der Zustand der Häuser. Der Schönhof, das älteste Renaissancehaus Deutschlands aus dem Jahre 1526, entsetzt mich. Er steht nackt da, ohne Putz, mit Rissen in den Ziegelwänden. Nur die Erker und die Fenster-

Der »Schönhof« in Görlitz. Das älteste Renaissancehaus Deutschlands von 1526 sieht baufällig aus.

einfassungen aus Sandstein lassen noch seine alte Schönheit ahnen. Was ist hier los?

Mir fällt ein, daß mir ein Schulkamerad, der aus der DDR ausgesiedelt war, schon vor Jahren erzählt hatte, daß die Görlitzer Altstadt trotz einzelner Bemühungen immer mehr verfällt. Daß Bäume aus den Dächern wachsen. Daß in vielen Häusern schon der Schwamm ist, sie also unrettbar verloren sind. Daß schon ganze Häuserviertel abgerissen worden sind. Mich packt die Wut. Was ich damals nicht so recht glauben konnte, sehe ich nun beim Blick in die Rathausgasse. Da liegen wirklich Häuser in Trümmern. Andere sind abgerissen. »Ruinen schaffen, ohne Waffen!« – dieser sarkastische Slogan der Leipziger Demonstranten gilt auch hier in dieser vom Krieg fast ganz verschonten Stadt.

Ich versuche mich wieder zu beruhigen und gebe die Parole aus: »Wir drehen beides: die Schönheit der Stadt und den Verfall.« Die Kamera schwenkt zum Rathaus, seinen Turm hinauf, der das alte Gebäude um mehr als das Doppelte überragt. Links durch die Brüderstraße schaut der schlanke Mönch, stellt die optische Verbindung zum Obermarkt her. Ein perfekter Zusammenklang zweier Türme mit ihren barocken Spitzen. Der Rathausturm ist vielgestaltiger. Aussichtsplattformen mit feingliedrigen Gittern jeweils im acht- und viereckigen Turmteil. Darunter zwei große Zifferblätter der Uhr von 1584. Aus dem unteren schaut ein Kopf, der jede Minute mit dem Kinnladen klappt und die Zunge herausstreckt.

Am Fuß des Turms bezaubert die Freitreppe mit der Verkündkanzel aus dem Jahre 1537 und Justitia, der Göttin der Gerechtigkeit, auf einer reich verzierten Säule. Das Stadtwappen über der Treppe vervollständigt dieses bekannteste Görlitzer Motiv. Baumeister des Rathauses wie des gegenüberliegenden Schönhofes war Wendel Roßkopf der Ältere, der nach dem großen Stadtbrand von 1525 hier die Renaissancekunst einführte.

Wir gehen durch die schattigen Laubengänge im Süden und Osten des Untermarkts. Ihre breiten Bögen umrahmen reizvolle Durchblicke auf die schönen alten Häuser, zum Beispiel die Rats-

Blick vom Görlitzer Untermarkt auf die Türme der Peterskirche.

apotheke mit ihrem zweistöckigen Erker und der Sonnenuhr. Rechts von ihr ragt das nur eine Straßenecke entfernte Turmpaar der Peterskirche in den strahlend blauen schlesischen Himmel. Ihre Spitzen erinnern manchen an den Regensburger Dom, doch für mich sind sie von ganz eigenem Wert und unvergleichlich. Schließlich ist dies die erste Stadt, die ich erlebt habe, die mir meine Eltern gezeigt haben. Ihr Schicksal liegt mir am Herzen. Wo immer ich kann, werde ich etwas für sie tun. So ist mir gleich klar, daß unsere Aufnahmen der Altstadt in den Film hineinkommen, noch vor die Bilder vom Görlitzer Vertrag. Die Zuschauer sollen sehen, wie schön dieses Görlitz ist.

Wir gehen durch die Peterstraße. Auch hier stärkste Kontraste. Zwischen frisch renovierten Häusern stehen verlassene, verfallene mit offenen Fensterhöhlen. Ein Spruchband erregt unsere Aufmerksamkeit: »Wann dürfen Kinder wieder auf unserem Hof spielen?«. Es hängt an der Fassade eines frisch gestrichenen Hauses mit schönem Barockportal. Wir gehen in den Flur. Dort sind Fotos ausgehängt. Dokumente des Verfalls. Ein Mann kommt vorbei, sieht uns lesen.

»Wollen Sie einmal hinter das Haus sehen? Kommen Sie mit hoch. Sie können bei uns aus dem Fenster schauen. Das Tor zum Hof ist abgeschlossen, damit die Kinder nicht in den Trümmern spielen.«

Wir nehmen sein Angebot an, schauen durch die Fenster auf den Hof.

»Das sieht ja aus wie nach dem Krieg, und dabei war Görlitz gar nicht zerstört. Das ist doch eine Schande!« rufe ich aus.

»Wissen Sie, was zu diesem ganzen Elend geführt hat?« schimpft der Mann. »Die Trabantenstadt Königshufen mit ihren Plattenbauten. Es galt damals als schick, hier aus der Altstadt wegzuziehen. Die Leute wollten modern sein, mit Bad und Balkon. Der Wert dieser alten Häuser wurde nicht begriffen, nur einzelne Häuser wurden renoviert wie dieses. Nun haben Sie hinter die Fassade gesehen. Potemkinsche Dörfer. So war eben die DDR!«

Wir gehen weiter durch die Peterstraße. Die beiden Eckhäuser an ihrem Ende sind restauriert, im rechten befindet sich eine Filiale der Stadtbibliothek. Mein Stadtführer verrät, daß es 1528 von Wendel Roßkopf erbaut wurde, also nur zwei Jahre jünger ist als der Schönhof. Was für kostbare Häuser Görlitz doch hat! Wenn sie alle in einem so guten Zustand wie diese hier wären, was wäre das für eine Stadt!

Wir haben die Nikolaistraße erreicht. Links überragt ein großer runder Turm die abschüssige Gasse, der Nikolaiturm. »Görlitz – die Stadt der Türme« heißt es zu Recht. Rechts präsentiert sich uns mit der ganzen Wucht seiner Ausmaße das größte und berühmteste Bauwerk der Stadt – die Peterskirche. Die glatten Flächen des spätromanischen Westriegels sind weiß gestrichen. Die roten Fenstereinfassungen und Simse heben sich deutlich ab. Der Blick geht hinauf zu den achteckigen, rund hundert Meter hohen Türmen.

Wir gehen auf das spätromanische Hauptportal zu. Es ist verschlossen. Auch die anderen Eingänge sind zu. Im Pfarrhaus antwortet niemand auf unser Klingeln. Mittagspause. Wir gehen um das gewaltige Gotteshaus herum. An der Südseite der ebenfalls verschlossene Eingang zur Georgenkapelle, einer Kirche unter der Kirche, zugleich einer der schönsten Räume der Spätgotik in Deutschland. Wie gern hätte ich meinen Kollegen diese Unterkirche gezeigt wie auch die Hauptkirche mit ihren fünf Schiffen, den schmalen Säulen, dem feingliedrigen Netzgewölbe und den enormen Ausmaßen von zweiundsiebzig Metern Länge, neununddreißig Metern Breite und vierundzwanzig Metern Höhe.

»Zum Ausgleich zeige ich euch jetzt das Heilige Grab. Das ist zwar kleiner, aber dafür etwas ganz Besonderes!«

»Das Heilige Grab?« fragen die Kollegen ungläubig. »In Görlitz?«

Ich erzähle ihnen von dieser maßstabgetreu verkleinerten Nachbildung der Jerusalemer Grabeskirche, die ein reicher Görlitzer Bürger im Mittelalter gestiftet hat. Wir machen uns auf den Weg und haben Glück. Das »Heilige Grab« ist geöffnet. Auf unser Klingeln an der Pforte kommt eine ältere Frau mit schneeweißem Haar und übernimmt die Führung. Ein Görlitzer Original. Sie beschreibt den Prozessionsweg von der Peterskirche hierher, erzählt vom Stifter Georg Emmerich und seiner Pilgerreise nach Jerusalem im Jahre 1465, zeigt uns die Kreuzkapelle mit der unteren Adams- und der darüberliegenden Golgathakapelle. Wir sehen den künstlichen Mauerspalt, der das Erdbeben beim Tode Christi symbolisiert. Dann die Salbungskapelle, in der Maria ihren toten Sohn beweint – eine Sandsteinplastik des berühmten Görlitzer Bildhauers Hans Olmützer. Zum Abschluß das eigentliche Heilige Grab, eine Mischung aus maurischen, romanischen und spätgotischen Formen. Diese Nachbildung der Grabeskirche von Jerusalem mit den beiden Kapellen und dem angrenzenden Ölberggarten ist der erste allegorische Landschaftsgarten der deutschen Kulturgeschichte. Er war früher so berühmt, daß sich August der Starke als Polenkönig eine Kopie hat machen lassen.

Inzwischen hat sich Hunger eingestellt. Aber nach vierzehn Uhr finden wir nirgendwo in der Stadt mit ihren siebzigtausend Einwohnern ein Lokal, wo wir noch etwas zu Mittag bekommen. Auch meine Annahme, daß es am Bahnhof wenigstens eine Wurst geben würde, erweist sich als irrig. Ein paar Kekse helfen uns über den ärgsten Hunger hinweg. Gemeinsam schimpfen wir auf die gastronomischen Zustände. Es wird Zeit, daß sich das ändert.

Unser nächstes Ziel ist Zodel, mein Geburtsort. Wir fahren Richtung Norden. Rechts liegt das breite Neißetal, das oft im Frühjahr überschwemmt war und dann einem See glich. Heute glitzert das Band des schmalen Flusses friedlich in den schon grünen Auenwiesen. Ich habe das Gefühl, mich einem konzentrischen Punkt meines Lebens zu nähern, von dem ich weit entfernt war und der mich jetzt wieder anzieht wie ein Magnet. Ich fahre zurück in meine Kindheit, in meine Heimat. Heimisch kann man überall werden, meine Heimat aber ist hier und nur hier. Hierher gehören meine ersten Erinnerungen, meine ersten Erlebnisse. Bilder einer geborgenen Kindheit, trotz aller Not am Ende des Krieges.

Eine Reise in die Kindheit ist Gewinn und Verlust zugleich. Heißt Wiedersehen und Freude, Abschied und Wehmut. Nur Annäherungen sind möglich. Die Spurensuche bleibt bruchstückhaft. Aber die Orte sind alle noch da. Sie zu besuchen gleicht einer Beschwörung der Vergangenheit. Als gäbe es die Möglichkeit, die Zeit doch wiederaufleben zu lassen. Bekannte, die sich an die Eltern erinnern und von ihnen erzählen, bekommen größte Bedeutung. Als hätten sie die Macht, Mutter und Vater wiederzuerwecken. Solange an Menschen gedacht und von ihnen geredet wird, sind sie nicht wirklich tot. Nicht in der Erinnerung, die jetzt allein zählt.

Wir halten beim Ortsschild von Zodel. Die hohen Bäume an der Böschung zum alten Schloß von Oberzodel stehen noch kahl da. Aber die Weiden vor uns hat die frühlingshafte Wärme schon zum Leben erweckt. Bienen summen, Vögel zwitschern. Ich bin wieder in meinem Element: »Seht ihr das Storchennest da drüben auf der Scheune? Es gibt noch zwei andere hier im Ort. Aber jetzt sind die Störche noch nicht da. Zu fressen haben die hier in den Neißeauen genug. Die kommen jedes Jahr wieder.«

Wir fahren in den Ort hinein. Ich bin aufgeregt wie ein Kind. Links und rechts huschen die Häuser am Autofenster vorbei. Ich komme mit meinen Erinnerungen gar nicht nach. »Da vorn, rechts das große zweistöckige Haus. Da bitte halten. Das ist die alte Schule. Mein Geburtshaus.«

Was hat sich verändert? An dem früher so schmucken Haus gibt es keine Fensterläden mehr. Die Fenster im Erdgeschoß sind verkleinert worden, der Vordereingang ist zugemauert. Um Haus und alten Schulhof herum kein weißgestrichener Zaun mehr, sondern ein brauner Jägerzaun. Vor dem Haus, wo die große japanische Quitte und die beiden Fliederbäume standen, in denen man klettern konnte, gibt es weder Strauch noch Baum. Die unteren Zweige der Linden und der Eiche auf dem Hof sind abgeschnitten. Da kann kein Kind mehr hochsteigen. Die Inschrift des Denkmals unter der Friedenseiche von 1871 ist fast unleserlich.

Wir betreten den Schulhof, der jetzt keiner mehr ist. Das Hundegebell aber ist wie früher. Ich begrüße zwei Männer, die sich an einem Wartburg zu schaffen machen. Hinter dem Haus kommt eine Schar Kinder hervor. Auch das ist wie früher. Ich erkundige mich, wie viele Familien jetzt hier wohnen, wie der Umbau der hohen Schulräume vonstatten gegangen ist, zeige ein Foto, wie das Haus früher einmal aussah. Großes Erstaunen über den Unterschied. 1926 hatte ein bekannter Görlitzer Archi-

Die ehemalige Schule von Zodel, mein Geburtshaus, im Frühjahr 1990.

Das Schulhaus bei seiner Einweihung 1927.

tekt die Aufstockung der Schule um zwei Etagen besorgt. Mit seiner neuen Höhe, seinem frischen Putz und Anstrich, der Anordnung der Fenster und den ionischen Pilastern am Eingang sah das Haus wirklich stattlich aus. Das Foto wurde bei seiner Einweihung gemacht und zeigt es im Festtagsschmuck. Ich zeige nach oben: »Das war das Schlafzimmer der Eltern. Da bin ich am 9. Juni 1938 geboren.« Mir ist plötzlich, als könnte ich hochgehen und meine Eltern und Schwestern begrüßen.

Wir gehen ums Haus. Im Garten gibt es noch den Apfelbaum, den mein Vater zu meiner Taufe gepflanzt hat. Anstelle der Beete jetzt Rasen. Ein grauer Betondeckel schließt die Sickergrube ab. An Kanalisation ist hier noch lange nicht zu denken, sagen die beiden Männer, die in Görlitz beim Straßenbau arbeiten und so viel in ihre Wohnungen investiert haben. An der südlichen Hauswand steht noch der alte Weinstock, der auch noch trägt, wie ich erfahre. Hier war mein windgeschützter Lieblingsplatz, wenn im Frühling die ersten Sonnenstrahlen wärmten. Hier kamen die bunten Krokusse, die gelben Narzissen und roten Tulpen zuerst. Ich hätte Lust, mich hinzusetzen wie damals. Nur der Strohballen fehlt, der den Winter über vor dem Kellerfenster lag, um die eingelagerten Kartoffeln und Mohrrüben vor Frost zu schützen.

Als wir am Schuppen vorbeikommen, muß ich an die vielen Tiere denken, die ich gezüchtet habe. Angorakaninchen für die Wolle, Großsilber-Kaninchen zum Schlachten, wenn sie acht Pfund schwer waren, und Seidenraupen. Jedes Jahr zweimal, viele Tausende. Die seidengelben Kokons, die die ausgewachsenen, neun Zentimeter langen Tiere um sich spannen, um Schmetterlinge zu werden, habe ich an einer Sammelstelle abgeliefert. Kiloweise. Dafür bekam ich Geld und Siegprämien, und für meine Schwestern gab es Seidenstoffe.

Ich schaue auf das mir so vertraute Nachbargrundstück mit seinem großen, im Viereck angelegten Bauerngehöft. Typisch für die schlesische Oberlausitz. Rechts das große Wohnhaus mit dem angrenzenden Stall. Links das freistehende sogenannte Austragehaus, wo jeweils die Alten wohnten. Dann die beiden Scheunen, die das Viereck vervollständigen. Es erinnert mich an das Gut meines Onkels in Alt-Reichenau. Von diesem Nachbarhof habe ich als Kind Milch und Butter geholt. Dort habe ich tagelang im Spätsommer Tabakblätter aufgefädelt, die zum Trocknen aufgehängt wurden.

Im Vergleich zu den hungernden Städtern waren die Bauern nach dem Krieg reich. Zumindest hatten sie zu essen. Die Görlitzer kamen zum Hamstern hierher. Tauschten Wertgegenstände gegen Naturalien ein. Ein ungleiches Geschäft, bei dem die Bauern den Preis bestimmten. Jetzt muß niemand mehr hungern, aber es gibt keine besitzenden Bauern mehr. Sie sind in der DDR zwangsenteignet worden. Ihr Eigentum und ihre Arbeitskraft übernahmen die LPGs, die Landwirtschaftlichen Produktionsgenossenschaften. Die Spuren dieser Veränderung sind überall auf dem Land sichtbar. Nicht mehr gebrauchte Gebäude verfallen, und die benötigten werden zum großen Teil vernachlässigt. Es sind keine Bauernhöfe mehr, sondern Landwirtschaftsbetriebe.

Wir verabschieden uns und fahren weiter durch das Dorf. Die Entfernungen, die mir als Kind so groß vorkamen, schmelzen zusammen. Wir halten vor der Brücke über den Bach, der bei uns »die Bache« hieß. Hier hatte ich mir beim Kirchgang am Heiligen Abend 1945 eine Verletzung an der Stirn zugezogen, die Narbe ist noch heute sichtbar. In der stockdunklen Nacht war ich mit dem Kopf an eine schräg abgeschweißte Eisenbahnschiene gestoßen, die provisorisch als Brückengeländer angebracht worden war.

Es gibt einen kleinen Auflauf. Das ZDF in Zodel! Die drei Buchstaben stehen ja groß auf unserem Bus. Unterhaltung über die kommende Wahl. Auch hier wählt man CDU. An mehreren Häusern hängt die schwarz-rot-goldene Fahne. Im Schaufenster der Bäckerei ein Plakat der Allianz für Deutschland: »Nie wieder Sozialismus«.

Wir fahren zum Pfarrhaus, das einige hundert Meter entfernt

liegt, um den Schlüssel zur Kirche zu holen. Ihre Besichtigung gehört zum Heimatbesuch. Hier bin ich getauft und konfirmiert worden. Außerdem will ich den Kollegen die berühmten Fresken aus dem 14. Jahrhundert zeigen, die in der ganzen Oberlausitz einmalig sind. Der Herr Pastor kommt selbst mit. Die Äste der noch kahlen Linden werfen in der Spätnachmittagssonne Schatten auf den hellgelb abgeputzten Turm, den eine schiefergedeckte Haube krönt. »Gott allein die Ehre« steht auf dem einen Zifferblatt der Turmuhr. »Mors certa hora incerta« auf dem anderen, der Straße zugewandten. »Der Tod ist gewiß, die Stunde ungewiß« – ich verstehe diesen Spruch, den ich nie vergessen habe, als Aufforderung, seine Zeit zu nutzen. Für etwas Wesentliches. Zum Beispiel für mein Ziel, etwas für meine Heimat zu tun und mich mit meinen Möglichkeiten für die Versöhnung von Polen und Deutschen einzusetzen.

Der Pastor öffnet mit einem großen geschmiedeten Schlüssel das Portal. Wir betreten den schönsten und größten Raum des Ortes. Weihevolle Stille. Über dem Altar im Chor die Fresken aus der Entstehungszeit der Kirche um 1350. An der höchsten Stelle thront Christus, das Buch der Bücher in der Linken, mit der Rechten das Fingerzeichen des Sieges formend. Um ihn herum die Symbole der vier Evangelisten. Darunter sechszackige goldene Sterne als Symbole des Himmels. Zwischen den gotischen Chorfenstern die Apostel – meditierend, lesend, predigend. Erst nach dem Krieg waren diese Fresken entdeckt worden. Vor ihrer Restaurierung stand hier im Chor die Orgel, auf einer Empore über dem Altar.

Pastor Kiock zeigt uns einen alten Zeitungsartikel, in dem über die Kostbarkeiten der Zodeler Kirche berichtet wird. Darin hatte der damalige Landesdenkmalpfleger von Sachsen, ein Dr. Asche, der später auch die Wartburg restaurierte, am 21. Oktober 1950 geschrieben: »Es ist ja nun einhellig die Meinung durchgedrungen, daß wir es in Zodel mit einem der großartigsten Kunstdenkmäler aus der Zeit um 1350 zu tun haben. Die übrigens kostspielige Wiederherstellung, zu der auch das Landesdenkmalamt wesentliche Mittel beisteuerte, hat uns das einzige sächsische Beispiel von bestens erhaltener Wandmalerei aus der Zeit um 1350 wiedergewonnen.«

Ich setze mich in die Küsterbank, in der früher während der Gottesdienste immer der würdige Herr Maleika gesessen hatte. Er und seine Frau waren vertriebene Schlesier, Katholiken. Sie waren Freunde meiner Eltern und wohnten im Pfarrhaus. Ein Katholik als Küster in einer evangelischen Kirche. In Schlesien mit der sprichwörtlichen Toleranz zwischen den Konfessionen ging so etwas. Ich sage zum Pastor: »Ohne die Kirchen als Zuflucht für diejenigen, die ausreisen oder etwas verändern wollten, hätte es keine Revolution in der DDR gegeben. Die Nikolaikirche in Leipzig und andere Kirchen waren die Keimzellen der Revolution.«

»Das stimmt ganz sicher für Leipzig. Für Berlin. Für die großen Städte. Hier in einem so kleinen Ort hatten wir natürlich keine Bedeutung. Aber Friedensgebete haben wir auch abgehalten.«

Ich schaue mich um, sehe in Gedanken den alten Pastor Schall oben auf der barocken Kanzel stehen. Hundert Jahre ist er als Pensionär in Görlitz alt geworden. Die Orgel steht nun im hinteren Teil der Kirche. Ihre Pfeifen glänzen von der Empore. In der Erinnerung sehe ich meinen Vater spielen, der nach dem Krieg hier Organist war, sehe den Kirchenchor mit meiner Mutter singen.

Wir gehen wieder hinaus. Laufen über den alten Kirchhof, auf dem schon so viele Gräber eingeebnet sind. Die Grabsteine werfen jetzt lange Schatten. Hier stehen Namen geschrieben von Menschen, die ich kannte. Der Tod gehört auch zur Heimat.

Wir bringen den Pastor zurück ins Pfarrhaus und fahren zur Neiße, wo früher die Brücke war. Wo wir gestern auf der anderen Seite standen. Die Auenlandschaft des Neißetals ist still und eben. Hier ist jeder Baum, jede Baumgruppe ein Blickfang. Dort hinten schimmert der alte Neißearm, der sogenannte Riß, in dem wir im Sommer gebadet haben. Rechts ein runder Teich, wie es viele hier gibt. Diese Lachen liefern den Störchen die Frösche. Eine unauffällige und dennoch schöne Landschaft. Solche stillen Flecken gibt es in der Bundesrepublik kaum noch. Schade nur, daß uns die Polen von gestern hier nicht sehen. Ein Winken hinüber hätte jetzt gut gepaßt.

Wir fahren in den Nachbarort Deschka. Dort im Gasthof gibt's eine Geburtstagsfeier, auf der, wie ich gehört hatte, auch alte Zodeler Nachbarn sind, die ich besuchen wollte. Wir alle werden eingeladen, müssen essen und trinken. Als ich erzähle, daß wir am nächsten Tag die Volkskammerwahl in Zodel filmen wollen, werden wir von den Nachbarn umgehend zum Mittagessen eingeladen. Nach unseren heutigen Erfahrungen mit dem Essen in Görlitz nehmen wir dankend an.

Es ist Sonntag, der 18. März 1990. Der langerwartete Wahltag. Die ersten freien Wahlen in der DDR. Und wieder strahlend blauer Sonnenhimmel. Wir begleichen unsere Hotelrechnung. Die junge Frau, die uns bei der Ankunft so freundlich begrüßt hatte, reicht uns ein Telex des ZDF-Reisedienstes. In Cottbus, wo wir abends übernachten wollen, gibt es keine Hotelzimmer mehr. Wir sollen uns auf eigene Faust etwas suchen.

»Das wird sehr schwer werden«, sagt die junge Frau. »Sie haben es ja bei uns gesehen. Hier ist alles voll. Es kommen mehr Leute her, als wir hier Zimmer haben.«

»Dann schlafen wir alle bei einem Freund von mir, der hat dort in der Nähe ein Haus«, erkläre ich und rufe im Hinausgehen: »Wählen Sie richtig!«

Wir fahren nach Königshufen, den Neubau-Stadtteil von Görlitz mit seinen rund zehntausend Einwohnern, um die Wahl zu drehen. Fünf- und sechsstöckige Häuserreihen, dazwischen weite Freiflächen. Es sind die typischen Plattenbauten, die aber hier nicht so abstoßend wirken wie anderswo. Fernheizungsrohre winden sich quer durch die Siedlung, auf der Heizungsanlage weht die schwarz-rot-goldene Fahne ohne DDR-Emblem. Ein Bekenntnis, daß die beiden deutschen Staaten zusammengehören. Der heutige Tag ist eine wichtige Etappe auf diesem Weg.

In der Kurt-Prenzel-Schule gibt es gleich zwei Wahllokale. Die Stimmbezirke 43 und 44. Vor der Schule Verkaufsstände: Münchner Spaten-Bier, Gilde-Pilsener und Sprite in Dosen. In der Schule warten die Menschen in zwei langen Schlangen. Heute können sie zum erstenmal wirklich wählen – vierundzwanzig Parteien und Organisationen stehen auf dem Stimmzettel.

Mit dem Kameramann gehe ich zum Wahlleiter, zeige ihm meine Akkreditierung und frage, ob wir hier drehen dürfen. Kein Problem. Als wir mit der Kamera kommen, herrscht unter den Wartenden eine ausgelassene Stimmung. Späße werden gemacht: »Aber nicht in der Kabine filmen. Das ist eine geheime Wahl.«

Dann interviewen wir vor dem Gebäude Görlitzer, die gerade gewählt haben. Nicht nur zur Wahl selbst, sondern allgemein zum Thema »deutsche Einheit«. Was haben Sie davon gehalten, als Stalin 1952 mit dem Angebot der Wiedervereinigung kam? Haben Sie noch an die deutsche Einheit geglaubt? Was ist Ihre Meinung heute?

Die Frage der Oder-Neiße-Grenze zu Polen schneidet eine ältere Frau von selbst an: »Mit der Neiße-Grenze, da habe ich meine Meinung. Wir sind ja nun von dort drüben, aus Schlesien. Das Thema sollte man ruhen lassen. Die Leute sind jetzt hier alle so durcheinander. Ich bin dagegen, daß man mit dem Thema wieder anfängt. Wir wollen mal ein bißchen Ruhe haben.«

»Sie wollen, daß die Oder-Neiße-Grenze so bleibt, wie sie ist, und man sie völkerrechtlich anerkennt?«

»Ja, es soll so bleiben, wie es ist. Die Polen sind ja nicht von allein nach Schlesien gekommen. Die sind ja auch rausgeketzert worden, auf deutsch gesagt.«

»Von den Russen im Osten rausgeworfen!«

»Ja, natürlich. Es beruht ja auf Wahrheit, was ich Ihnen jetzt sage. Die Polen sind in unser Dorf gekommen, nach Langenwaldau, und sagten, was sollen wir denn hier? Hier ist keine

Schaufel, hier ist keine Kuh, hier ist kein Schwein. Alles ist ausgeplündert. Und da jagt man uns hierher. Das waren die Worte von den Polen.«

»Waren Sie schon mal wieder in Ihrer Heimat?«

»Ein einziges Mal. Vor fünfzehn Jahren. Da bin ich von den Polen sehr gut aufgenommen worden. Ich find' die Polen sehr freundlich. Da könnten wir uns fast eine Scheibe davon abschneiden!«

Dann frage ich nach der Chance für die beiden deutschen Staaten, jetzt die Einheit herzustellen.

»Die Einheit wird schnell kommen. Das sagt ja der de Maizière. Aber dann muß aufgebaut werden. Das dauert sicher zehn Jahre, bis das fertig ist. So ganz schnell kann das nicht gehen, daran glaube ich nicht. Aber die Grenze zu Schlesien soll man in Ruhe lassen.«

Wir fahren nach Biesnitz, das unterhalb der Landeskrone liegt, dem Hausberg von Görlitz, einem ehemaligen Vulkan. Ich will dort Peter Stosiek besuchen, einen Kameraden aus der Oberschulzeit. Er ist Sprecher des Neuen Forums in Görlitz und hat am Zustandekommen der Städtepartnerschaft mit Wiesbaden mitgewirkt. Im Wohnzimmer ein Flügel, zwei Celli an der Wand. Eine musikbegeisterte Familie. Wir reden über die rasante politische Entwicklung. Über die besondere Situation in Görlitz. Über die letzten Jahre hier in der DDR.

Peter drückt mir vier Seiten in die Hand. »Da kannst du mal reinschauen. Ich gebe es dir mit. Es soll nur zeigen, daß ich mich nicht erst jetzt politisch engagiere. Ich habe schon seit Jahren gegen Gleichgültigkeit und Pessimismus angekämpft, denn das sind unchristliche Verhaltensweisen.« Ich schaue auf das Deckblatt: »Umgangsformen mit unserem Staat – Gedanken eines DDR-Katholiken. Vortrag vor katholischen Akademikern, Oktober 1987 in Halle/Saale«.

Wir kommen auf die Städtepartnerschaft zu sprechen. Peter erzählt: »Eine Görlitzer Stadtverordnete hat im November bei einem Besuch beim Wiesbadener OB Exner von seinen vergeblichen Versuchen erfahren, mit Görlitz eine Partnerschaft einzugehen. Alle seine Briefe waren unbeantwortet geblieben. Dann wurde bei uns im Stadtrat beschlossen, den Wiesbadenern entgegenzukommen. Am 2. Dezember haben wir auf dem Marienplatz vor fünftausend Menschen, die dem Aufruf des Neuen Forums gefolgt waren, den Beschluß unter großem Jubel der Görlitzer bekanntgegeben. Bei einem Wiesbaden-Besuch am 6. Dezember durfte ich dann auf dem offiziellen Empfang im Wiesbadener Kurhaus erklären, daß ich beauftragt bin, den Wunsch der Stadt Görlitz nach einer Partnerschaft mit Wiesbaden zu übermitteln. Das war es dann schon.«

Die Zeit vergeht im Flug. »Ich finde es gut, daß du mit deinem Film auf unsere Stadt aufmerksam machst. Unser schönes Görlitz darf nicht weiter verfallen«, sagt er zum Abschied. Zwei Schulfreunde sind sich dank der politischen Entwicklung wiederbegegnet. Und heute ist Wahltag in der DDR. Jetzt geht es voran in Deutschland, denke ich.

Pünktlich um zwölf Uhr treffen wir auf dem Hof der Nachbarn in Zodel ein. Wir werden schon erwartet, bedanken uns für die so freundliche Einladung. Zum Wahltag in meinem Heimatort! Es gibt Kassler, mit schlesischem Sauerkraut und schlesischen Klößen. Und unentwegt werden wir zum Nachfassen aufgefordert, auf schlesisch gesagt »genötigt«. Was für ein Mittagessen nach dem Debakel vom Vortag!

Dann geht es zur neuen Schule, zum Wahllokal. Alte Schulfreunde sind Wahlleiter und Wahlhelfer. Es ist fast unwirklich. Interviews mit Wahlgängern. Sie erzählen von ihren Hoffnungen auf die deutsche Einheit. Über die Ereignisse am 17. Juni 1953. Zwei von ihnen hatten nach dem Aufstand jahrelang im Gefängnis sitzen müssen. Einer erzählt, was er sich nach der Wahl erhofft: »Die vierzig Jahre haben auf uns eingewirkt. Die Menschen sind zum Teil auch heute noch in einer deprimierten Verfassung. Es gibt die Furcht, daß eines Tages etwas passieren könnte, was allen Aufbruch wieder zunichte macht. Wir haben hier eigentlich das Laufen verlernt. Jeder Schritt war vorgeschrieben. Deshalb sind wir nicht mehr in der Lage, alles richtig zu erfassen. Wir wissen jetzt zwar, daß wir frei sind. Aber es muß sich hier noch so vieles verändern. Ich hoffe, daß es nach der Wahl, wenn eine neue Regierung kommt, vorangehen wird. Bisher bei Modrow, da ist ja nichts, gar nichts passiert. Wir haben die Hoffnung, daß es nun wirklich vorwärtsgehen wird. Natürlich können wir das nur zusammen mit der Bundesrepublik. Die Bundesrepublik muß ganz schnell her. Wir liegen ja am Boden. Die Wirtschaft ist total verbraucht. Aus eigener Kraft kommen wir niemals wieder hoch. Unser Wunsch ist, daß wir wirklich bald die Einheit haben. Dann wird es in zehn Jahren keinen Unterschied mehr geben.«

Kurz nach 18 Uhr erreichen wir Cottbus. Im Autoradio die ersten Trendmeldungen. Die Allianz für Deutschland, das Wahlbündnis aus CDU, DSU und DA, liegt vorn. Um zehn vor sieben sitzen wir bereits bei meinem Freund im Wohnzimmer und sehen im Fernsehen die erste Hochrechnung: CDU 46 Prozent, SPD 21 Prozent, PDS 14 Prozent, DSU 6 Prozent. Mein Freund und seine Frau jubeln. Sie haben CDU gewählt. Sie erklären uns auch, warum: Sie wollen den schnellsten Weg zur Einheit, und den erhoffen sie sich von Lothar de Maizière.

»Mein Gruß geht an alle Schlesier«

*Reise in das deutsche Restschlesien
im September 1990*

Von Dresden sind wir unterwegs nach Görlitz. Es ist der 26. September 1990. Um 17 Uhr wird Bundeskanzler Helmut Kohl dort auf dem Obermarkt sprechen, der »Kanzler der Einheit«. In einer Woche, am 3. Oktober, ist das große Ziel erreicht, ist Deutschland wiedervereinigt und ein souveräner Staat. Aus dem Traum ist Wirklichkeit geworden, viel schneller als erwartet. In Dresden haben wir unsere Dreharbeiten für die zweite Filmstaffel begonnen, in der wir die deutsche Geschichte vom Mauerbau 1961 bis zum Vollzug der deutschen Einheit erzählen.

Wir fahren über die Autobahn, links und rechts die bezaubernde Oberlausitzer Hügellandschaft. Wir kommen an der Ausfahrt Kamenz vorbei, dem Geburtsort des Dichters und Philosophen Gotthold Ephraim Lessing. Des Mannes der Aufklärung und der Toleranz, des Schöpfers von Dramen wie »Nathan der Weise« und »Emilia Galotti«.

Von weitem grüßen die blauen Kuppen des Oberlausitzer Berglandes. Davor die vieltürmige Silhouette von Bautzen, dieser schönen alten Stadt, deren Name zu DDR-Zeiten durch die dortige Haftanstalt für politische Gefangene in Verruf geriet. Wir fahren durch die Stadt, weil die Autobahn hier endet. Schon hier Plakate, die auf Kohls Auftritt in Görlitz hinweisen: »Der Kanzler kommt«. Was für eine rasante Entwicklung hat es in dem halben Jahr seit meinem letzten Besuch hier gegeben! Die »Zwei-plus-Vier«-Gespräche mit den Siegermächten des Zweiten Weltkriegs, die »Währungs-, Wirtschafts- und Sozialunion« zwischen beiden deutschen Staaten mit der Einführung der D-Mark in der DDR, das Treffen von Kohl und Gorbatschow im Kaukasus mit dem »Ja« des sowjetischen Präsidenten zur NATO-Mitgliedschaft Gesamtdeutschlands, den Beschluß der DDR-Volkskammer, der

Bundesrepublik beizutreten, den Einigungsvertrag zwischen Bundesrepublik und DDR und schließlich die Unterzeichnung des »Zwei-plus-Vier«-Vertrages in Moskau.

Am Ortsende von Sohland am Rotstein steht mitten auf der Wiese ein großes weißes Schild. »Willkommen in Schlesien«, heißt es da. Darunter das niederschlesische Wappen, ein schwarzer Adler auf gelbem Grund. Hier verläuft seit 1815 die Grenze zwischen Sachsen und Preußen. Dann fahren wir durch die kleine Stadt Reichenbach, wo ich im ersten Jahr die Oberschule besucht habe. Rechts vor uns grüßt schon die Landeskrone, der erloschene Vulkan mit seinem flachen, bewaldeten Basaltkegel, dessen Krater auch nach Millionen Jahren noch zu erkennen ist. Ein markantes Wahrzeichen meiner Heimat.

In den Straßen von Görlitz überall Fahnen. Schwarzrotgold und Weißgelb wechseln sich ab. Noch nie habe ich so viele schlesische Farben gesehen! Wir halten am geschmückten Theater. Vor dem Eingang ein Baugerüst. Jetzt wird hier endlich mit der Renovierung begonnen, denke ich. Ein Plakat macht auf ein »Sonderkonzert zur deutschen Einheit« am Abend aufmerksam, mit Werken von Mendelssohn Bartholdy und Beethoven. Wir fahren weiter zum Obermarkt. Hier steht schon das Podest, auf dem der Kanzler sprechen wird. Die Dreifaltigkeitskirche mit ihrem schmalen Turm ist mit einem Stahlgerüst umgeben. Sie bekommt einen neuen Anstrich. Auf dem kurzen Weg von hier zum Rathaus weitere Gerüste. Ein Barockportal erstrahlt bereits in altem Glanz. Im Rathaus vereinbare ich ein Interview mit dem neuen Oberbürgermeister, Matthias Lechner. Es soll nach der Wahlveranstaltung stattfinden.

Am Marienplatz werfen wir einen Blick in das einzige noch im Original erhaltene Jugendstil-Kaufhaus Deutschlands. Im Innern noch die Neonlampen aus der HO-Zeit der DDR. Das wird sich sicher bald ändern, denn nun gehört das wertvolle Gebäude der Karstadt-Kette. Es gibt alles zu kaufen, ich sehe keinen Unterschied zu einem Kaufhaus im Westen. Weiter durch die Jakobstraße. Hier sind die Häuser schon reihenweise neu gestrichen. Sie lassen ahnen, wie die Stadt in einigen Jahren aussehen wird. Meine alte Oberschule am Wilhelmplatz ist noch so grau wie zuvor. Es geht nicht alles auf einmal, denke ich. In der Straßburg-Passage steht ein Kiosk. Jetzt gibt es heiße Würste zu jeder Tageszeit.

Um 16 Uhr 30 fahren wir mit unseren beiden Autos auf den Untermarkt, für den wir von der Stadt eine Sonder-Parkgenehmigung bekommen haben. Mit Stativ und Kamera laufen wir die wenigen Schritte zum Obermarkt, der schon jetzt überfüllt ist. Ordnungskräfte sehen unsere Presseschilder, bahnen uns einen Weg durch die Menge. Von dem mit Gittern freigehaltenen Platz um die Rednertribüne schauen wir auf die Menge und die vielen Spruchbänder. Auf dem größten steht: »Werter Herr Bundeskanzler! Willkommen in Niederschlesien«. Auf anderen lesen wir »Görlitz – Perle Schlesiens« oder »Helmut – wir freuen uns auf Deutschland!« Es ist wie eine Wiedergeburt. Die Schlesier, die

Wahlveranstaltung mit Bundeskanzler Kohl auf dem Obermarkt in Görlitz, 26. September 1990.

hier im deutschen Restzipfel des einst so großen Landes leben, erhalten stellvertretend für alle Schlesier ihre Würde zurück. Der Name Schlesien, der in der DDR Synonym für Revanchismus war, darf wieder stolz genannt werden, steht nicht mehr nur für Vergangenheit, sondern auch für Gegenwart und Zukunft.

»Helmut, Helmut«-Rufe. Winken und Klatschen. Am Ende der Gasse, die über den ganzen Platz durch die Menge führt, erscheint der Kanzler. Die Begeisterung für ihn ist echt, wohl auch deshalb, weil er hier die Schlesier besucht, die sich so lange vergessen fühlten. Vor ihm spricht Kurt Biedenkopf, der sich um das Amt des sächsischen Ministerpräsidenten bewirbt. Nach seiner Begrüßung »Liebe Görlitzer! Liebe Niederschlesier!« beschwört er die Zukunft: »Die sächsische Oberlausitz und die schlesische Oberlausitz werden zu einem Dreiländerland, in dem Brücken geschlagen werden, nach Polen und nach Böhmen. Ein Land, das dann mitten in Europa liegt.« Dann sein persönliches Bekenntnis zu Schlesien: »Sie haben sich auch einen guten Juristen für Niederschlesien und die schlesische Oberlausitz an Land gezogen. Ich werde ein guter Anwalt dieser Stadt und dieser Landschaft sein. Unsere Zukunft soll unter den drei Farbkombinationen stehen: der weißgelben der Niederschlesier, der weißgrünen der Sachsen und der schwarzrotgoldenen der Deutschen.«

Und dann der Kanzler: »Mein Gruß geht in dieser bewegenden Stunde an alle Schlesier.« Beifall braust auf. Viele müssen sich Tränen aus dem Gesicht wischen. Helmut Kohl vergleicht die deutsch-polnische Grenze mit der deutsch-französischen. Was im Elsaß üblich sei, müsse auch einmal in Görlitz gelten. »Die trennende Linie wird eine Brücke in die Zukunft, liebe Niederschlesier!« Er kündigt an, daß die Beziehungen zu Polen noch in diesem Jahr in einem umfassenden Vertrag geregelt werden sollen. Dabei komme Görlitz und der Region eine besondere Bedeutung zu.

Die besondere Rolle von Görlitz und Zgorzelec betont auch Oberbürgermeister Lechner. Er bestellt Grüße von seinem polnischen Amtskollegen jenseits der Neiße, Bogumil Wojtkow. Nach der Veranstaltung treffen wir uns mit Lechner im Rathaus zum Interview. Ein großer Raum mit mehrfach gewölbter Arkadendecke. Wir sitzen an einem überdimensionierten Schreibtisch aus dunklem Holz. Wie er seine Rolle als östlichster Bürgermeister im nun bald vereinten Deutschland sieht, will ich von ihm wissen. Er schildert die Probleme, aber auch die Chancen der Grenzlage seiner Stadt. Zu dem Bürgermeister von Zgorzelec habe er ein gutes Verhältnis. Man treffe sich häufig zu gemeinsamer Beratung. Jetzt aber gebe es ein neues Problem: »Uns bewegt sehr, daß mit dem 3. Oktober, mit der Vereinigung, wieder die Visumpflicht eingeführt werden soll. Das halten wir nicht für günstig, weil damit die Verbindungen zur Nachbarstadt erschwert werden.«

»Hätten Sie einen Vorschlag, wie man das besser lösen könnte?«

»Eine Alternative, wenn die Visumpflicht nicht sofort aufgehoben werden kann, wäre die Einrichtung eines kleinen Grenzverkehrs für beide Städte.« Lechner erzählt, daß es schon jetzt auf dem Gesundheitssektor und im Schulbereich eine Zusammenarbeit gebe.

Unser Gespräch wechselt zu den Problemen nach der deutschen Einheit. Zu der Sorge um den Erhalt von Arbeitsplätzen. Zu den Aufgaben der Stadtsanierung. Dann frage ich: »Gibt es denn Chancen für eine gewisse Selbständigkeit Restschlesiens in Sachsen?«

»Diese Selbständigkeit in irgendeiner administrativen Form wird von den Menschen unserer Region – es sind dreihunderttausend – gewünscht. Die Frage, ob wir ein eigener Regierungsbezirk in Sachsen werden, muß nach der Landtagswahl geprüft und entschieden werden. Wir wollen es jedenfalls. Wir legen Wert darauf, daß unsere Region Niederschlesien an Bedeutung gewinnt, daß es nicht wieder der Hinterhof wird.«

»Viele Leute in Deutschland, selbst in Sachsen, wissen nicht, daß ein Zipfel des alten Landes Schlesien noch in Deutschland verblieben ist«, resümiere ich. »Das Wort Schlesien stand in der DDR, aber auch im Westen für etwas Rückwärtsgewandtes. Ist man jetzt schon frei von dieser Ignoranz?«

»Also, wir sind es hier von Anfang an«, betont der Bürgermeister. »Wir haben uns sehr schnell zu der schlesischen Identität bekannt. Das wird auch dadurch deutlich, daß sich hier ein Kuratorium Schlesische Lausitz und eine Initiativgruppe Niederschlesien gegründet haben, um den Gedanken Schlesien aufzugreifen und ihn nicht nach rechtsaußen abdriften zu lassen und zu mißbrauchen. Das ist unsere Chance, und da lassen wir keinen anderen ran.«

Nach dem Interview gehen wir zum Essen in den »Goldenen Baum« am Untermarkt, schräg gegenüber vom Rathaus. Als wir die hohe Zentralhalle mit ihrem gotischen Gewölbe betreten, sind wir von ihrer Großzügigkeit überrascht. Ich wußte um die Besonderheit der alten Görlitzer Kaufmannshäuser, aber diese Weitläufigkeit, dieses Zusammenspiel von Räumen, Treppen, Brüstungen und Fenstern überwältigt mich.

»Dieser Haustyp hier in Görlitz ist einmalig in der ganzen deutschen Baukunst«, erklärt Lechner stolz. In dem großen Gastraum im ersten Stock, dessen Fenster zum Untermarkt schauen, trinken wir auf das Wohl und die Zukunft dieser Stadt. Der letzten deutschen Perle Schlesiens.

Unterwegs mit den »Lützowern«

Reise in das postkommunistische Schlesien im März 1993

Freitag, 26. März 1993. Ich bin nach zweieinhalb Jahren wieder in Richtung Schlesien unterwegs. Diesmal mit einer Gruppe von Leipzigern. Es sind »Lützower«. In Zobten, das jetzt Sobotka heißt, wollen sie an die Gründung des »Lützower Freikorps« vor hundertachtzig Jahren erinnern. Hier hatten sich die freiwilligen Kämpfer gegen den Völkerunterdrücker Napoleon vor ihrem Abmarsch nach Westen gesammelt. Hier waren sie am 28. März 1813 in der Kirche von Rogau eingesegnet worden.

Die Leipziger, die jetzt in Schlesien in den Uniformen der Lützower an dieses für die deutsche Geschichte so wichtige Ereignis erinnern wollen, fahren im Konvoi mit mehreren Privatwagen. In meinem Dienstwagen fährt der »Lützower« Mike Zimmermann mit, der mit seinem Brief an das ZDF auf diese Reise aufmerksam gemacht hat. Erst durch die Arbeit an einem Film über die nationalen Symbole der Deutschen ist mir die Herkunft der deutschen Fahne »Schwarz-Rot-Gold« aus den Farben der Lützower Uniformen bewußt geworden. Nun bin ich auf die Begegnung dieser Leipziger, von denen viele aktiv an den Montagsdemonstrationen des Herbstes 1989 teilgenommen hatten, mit den Polen von Sobotka gespannt. Wie werden sie auf die schwarzen Uniformen, auf den Zug mit Trommeln und Pfeifen, auf die nachgebildeten Waffen reagieren?

Den Ausschlag, mich dieser Reise anzuschließen, gab eine Passage aus der Reiseschilderung nach Schlesien, die der »Lützower« Jürgen Standke mir zugeschickt hatte. Sie deckte sich mit meinen Gedanken und Hoffnungen. »Schlesien«, so heißt es da, »könnte ein gutes Beispiel werden, wie Polen und Deutsche mit der Vergangenheit umgehen. Es bringt uns nicht weiter, sich gegenseitig die Untaten aufzuzählen und aufzurechnen. Es ist eine

Tatsache, daß im heutigen Schlesien hinter der Neiße nur noch wenige Deutsche leben. Eine neue polnische Bevölkerung wohnt jetzt in den ehemaligen deutschen Städten und Dörfern. Aber es ist auch eine Tatsache, daß es noch Millionen deutsche Schlesier bzw. deren Nachkommen gibt. Mit beiderseitigem guten Willen und Vertrauen können diese Menschen lernen, miteinander umzugehen, ohne Angst oder Haß zu empfinden. Ich träume davon, daß polnische und deutsche Schlesier aufeinander zugehen und im Herzen Frieden machen, daß wir uns gegenseitig verstehen und uns nicht ablehnen ... Wir Deutsche und Polen müssen nicht das Trennende suchen, sondern das Verbindende, das Gemeinsame, gemeinsame Geschichte und Kultur. Wir haben viel mehr Gemeinsames, als man denkt ... Wenn ich an die Zukunft denke, an das gemeinsame ›Haus Europa‹, dann ist es geradezu eine Verpflichtung, daß wir Nachbarn uns verstehen und voneinander lernen. Wir dürfen unser gemeinsames Schicksal, ob im Guten oder Bösen, nicht verdrängen und vergessen, sondern müssen es im eigenen Interesse und im Interesse der Nachbarn nutzen, für eine bessere Zukunft.«

Diese Sätze des Leipzigers waren das Leitmotiv für diese Reise. Zugleich warfen sie Fragen auf: Was wird die Begegnung mit den Polen bringen? Was läßt sich an Gemeinsamkeit schon heute verwirklichen, wo sind noch Widerstände? Sind es Illusionen oder berechtigte Hoffnungen, die in diesen Sätzen zum Ausdruck kommen?

Während wir hinter Bautzen schon auf der Landstraße durch das Oberlausitzer Hügelland fahren und es leicht zu schneien beginnt, muß ich zurückdenken an die Feiern zur deutschen Einheit. Da war auch aus einem Traum Wirklichkeit geworden. Auf dem Platz der Republik vor dem Deutschen Reichstag in Berlin hatten sich in der Nacht vom 2. auf den 3. Oktober 1990 Hunderttausende versammelt. Unvergeßlich der Augenblick, als der Bundespräsident die Einheit verkündete und die Menschen die Nationalhymne anstimmten. Fast alle hatten angesichts der Größe des Augenblicks feuchte Augen. Es waren Freudentränen.

Dennoch habe ich auch Trauer empfunden. Denn mit dieser Einheit der nun sechzehn Bundesländer waren Ostpreußen, Hinterpommern, Ost-Brandenburg und Schlesien nun auch völkerrechtlich für immer verloren. Deutschland hatte im »Zwei-plus-Vier«-Vertrag die Westgrenze Polens verbindlich anerkannt. Aber wurde hier nicht nur etwas de jure geregelt, was de facto schon lange Realität war? Jedenfalls haben die vertriebenen Deutschen mit dem Verlust ihrer Heimat am bittersten für den Größenwahn des »Dritten Reiches« bezahlen müssen.

Kurz vor Reichenbach auf der nun verschneiten Wiese wieder das Schild »Willkommen in Schlesien«. In Görlitz steuere ich eine nagelneue Aral-Tankstelle von riesigen Ausmaßen an. Noch einmal volltanken, bleifrei.

Der Grenzübertritt an der Neißebrücke geht ohne Probleme vonstatten, wenn auch wieder mit langer Wartezeit. Die verpackten Trommeln und Waffen und die mitgeführten Kränze will niemand sehen. Nun also wieder im polnischen Teil von Schlesien. Der erste Halt vor Bunzlau, der berühmten Töpferstadt, die nun Boleslawiec heißt. In einem Park hinter einem überdimensionierten Tor das Grab des russischen Fürsten Kutusow-Smolenskij, der hier 1813, kurz vor dem Beginn des deutschen Freiheitskampfes gegen Napoleon, gestorben war. Sein Sieg über das französische Eroberungsheer in Rußland war die Voraussetzung für die Erhebung der Deutschen gewesen. So ist der Besuch dieser Ruhestätte ein sinnfälliger Auftakt unserer Reise.

Für die Besichtigung der Stadt fehlt die Zeit. Aber ich weiß, daß hier Martin Opitz geboren wurde, der mit seinem »Buch von der deutschen Poeterey« die Grundlage der deutschen Dichtkunst geschaffen hat. Ein geschichtsträchtiger Boden also.

Am frühen Nachmittag erreichen wir unsere Unterkunft, das Schloß von Gorkau, polnisch Gorka, drei Kilometer von Zobten entfernt. Im Hintergrund der Zobten, der »heilige Berg« Schlesiens. Malerisch liegt das Schloß vor uns, inmitten eines großen Parks. Eine Mixtur aus mehreren Baustilen. Die kleine Kirche, an die das Schloß direkt angebaut ist, zählt zu den ältesten Gotteshäusern in Schlesien. Ein kurzer Blick verrät, daß sie jetzt als profaner Veranstaltungsraum dient.

Freundliche Begrüßung durch die Hotelchefin. Am Nachmittag dann »Vorbesichtigung« der historischen Stätten, die an das Geschehen vor hundertachtzig Jahren erinnern. Krzysztof Franaszczuk, ein Obstzüchter, und der Lehrer Bogdan Aphate sind die polnischen Verbindungsleute und Begleiter. Der Abend im Kaminraum dient dem gegenseitigen Kennenlernen.

Am nächsten Morgen steht die Besichtigung von Breslau auf dem Plan, das von Zobten nur dreißig Kilometer entfernt ist. Wir parken auf einem weiten Platz neben einem großen runden, fensterlosen Bau. Die ausnehmend hübsche polnische Stadtführerin, die sich uns zugesellt hat, erklärt, um was es sich handelt. Es ist das »Panorama Raclawicka«, ein Rundgemälde. Seine Besichtigung ist für jeden Breslau-Besucher ein »Muß«.

Im ersten Raum das Modell einer hügeligen Landschaft, auf dem die Orte und die Stellungen der sich gegenüberstehenden

Der Zobten – der heilige Berg der germanischen Silingen, die hier siedelten und dem Land Schlesien den Namen gaben.

Armeen markiert sind. Es stellt die Schlacht von Raclawice dar, in der Polens Nationalheld Tadeusz Kosciuszko am 4. April 1794 mit seinen Kämpfern ein russisches Heer besiegt hatte. Wir stehen im Kreis um die Hügel aus Pappmaché und lauschen einer weiblichen Stimme aus dem Lautsprecher, die in deutscher Sprache den Schlachtverlauf schildert.

Jürgen Standke, der als einziger seine Lützower Uniform angezogen hat, steht neben dem Polen Franaszczuk und schaut wie dieser gebannt auf das Modell. Unwillkürlich drängen sich mir Assoziationen auf. Hier vor uns also der Befreiungskampf der Polen gegen die Russen. Keine zwanzig Jahre später dann der Befreiungskampf der Deutschen gegen Napoleon, symbolisiert durch die Uniform der Lützower, die jetzt hier ein Mann aus Leipzig trägt, wo 1989 die Revolution gegen die Diktatur in der DDR gesiegt hat. Als am 12. Juni 1815 national und freiheitlich gesinnte Studenten in Jena die Burschenschaft ins Leben riefen, waren von den elf Gründungsmitgliedern neun ehemalige Lützower. Sie wählten für ihre Fahne die Farben ihrer Uniformen, rot und schwarz. Das Gold der Uniformknöpfe fand sich in den goldenen Fransen der Fahne wieder.

Was für ein symbolhaftes Zusammentreffen jetzt hier in Wroclaw! Aus Breslau war der Aufruf »An mein Volk« des preußischen Königs Friedrich Wilhelm für den Kampf gegen Napoleon erfolgt. Hier befand sich das Werbebüro für das Lützower Freikorps. Die Wurzeln der deutschen Fahne, des republikanischen Symbols für Deutschlands Freiheit und Einheit, lagen also hier in Breslau, der alten schlesischen Hauptstadt. Wer weiß das noch? In den Schulen wird der Herkunft unserer nationalen Symbole wenig Beachtung geschenkt, und jede Form von Patriotismus gilt bei uns als verdächtig. Aber gerade die Polen haben uns gezeigt, was Patriotismus bewirken kann. Wie hätten sie die drei Teilungen ihres Landes durch die mächtigen Nachbarn Rußland, Österreich und Preußen denn anders ertragen und überwinden können ohne ihre Vaterlandsliebe, ohne die nie nachlassende Hoffnung auf eine Wiedergeburt ihres Staates?

Wir stehen nun in dem fensterlosen, künstlich erleuchteten Raum inmitten des riesigen bunten Rundgemäldes der Schlacht von Raclawice. Es ist fünfzehn Meter hoch und hundertzwanzig Meter lang. 1893/94 war es von zwei polnischen Malern geschaffen worden. Bis 1944 war es in Lemberg/Lwow ausgestellt. 1946 kam es mit den von den Sowjets vertriebenen Lembergern nach Breslau. 1981 wurde es nach Restaurierungsarbeiten in diesem neuen Rundbau der Öffentlichkeit zugänglich gemacht. Die Wirkung ist verblüffend. Durch die Motive im Vordergrund entsteht eine perspektivische Sicht, die Realität vortäuscht. Kein Wunder, daß die Polen auf dieses Kunstwerk stolz sind. Für uns schlägt es eine Brücke zu dem Auftritt der Lützower in ihren historischen Uniformen in Zobten und Rogau am Nachmittag.

Die junge Polin führt uns an die Oder. Von der früheren Holteihöhe, einer nach dem schlesischen Dichter genannten Uferstraße, blicken wir über den Strom auf den Dom, der nun wieder zwei spitze Turmhelme trägt, wie auch links von ihm die Kreuzkirche. Für die Silhouette der Stadt eine große Bereicherung. Wir laufen am Ufer des gemächlich dahingleitenden Flusses entlang, dessen Fließrichtung und Fließgeschwindigkeit kaum feststellbar sind. Rechts die Sandinsel mit ihren ehrwürdigen alten Gebäuden, über die man zum Dom gelangt. Aber uns führt der Weg weiter zur Universität, einem prachtvollen Barockgebäude. Mit hundertsiebzig Metern Länge ist das dreistöckige Hauptgebäude, das 1728 begonnen wurde, der größte Barockbau der Stadt.

Über dem Portal mit der Inschrift »Universitas« prangt ein Balkon mit vier großen Sandsteinfiguren, die die vier Kardinaltugenden verkörpern: »Klugheit«, »Gerechtigkeit«, »Tapferkeit« und »Zucht und Maß«. Darüber erhebt sich ein rechteckiger Turm. Auf seiner breiten Terrasse stehen die Symbolfiguren der vier alten Fakultäten: des Kanonischen Rechts, der Theologie, der Astronomie und der Medizin. In seiner Mitte erhebt sich ein graziler runder Turm mit einer schlanken barocken Haube.

Das barocke
Universitätsgebäude
in Breslau.

Aus einem Fenster links vom Hauptportal ertönt Gesang. Ein paar Schneeflocken fallen vom Märzhimmel und pudern die Barockplastiken, die auf dem Platz vor der Universität aufgestellt sind. Schick gekleidete Studentinnen und Studenten gehen und kommen durch die schweren Türen des Portals. Eines der schönsten Treppenhäuser Schlesiens führt uns in den ersten Stock. Wir betreten die Aula. Ein heiterer, nicht sehr hoher Raum von überwältigendem Reichtum. Eine Vielfalt, die fast ratlos macht. Wo mit dem Schauen beginnen?

Unsere polnische Cicerone bringt Ordnung in die barocke Pracht. Die Aula ist dreiteilig: vorn das erhöhte Podium, in der Mitte das lange, ebene Auditorium und hinten die auf Pfeiler gestützte Musikempore. Über dem Podium thront in weißem Marmor Kaiser Leopold I., der die frühere Jesuitenschule 1702 in den Rang einer Hochschule erhoben hatte, flankiert von einem bärtigen Mann als Personifikation der Besonnenheit und einer Frau als Verkörperung des Fleißes. Zwischen den Fenstern hängen die Ölporträts der Herrscher und Persönlichkeiten, die in der Geschichte der Universität eine Rolle gespielt haben, darunter auch das Bildnis Friedrichs des Großen, der nach seiner Eroberung Schlesiens das Porträt des Kaisers Rudolf II. durch sein eigenes ersetzen ließ.

Bis 1811 war die »Leopoldina« eine katholische Hochschule. Dann wurden nach der Auflösung der Universität Frankfurt/Oder drei Fakultäten ergänzt: Medizin, Rechtswissenschaft und evangelische Theologie. Nun war Breslau die erste und einzige Universität in Deutschland, an der katholische und evangelische Theologie gelehrt wurde. Daß dies in Schlesien geschah, hatte mit der konfessionellen Spaltung des Landes zu tun, aber eben auch mit der sprichwörtlichen schlesischen Toleranz.

Vom Universitätsplatz gehen wir durch die Straße, die früher Schmiedebrücke hieß, zum Ring. Im Haus Nummer 22 gab es einst den »Gasthof zum goldenen Zepter«, die Anwerbestelle des Lützower Freikorps. Hier wohnte im Februar und März 1813 der Freiherr vom Stein, der preußische Reformer, der für die Erneuerung Deutschlands so bedeutsam wurde. Von dem alten Gebäude waren nach den Verwüstungen des Zweiten Weltkriegs nur die Mauern des Erdgeschosses erhalten geblieben. Jetzt ist es wieder aufgebaut. Ob es hier einmal wieder eine Gedenktafel an die Ereignisse von 1813 geben wird, wie es sie früher gab, als Breslau deutsch war?

Wir kommen auf den Ring. Sofort fällt mir auf, daß der mächtige Turm der Elisabethkirche nun wieder in alter Pracht und ohne Gerüst dasteht. Wir gehen vorbei an der West- und Südfassade des Rathauses zum alten Blücherplatz, der polnisch jetzt wieder Salzmarkt heißt. Weiter in die Ulica Kielbasnicza, die frühere Herrenstraße. Hier liegt das renommierte private Luxushotel »Dwor Wazow«. In einem Nebengebäude sind wir zum

Essen angemeldet. An der Wand ein Gemälde des alten Breslau mit seinem Wappen. Unsere polnische Führerin erzählt, daß sich im Juni 1990 die Stadtverordneten von Wroclaw wieder für das alte, aus fünf Feldern bestehende Breslauer Wappen entschieden haben, das der Stadt 1530 durch Kaiser Karl V. verliehen worden war. Links oben der weiße böhmische Löwe, rechts der schwarze schlesische Adler, unten das große »W« für das latinisierte »Wratislawia«, das auf den Stadtgründer Wratislaw I. von Böhmen zurückgeht, und die Büste des Evangelisten Johannes. Inmitten des Schildes das Haupt von Johannes dem Täufer, dem Patron der Stadt und des Doms.

Nach dem guten Essen in den historischen Galerien mit den Bezügen zur Breslauer Stadtgeschichte gehen wir zum Rathaus. Vor seiner Ostseite mit den braunroten Backsteinziegeln läuft eine Gruppe junger Menschen mit »Hare Krishna«-Gesängen. Zum erstenmal sehe ich diese Seite des Rathauses ohne Gerüst. Es ist die schönste. Die gotischen Fenster, obwohl in norddeutsche Backsteine eingefügt, erinnern mich in ihrer Anordnung an Venedig. Die enorme Breite des Gebäudes und der himmelstürmende Mittelgiebel mit seinem filigranen Maßwerk vermitteln Reichtum und Macht. Beides hat Breslau besessen.

Eine weitere Gruppe junger Menschen erregt meine Aufmerksamkeit. Sie singen polnisch. »Jesus« ist das einzige Wort, das ich verstehe. Ein Passant aus Oberschlesien erläutert uns auf deutsch, daß sie »Evangelische« seien. Nach dem Gesang hält ein junges Mädchen eine Rede, auch hier fällt häufig das Wort »Jesus«. Mit verklärtem Blick schaut sie aus ihren großen Augen gen Himmel, als ob sie den Beschworenen dort selbst sehen könnte. Der Oberschlesier erzählt, daß er bei der deutschen 11. Panzerdivision gedient hat. Mir wird von der Vielfalt der Eindrücke in diesem postkommunistischen Polen ganz schwindlig. Jetzt ist wirklich alles anders.

Wir gehen weiter Richtung Dom. An der Nepomukstatue vor der Kreuzkirche spricht uns ein Mann an, der aus Lemberg stammt. Er verkauft Postkarten. Mit seinem wenigen Deutsch macht er uns klar, daß Stalin, den er für noch schlimmer als Hitler hält, Polen und Deutsche für immer verfeinden wollte. Deshalb habe er die Vertreibung der Ostpolen und der Ostdeutschen befohlen. Ich kaufe ihm eine Karte des Gebäudes ab, in dem das »Panorama Raclawicka« früher in Lemberg untergebracht war. Auf dem Bürgersteig fällt mir eine Platte mit der Inschrift »Max Breier, Breslau« auf. Jetzt scheinen hier in Breslau auch die Steine wieder deutsch zu sprechen.

Der Dom beeindruckt mich mit seiner weihevollen Größe und Pracht wie vor acht Jahren bei meinem ersten Besuch. Aber im Verlauf ihrer Erläuterungen weist uns unsere polnische Begleiterin auf etwas Neues hin. Rechts vor der Elisabethkapelle hängt ein Porträt des Kardinals Adolf Bertram, des letzten deutschen Erzbischofs von Schlesien. Am 9. November 1991 wurde er hier in der Breslauer Kathedrale beigesetzt. Seine sterblichen Überreste waren aus dem tschechischen Jauernig, wo der Kardinal im Juli 1945 im Alter von sechsundachtzig Jahren gestorben war, überführt worden. An dem feierlichen Requiem hatten geistliche Würdenträger und Politiker aus Deutschland, der Tschechoslowakei und Polen teilgenommen. Die Bestattung des Kardinals in seinem Dom, an dem er von 1914 bis 1945 gewirkt hatte, wurde als Signal der Aussöhnung von Polen und Deutschen verstanden. Wer hätte noch vor wenigen Jahren geglaubt, daß dies möglich sei? Läßt sich eine würdigere Anerkennung der deutschen Vergangenheit von Breslau denken?

Rückkehr in unser Schloß nach Gorkau. Im Treppenhaus sind überraschend historische Postkarten von Zobten, Rogau, Gorkau und der näheren Umgebung aufgehängt. Die deutsche Geschichte der Gegend wird von den Polen nicht verleugnet. Im Hof versammeln sich nun die Uniformierten. Der kleinere Teil in grünen Uniformen verkörpert den Großherzoglichen Landsturm von Sachsen-Weimar. Diese Gruppe kommt aus Jena, ebenso ein Freundeskreis »Theodor Körner« mit Lützower Uniformen. Den Hauptanteil der dreißigköpfigen Gruppe stellen die Lützower aus Leipzig. In jeder der beiden Abordnungen sind auch einige Frauen dabei. Das entspricht den historischen Tatsachen.

Mit den Autos geht es zum Marktplatz von Zobten. Vor einem großen Granitsockel neben der katholischen Kirche, der früher ein Lützower Reiterdenkmal trug, nehmen die Uniformierten Aufstellung. Die Jenenser spielen mit ihren Querpfeifen das Lied »Ich hatt einen Kameraden«, untermalt mit dem Schlagen der Trommeln. Die Lützower formieren sich zur Kranzniederlegung. Angelockt durch die Musik und die ungewohnten Uniformen versammeln sich viele Schaulustige. Unsere beiden polnischen Begleiter Franaszczuk und Aphate erklären ihnen, was der Aufmarsch zu bedeuten hat. Unter Trommelwirbel wird am Fuße des jetzt unvollständigen Denkmals ein großer Kranz niedergelegt, den die Leipziger mitgebracht haben. Auf den beiden weißen Schleifen heißt es: »Die Lützower aus Leipzig, 1813-1993« und »Zum Gedenken an den 180. Jahrestag der Gründung des Lützower Freikorps«.

Ich bin von dieser Szene tief beeindruckt. Hier haben Leipziger aus eigener Initiative und aus eigener Tasche etwas getan, was eigentlich Aufgabe staatlicher Kulturpolitik sein sollte. Immerhin geht es um die Anfänge einer patriotischen, republikanischen Entwicklung, die hier mit den Lützowern ihren Ausgangspunkt hatte. Daß die Mehrzahl dieser engagierten Menschen aus Leipzig stammt, der Haupstadt der Revolution gegen das diktatorische DDR-Regime, ist von besonderem Reiz. Überhaupt stelle ich immer wieder fest, daß die »neuen« Ostdeutschen viel unverkrampfter mit unserer Geschichte, gerade im Verhältnis zu Polen, umgehen als die Westdeutschen.

Nach der Kranzniederlegung formiert sich der Zug zum drei Kilometer entfernten Rogau, wo vor hundertachtzig Jahren in der evangelischen Kirche die Einsegnung der Kämpfer stattfand. Voran schreiten die Jenenser in ihren grünen Uniformen mit Trommeln und Pfeifen und dem Eisernen Kreuz an ihren Mützen, das der preußische König am 10. März 1813 als Auszeichnung für den beginnenden Freiheitskampf gestiftet hatte. Zum

Abschluß ihre Standarte. Dann die Lützower mit ihrer Fahne. Kinder und ein paar Erwachsene folgen dem ungewöhnlichen Zug. Bauern auf dem Feld unterbrechen ihre Arbeit und schauen. Was mögen sie denken?

Als die Kolonne in Rogau eintrifft, gibt es staunende und fragende Blicke der Dorfbewohner: Was sind das für Uniformierte, die da plötzlich daherkommen? Was wollen die hier? Aber angesichts der uns begleitenden Einheimischen scheinen sie davon auszugehen, daß alles seine Ordnung hat. Ihre Mienen sind jedenfalls freundlich. Einige schmunzeln. Kläffende Hunde werden zur Ruhe gebracht.

Auf dem Platz, wo früher die evangelische Kirche stand, macht sich nun ein Supermarkt breit. Gegenüber ein schmiedeeisernes Kreuz, das die Polen errichtet haben. Vor diesem nimmt der Zug Aufstellung. Jürgen Standke hält eine Rede und dankt den Polen für die Möglichkeit, daß dem historischen Ereignis in dieser Form gedacht werden kann. Dann zitiert er aus dem Lied,

Die »Lützower« aus Leipzig bei ihrem Zug von Zobten nach Rogau, der an den historischen Marsch von 1813 erinnern soll.

das damals in der Kirche gesungen wurde: »Wir treten hier im Gotteshaus mit frommem Mut zusammen. Uns ruft die Pflicht zum Kampf hinaus, und alle Herzen flammen ... Gott ist mit uns und wir mit ihm! Dem Herrn allein die Ehre!« Wenn je ein Krieg gerecht sein kann, dann ein Befreiungskrieg gegen Eroberer und Unterdrücker, wie Napoleon einer war. Selbst Goethe, der den Korsen anfänglich so bewunderte, segnete die Lützower, die er in Dresden traf, für den Kampf gegen den selbsternannten Kaiser der Franzosen, der die Ideale der Französischen Revolution so verraten hatte.

Wie zuvor in Zobten wird auch hier in Rogau zum Gedenken an die Lützower ein Kranz niedergelegt. Zum Abschluß der Feier, zu der sich noch weitere Polen gesellt haben, wird Salut geschossen.

Am Abend versammeln sich alle im großen getäfelten Kaminzimmer des Schlosses. Der Bürgermeister hat eingeladen. An dem festlich gedeckten Tisch finden alle Platz. Die Honoratioren des Ortes haben ihre Frauen mitgebracht. Es herrscht eine feierliche Stimmung. Jede Seite spürt, daß dieses erste Treffen für die Polen wie für die Deutschen von Bedeutung ist. In den Begrüßungsreden kommt die Hoffnung zum Ausdruck, daß dies ein Anfang sei, aus dem sich eine für beide Seiten fruchtbare Zusammenarbeit entwickeln möge.

Der Bürgermeister, dessen Rede Franaszczuk übersetzt, umreißt die Situation: »Die Frage ist, was können wir jetzt schon machen? Was nicht? Man kann nicht alles auf einmal erledigen. Heute ist es der erste Schritt. Das nächste Mal wird es schon mehr sein. Die politische und wirtschaftliche Situation in Polen ist nicht leicht. Es gibt Schwierigkeiten in der Entwicklung und auch noch Widerstände in der Beurteilung der Deutschen. Aber die Geschichte wird von Menschen gemacht. Und wir sind Menschen, die etwas tun, also bestimmen wir die Geschichte mit. Wir Polen und Sie, die Deutschen, sollten zum Wohle beider Seiten zusammenarbeiten.«

Präsente werden überreicht, rege Gespräche beginnen. Einige

Polen sprechen deutsch. Es wird gezecht und gesungen. Polnische und deutsche Lieder.

Am nächsten Morgen geht es bei Schneegestöber auf den gut vierhundert Meter hohen Slenza-Berg. Den alten Bismarckturm auf dem Gipfel hat die Zobtener Kameradschaft mit viel Mühe wieder hergerichtet. Er beherbergt jetzt ihr Vereinsheim. Nach dem Aufstieg in voller Ausrüstung und der Begrüßung vor dem Eingang werden an die deutschen Gäste Wanderkarten des Zobtengebirges mit einem Stempel der »Slenza-Kameradschaft« verteilt, der den Turm abbildet. Wir gehen hinein. Trotz der kalten Witterung ist es behaglich, weil die Mauern vor dem scharfen Wind schützen. Der untere Raum ist sogar beheizbar. Zum Aufwärmen gibt es einen Begrüßungstrunk. Vom Plateau des Turms hat man bei gutem Wetter einen Blick bis nach Breslau. Aber bei dem Schneegestöber ist heute kaum der Hauptgipfel des Zobtengebirges auszumachen.

Nach dem Mittagessen fahren die Lützower zurück nach Deutschland, mit Ausnahme von Jürgen Standke, Mike Zimmermann und mir. Uns wollen Krzysztof Franaszczuk und Bogdan Aphate in den Ölser Bergen ein umgestürztes deutsches Denkmal zeigen, das an die Erhebung Preußens von 1813 erinnert. So besteigen wir an diesem Tag zum zweiten Mal einen Gipfel. Oben angekommen, finden wir unter einer Schneeschicht den vom hohen Sockel gestürzten Stein. Wir fegen den Schnee beiseite, und zum Vorschein kommt die Inschrift: »Zur Erinnerung an die glorreiche Erhebung Preussens 1813. Langenöls 1913.« Spontan fassen wir den Entschluß, im kommenden Sommer den Stein wieder auf den Sockel zu heben und mit einer polnischen Übersetzung der Inschrift zu versehen.

Am nächsten Morgen fahre ich mit den beiden Leipzigern im Konvoi Richtung deutsche Grenze zurück. In Görlitz verabschiede ich mich von ihnen. Während sie weiterfahren, mache ich für einen Tag und eine Übernachtung hier Station. Ich will sehen, wie sich die alte und neue schlesische Perle weiterentwickelt hat. Im Hotel »Zum Grafen Zeppelin« bin ich zum erstenmal. Eine gute Empfehlung. Mit seiner frisch gestrichenen gelben Fassade sticht es aus der noch zum großen Teil grauen Jauernicker Straße hervor. Die Wirtsleute mit dem Namen Weigmann, ein Görlitzer Ehepaar mit seinen beiden Söhnen, sind von großer Herzlichkeit.

Das Hotel liegt in Bahnhofsnähe, so daß das Stadtzentrum und die Altstadt zu Fuß zu erreichen sind. Obwohl das Wetter naßkalt und windig ist und Graupelschauer niedergehen, beginne ich meinen Gang durch die Stadt. Das Bahnhofsgebäude, dessen Zustand ich 1990 so beklagenswert fand, ist eingerüstet und mit einer großen Plane verhangen. In der Berliner Straße staune ich über die Auslagen der neuen Geschäfte. Auch viele Fassaden sind hier schon renoviert. Ebenso in der Jakobstraße, die ich durch die Straßburg-Passage erreiche, wo ein Schild mit dem Bauherrn »Dr. Otto-Wolfgang Straßburg« die beginnende Restaurierung anzeigt. Meine alte Oberschule am Wilhelmplatz ist auch diesmal noch grau, aber auch hier erstrahlen schon einige Häuser in neuem Glanz.

Über den Postplatz gehe ich weiter Richtung Altstadt. Die Frauenkirche. Das Karstadt-Kaufhaus. Jetzt sind die häßlichen Neonlampen aus der DDR-Zeit verschwunden. Auch im Innern nun wieder Jugendstil in reinster Form. Links auf dem Demianiplatz erblicke ich von weitem das Theater. Vorder- und Rückseite sind frisch gestrichen, die Seiten noch grau. Richtung Obermarkt leuchtet trotz des trüben Wetters das neue Weiß der Annenschule mit der spätgotischen Annenkapelle in reizvollem Kontrast zu dem altersgrauen Dicken Turm mit dem Stadtwappen gegenüber. Am Obermarkt strahlt die Dreifaltigkeitskirche in Gelb mit weißen schmalen Absätzen. Und dann zu meiner großen Freude: am Schönhof am Untermarkt das erste Gerüst! Endlich! Neu verputzt und frisch gestrichen das Museum an der Ecke zur Neißstraße. Daneben muß die kulturhistorisch noch bedeutsamere Straßenfront des Biblischen Hauses mit ihren vielen Sandsteinreliefs noch auf ihre Restaurierung warten. Es geht eben nicht alles gleichzeitig.

Eine weitere freudige Entdeckung bei meinem Rundgang:

Das sogenannte Waidhaus gegenüber der Peterskirche, das älteste profane Gebäude der Stadt, hoch über der Neiße gelegen, wird zu einem Handwerkerhof ausgebaut. Hier sollen die Restauratoren ausgebildet werden, die Görlitz und anderen Städten der Region wieder zu neuem Glanz verhelfen sollen. Dann hinunter in die Nikolaivorstadt zum Nikolaifriedhof. Der Schnee wirbelt um die barocken Sandsteinfiguren, die melancholisch dem Leben nachzutrauern scheinen. Wegen der Vielzahl seiner kunstvollen Grabsteine und Gruftkapellen und seiner schönen Lage am Berghang mit dem alten Baumbestand nannte ihn die Dichterin Ricarda Huch einen der schönsten Friedhöfe Deutschlands. Viele berühmte oder auch nur reiche Görlitzer sind hier begraben, darunter auch der bedeutendste Sohn der Stadt, Jakob Böhme, der unter einer mächtigen Granitplatte seine letzte Ruhestätte hat. Dieser gelernte Schuster, der 1624 in Görlitz starb, trägt zu Recht den Titel »philosophus teutonicus«. Als Autodidakt hat er seine mystischen und theosophischen Visionen und Erkenntnisse in seinem Hauptwerk »Aurora oder die Morgenröte im Aufgang« niedergeschrieben. Seine Hauptlehre besagt, daß in der Natur immer zugleich das Gute und Böse vorhanden sei. Das gelte auch für den Menschen und sogar für Gott selbst. Die Wirkung seines Werks auf nachfolgende Philosophen und auch auf Dichter war groß.

Mit seiner Auffassung, daß Gott auch für das Böse stehen kann, hatte er sich die Kirche zum Feind gemacht. Aber er blieb bis zu seinem Tod ein unbeirrbarer Gottsucher. Einige seiner Schriften hatte ich gelesen. Hier an seinem Grab fallen mir Sätze daraus ein, die ich mir seit Jahren gemerkt hatte und die mich durch mein Leben begleiten: »Wem Zeit ist wie Ewigkeit und Ewigkeit wie Zeit, der ist befreit von allem Streit.« Oder: »Es liegt nichts an deinem Unglauben; dein Unglaube hebt Gottes Wahrheit nicht auf.« Oder auch: »Es liegt alles am Willen.« Vielleicht bin ich hierher gekommen, um mich dieser Sätze am Grabe dieses großen Görlitzers neu zu versichern.

Als ich am Abend mit einer Schulkameradin im Stadthallen-

Restaurant beim »Schlesischen Himmelreich« zusammensitze, erzählt sie mir von den Aktivitäten und Ideen des Leiters des Europera-Musiktheaters von Görlitz, Professor Ludwig. Er hat den Vorschlag eingebracht, als bauliches Symbol für den Brückenschlag zwischen Deutschen und Polen ein Musik- und Kongreßzentrum direkt über dem Neißefluß zu errichten. Ich bin von dieser Idee wie elektrisiert. Die große Aufgabe der Aussöhnung und Zusammenarbeit zwischen Polen und Deutschen braucht solche mutigen Vorschläge und symbolischen Zeichen.

Denkmalpflege

Reise nach Niederschlesien im März 1994

Ein Jahr später bin ich wieder nach Schlesien unterwegs. Es ist Freitag, der 25. März 1994. Die Lützower wollen mit den polnischen Freunden in Zobten und Rogau das Denkmal in den Ölser Bergen einweihen, das sie gemeinsam wiedererrichtet haben. Mein Schlesienfilm fürs ZDF ist um ein Jahr hinausgeschoben worden. Ich bin darüber nicht ungehalten. Bei jeder Reise weitet sich mein Blick, wird mir deutlicher, wie wichtig eine angemessene Behandlung des Verhältnisses von Polen und Deutschen am Beispiel Schlesiens ist. Vielleicht wird es sogar möglich sein, den Film mit dem polnischen Fernsehen gemeinsam zu machen und ihn in beiden Ländern auszustrahlen.

Der Grenzübertritt in Görlitz geht verhältnismäßig schnell vonstatten. Nach einer halben Stunde Wartezeit sind wir in Zgorzelec. Hinter Bunzlau geht es auf die Autobahn Richtung Liegnitz und Breslau. Wir haben uns vorgenommen, diesmal in Wahlstatt, polnisch Legnickie Pole, zu halten, um die berühmte Barockkirche zu besuchen, die ich bisher nur von weitem gesehen habe.

Wir finden die Kirche und die angrenzenden Gebäude in bestem Zustand vor, in freundlichem Gelb gestrichen. Davor erklärt ein Schild in polnisch, englisch und deutsch: »Barockkirche der heiligen Hedwig mit dem alten Benediktinerkloster. Der Gebäudekomplex entstand zu Beginn des 18. Jahrhunderts nach dem Entwurf von Kilian Ignaz Dientzenhofer. Bildhauerarbeiten von Wenzel Lorenz Reiner. Die Freskenmalerei von Cosma Damian Asam.« Endlich also einmal eine dreisprachige Beschriftung!

Bevor wir die Kirche betreten können, müssen wir im Mongolenschlacht-Museum, das gegenüber in einer kleineren Kirche

Die Kirche des ehemaligen Klosters Wahlstatt bei Liegnitz, die an die Schlacht gegen die Mongolen von 1241 erinnert.

untergebracht ist, eine Eintrittskarte lösen. Mittelpunkt der dortigen Ausstellung ist eine Kopie der Grabmalfigur des Fürsten Heinrich II., der hier in der legendären Schlacht zwischen den mongolischen Angreifern und den Verteidigern des europäischen Abendlandes 1241 gefallen ist. Daneben mongolische und christliche Ritterfiguren aus Holz sowie Waffen und andere Funde. Hier haben Polen und Deutsche Seite an Seite gekämpft. Hierher nach Schlesien haben die polnischen Piastenherzöge nach den Verwüstungen durch die Mongolen deutsche Siedler gerufen, um das Land gemeinsam wiederaufzubauen.

Dann besichtigen wir die Klosterkirche. Die weiß getünchten

Wände, die nur durch einige Figuren und Gemälde akzentuiert sind, unterstützen die grandiose Wirkung von Altar und Deckenfresken. Ein weihevoller Ort, der zur Besinnung darauf einlädt, daß die schlesische Geschichte polnische und deutsche Wurzeln hat.

Am nächsten Morgen bitte ich Krzysztof Franaszczuk, der sich wieder zu uns gesellt hat, mich als Dolmetscher auf einer Fahrt nach Kreisau zu begleiten. Am 20. Juli des Jahres jähren sich das gescheiterte Attentat und der mißglückte Staatsstreich gegen Hitler zum fünfzigsten Mal. Ich will die Gelegenheit nutzen, den Ort zu besuchen, der einer der wichtigsten Gruppen unter Hitlers Gegnern den Namen gegeben hat. Helmuth James Graf von Moltke war der Kopf des »Kreisauer Kreises« gewesen.

Zunächst aber machen wir einen Abstecher nach Bagienec. Ich will sehen, ob das Engagement der beiden Polen, von dem ich 1985 so beeindruckt war, nämlich das alte Herrenhaus wiederherzustellen, Erfolg gehabt hat. Als wir auf das Gebäude zufahren, sehe ich schon aus der Entfernung, daß ihr Vorhaben gescheitert ist. Das einst so stattliche Haus ist nun vollends zur Ruine geworden. Der Dachstuhl steht kahl, ohne einen einzigen Ziegel, da. Kein Fensterkreuz mehr, keine Tür. Nur das Turmgehäuse ist noch mit Schieferplatten bestückt. Fast unwirklich schwebt es über dem entblößten Dachstuhl, bedrohlich zugleich, als könnte es jeden Moment hinunterstürzen. Dennoch wagen wir einen Blick in das Innere des Gebäudes. Hier ist nun nichts mehr zu retten. Schade, daß das Engagement der beiden Polen, das mich damals so begeistert hatte, gescheitert ist.

Auf der Fahrt nach Kreisau machen wir in Schweidnitz Station und besuchen die berühmte Friedenskirche, einen großen langgestreckten Fachwerkbau mit einem Querschiff und mehreren Anbauten. Vor ihrem Eingang eine große Tafel, auf der in polnisch und deutsch zu lesen ist: »Baudenkmalpflegerische Maßnahmen an der Friedenskirche zur Heiligen Dreifaltigkeit in Schweidnitz. Finanziell unterstützt durch Bundesministerium für

Forschung und Technologie, Bonn, Deutsche Bundesstiftung Umwelt, Osnabrück, Stiftung für deutsch-polnische Zusammenarbeit aus den Mitteln der Bundesrepublik Deutschland. Eigentümer: Evangelisch-Augsburgische Kirchengemeinde Schweidnitz.« Dann folgen die Denkmalsbehörde in Waldenburg sowie die Namen der vielen projektierenden und ausführenden Institute und Firmen, eine Auflistung, die die Zuversicht stärkt, daß die kulturhistorisch wichtigsten und schönsten Bauten Schlesiens bewahrt werden. Daß die Bundesrepublik Deutschland dafür Geld gibt, ist nur allzu berechtigt. Hier geht es nicht zuletzt um den Erhalt von altem ostdeutschem Kulturerbe. In das »neue« Ostdeutschland, die neuen Bundesländer, fließen seit 1990 Hunderte von Milliarden Mark. Aber auch das alte Ostdeutschland sollte finanziell unterstützt werden, weil die Polen selbst kaum Mittel zur Verfügung haben.

Die Friedenskirche überrascht durch die Vielgestaltigkeit der Einrichtung, durch die Größe des Innenraumes und das viele Gold, das hier verarbeitet ist. Eine Gruppe deutscher Besucher sitzt in den Bänken und hört aus dem Lautsprecher eine sympathische Stimme, die über die Geschichte des Gotteshauses erzählt: »Nach dem Dreißigjährigen Krieg wurde Schweidnitz dem katholischen Kaiserreich Österreich angeschlossen. Die Lage der evangelischen Bevölkerung war schwer. Ihr wurden alle Kirchen weggenommen. Dank der Unterstützung des schwedischen Königs traf 1652 aus Wien die Erlaubnis für den Bau einer neuen Kirche ein. Diese Erlaubnis enthielt aber demütigende Bedingungen. Die Kirche durfte nur außerhalb der Stadt gebaut werden. Ohne Turm und ohne Glocken. Als Baumaterial durften nur Holz, Lehm, Sand und Stroh verwendet werden. Der Bau durfte nicht länger als ein Jahr dauern.« Die Bedingungen wurden eingehalten, das Ergebnis ist diese eindrucksvolle Kirche, die mehr als siebentausend Menschen Platz bietet.

Wir besuchen auch noch die katholische Stadtpfarrkirche, eine gotische Basilika, deren Innenraum barockisiert ist und die den höchsten Turm von Schlesien hat.

Die evangelische
»Friedenskirche« in
Schweidnitz, in der
7500 Menschen Platz
finden können. Sie
durfte nach den Auflagen der katholischen
Landesherren nur aus
Holz und Lehm erbaut
werden.

Die Loge der Grafen
von Hochberg in
der Schweidnitzer
Friedenskirche.

Dann geht es weiter nach Kreisau. Am Eingangstor des großen, rechteckigen Gutshofes hängt eine Tafel mit einem Plan des Gebäudekomplexes. Der Text wiederum in polnisch und deutsch: »Hier errichtet die Stiftung ›Kreisau‹ für Europäische Verständigung die internationale Jugendbegegnungsstätte Kreisau. Gesamtfinanzierung: Stiftung für deutsch-polnische Zusammenarbeit aus Mitteln der Bundesrepublik Deutschland.« Ich erinnere mich an die Fernsehübertragung vom Treffen des ersten nachkommunistischen polnischen Ministerpräsidenten Tadeusz Mazowiecki mit Bundeskanzler Kohl im November 1989, wenige Tage nach dem Fall der Mauer in Berlin. Höhepunkt des damaligen Versöhnungsgottesdienstes war die brüderliche Umarmung der beiden Politiker. Der Bischof von Oppeln, Alfons Nossol, die große Integrationspersönlichkeit von Schlesien, des Polnischen und Deutschen gleichermaßen mächtig, sprach in seiner Predigt die große Hoffnung aus, daß »ganz Schlesien eine Brückenfunktion bei der Festigung und Aussöhnung zwischen unseren beiden Völkern zukommen« werde.

Jetzt begrüßt uns der Bauleiter. Ich erkläre, weshalb wir hier sind, daß ich einen Film über den 20. Juli 1944 wie auch einen über Schlesien vorbereite und hier unbedingt drehen will. Er freut sich über das Interesse und führt uns zum eigentlichen Schloß. Das Dach ist bereits fertig, mit Naturschiefer gedeckt. Das Gebäude selbst ist noch vollkommen eingerüstet. Die Gemälde im Treppenhaus sind zum Schutz hinter Brettern verborgen. Die großen Räume sind alle noch kahl. Stuckteile liegen sorgfältig numeriert in Regalen. Der Bauleiter erzählt von den großen Schwierigkeiten der Restaurierung. Das Schloß sei akut einsturzgefährdet gewesen. Nun aber gehe es gut voran.

Hinter dem Schloß geht es zum Berghaus, in dem die konspirativen Treffen der »Kreisauer« stattfanden. Ihr Hauptziel war es, für Deutschland die Grundzüge einer geistigen, politischen und sozialen Neuordnung nach dem Ende des Hitlerreiches zu erarbeiten. Ich empfinde es als besondere Tragik, daß gerade die Schlesier, die im Widerstand gegen Hitler eine so maßgebende

Das ehemalige Schloß der Grafen von Moltke in Kreisau bei Schweidnitz.

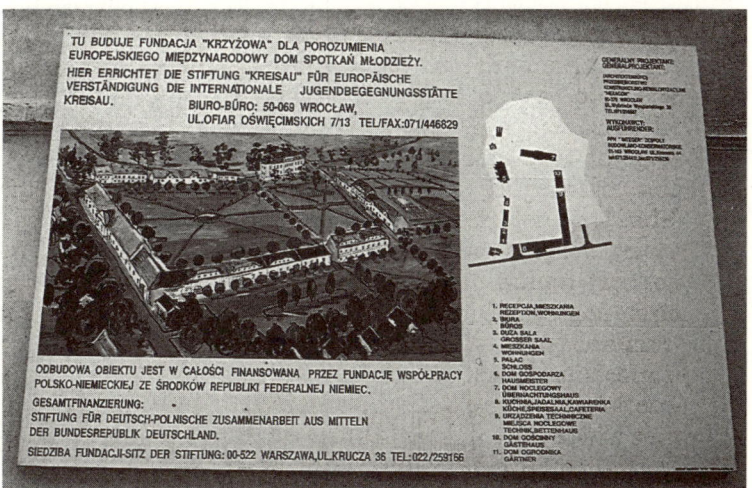

Das Schloß und der Gutshof werden restauriert und zu einer »Internationalen Jugendbegegnungsstätte« umgebaut.

Rolle gespielt haben, ihre Heimat verloren. Daß hier jetzt eine Erinnerungs- und Tagungsstätte entsteht, ist eine späte Genugtuung für die tapferen »Kreisauer«, die fast alle für ihre Umsturzpläne mit dem Leben bezahlen mußten.

In einem Abschiedsbrief an seine kleinen Söhne hatte Helmuth James Graf von Moltke vor der Hinrichtung sein politisches und moralisches Credo niedergeschrieben, das seine zwangsläufige Gegnerschaft zu Hitler erklärt: »Ich habe mein ganzes Leben lang, schon in der Schule, gegen einen Geist der Enge und der Gewalt, der Überheblichkeit, der Intoleranz und des Absoluten, erbarmungslos Konsequenten angekämpft, der in den Deutschen steckt und der seinen Ausdruck in dem nationalsozialistischen Staat gefunden hat. Ich habe mich auch dafür eingesetzt, daß dieser Geist mit seinen schlimmen Folgeerscheinungen wie Nationalismus im Exzeß, Rassenverfolgung, Glaubenslosigkeit, Materialismus überwunden werde. Insoweit und von ihrem Standpunkt aus haben die Nationalsozialisten recht, daß sie mich umbringen.«

Am 23. Januar 1945 war Graf von Moltke hingerichtet worden, im Gefängnis Plötzensee in Berlin mit der Drahtschlinge erdrosselt. »Ich will, daß sie erhängt werden, aufgehängt wie Schlachtvieh«, hatte der Befehl des »Führers« gelautet. Am Todestag des schlesischen Grafen, der seine Heimat so liebte, leidenschaftlich für ein moralisch rechtschaffenes Vaterland kämpfte und ein ebenso überzeugter Europäer war, schrieb seine Witwe Freya von Moltke, die Verbindung zum Gefängnispfarrer Pölchau hatte, an eine Bekannte: »Helmuth war ganz bereit zu sterben. Es lohne sich, im Kampf gegen den Nationalsozialismus sein Leben zu lassen, denn das bedeute, um der europäischen, christlichen Sache willen zu sterben.«

Wie sehr ihm ein übersteigerter Nationalismus, der sich über alles erhebt, aus tiefstem Herzen zuwider war, macht sein Bekenntnis deutlich, das er schon als Einundzwanzigjähriger schrieb: »Ich fühle mich erstens Europa, zweitens Deutschland, drittens dem Osten Deutschlands und viertens dem Grund und

Boden verpflichtet.« Preußen, das es ja bis zum verordneten Ende durch den Kontrollrat der Siegermächte gab, kommt in seiner Aufzählung nicht vor. Die Ideale der besten preußischen Traditionen waren durch die Nennung des Ostens Deutschlands eingeschlossen, denn der eigentliche Kern Preußens waren Brandenburg und die Länder östlich davon – Ostpreußen, Pommern und Schlesien.

Eine eindrucksvolle Würdigung der Männer des 20. Juli gibt Marion Gräfin Dönhoff in ihrem Buch »Preußen – Maß und Maßlosigkeit«. Nur einmal, heißt es dort, habe sich »der preußische Geist noch einmal gemeldet, um endgültig Abschied zu nehmen – das war am 20. Juli 1944. Damals starben von Henkerhand viele verantwortungsvolle Bürger: hohe Offiziere, ehemalige Minister, Staatssekretäre, Botschafter – die überwiegende Mehrzahl Preußen. Alle großen Namen der preußischen Geschichte finden wir da verzeichnet: Yorck, Moltke, Schwerin, Schulenburg, Lehndorff. Die Ehre Deutschlands war verspielt, nicht mehr zu retten – die Schande der Hitler-Zeit zu groß. Aber das Kreuz, das sie auf Preußens Grab gesetzt haben, leuchtet hell aus der Dunkelheit jener Jahre.«

Die Größe dieser Männer wurde in den ersten Nachkriegsjahren im In- und Ausland verkannt. Ein Indiz dafür ist eine Episode, die Gräfin Dönhoff in ihrem Buch »Um der Ehre willen – Erinnerungen an die Freunde vom 20. Juli« erzählt: »Einige Jahre nach dem Krieg schrieb mir ein Unbekannter, er habe eine Wallfahrt nach Kreisau unternommen und dort verschiedene Leute nach dem Weg zu Moltkes Haus gefragt. Antwort: Moltke? – Moltke, nie gehört ...« Um so erfreulicher, daß sich hier nun alles zum Besseren wendet. In der deutschsprachigen Broschüre, die mir der polnische Bauleiter gibt, schreibt die Ehrenpräsidentin der Stiftung Kreisau, Freya von Moltke: »Die Erinnerung an den ›Kreisauer Kreis‹ wird zur Brücke einer neuen Verständigung zwischen Polen und Deutschland ... Wunderbarerweise hat sich nun zwischen der ursprünglichen Initiative, der inzwischen gegründeten Stiftung und beiden Regierungen, also zwischen

›oben‹ und ›unten‹ und ›West‹ und ›Ost‹, eine produktive Zusammenarbeit entwickelt.«

Quer durchs Land, über kleine Ortschaften und schmale Straßen fahren wir zurück nach Zobten. Rechts unter einem sich im Frühlingswind rasch wandelnden Wolkenhimmel grüßen die blauen Berge des Eulengebirges. Vor uns kommt der breite Kamm des Zobtengebirges immer näher. Unser nächstes Ziel ist das Mausoleum des Feldmarschalls der Befreiungskriege, Gebhard Leberecht Blücher, von seinen Bewunderern auch »Marschall Vorwärts« genannt. Es liegt am Ortsausgang von Krobielowice, das bis 1937 Krieblowitz hieß, danach bis zum Kriegsende Blüchersruh. Der mächtige Turm ist aus Granit, oben rund, unten viereckig. Blüchers Büste ist unkenntlich. Sie war nach dem Krieg ein beliebtes Ziel für russische Pistolenschützen. Ein »Blücherhusar«, der sich dieses Jahr den Leipziger und Jenenser »Lützowern« zugesellt hat, erzählt von der Schändung der Särge der Blüchergruft zunächst durch Rotarmisten, die Mitte Februar

Mausoleum der Familie des Fürsten und Feldmarschalls Blücher, der Napoleon besiegte, in Krieblowitz südwestlich von Breslau.

1945 die sterblichen Überreste des Feldmarschalls auf die Straße geworfen und mit dem Schädel des Toten Fußball gespielt hätten, später durch polnische Grabräuber. Der Schriftzug über dem Turmeingang wurde zu einer Zeit, als es noch galt, alle Spuren der deutschen Vergangenheit zu tilgen, ausgemeißelt. Jetzt ist dort ein Hinweis angebracht, daß es sich um ein schützenswertes Denkmal handelt.

Anschließend besuchen wir das Schloß, das Blücher zusammen mit elf Dörfern 1814 für seine Verdienste vom preußischen König geschenkt bekommen hatte und in dem er 1819 gestorben war. Auch hier sind Restauratoren am Werk. Das Dach ist mit roten Ziegeln frisch gedeckt. Das Schloß stammt aus den Jahren 1570 bis 1580. 1700 wurde es zu einer vierflügeligen, um einen Innenhof gruppierten Anlage erweitert. Jetzt wird es zu einem Hotel ausgebaut. Der jetzige Bauherr, so erfahren wir, sei ein Nachfahre der Blücherschen Familie, aber kein Deutscher, sondern Neuseeländer. Wir besichtigen ein schon fast fertiges, sehr geschmackvoll eingerichtetes Hotelzimmer. Schließlich zeigt man uns Gipsabdrücke von Schlachtendarstellungen mit den Lützower Jägern, deren Originale sich in Leipzig befinden sollen.

Nach dieser Exkursion in die preußisch-schlesische Vergangenheit fahren wir zurück in die Schule von Rogau. Der Bürgermeister hat uns und Einheimische zu Kaffee und Kuchen eingeladen. Zur Begrüßung kurze Reden von polnischer und deutscher Seite. Dann beginnt eine angeregte Unterhaltung, wenn auch zum größten Teil mit Dolmetschern. Meine Tischnachbarin will von mir Auskunft. Sie habe gehört, daß es an deutschen Schulen Karten gebe, auf denen Schlesien noch zu Deutschland gehöre. Ich sage ihr, daß es sich dabei nur um historische Darstellungen handeln könne. Zu ihrer Beruhigung schenke ich ihr eine aktuelle Karte der Bundeszentrale für politische Bildung, die ich in meiner Tasche habe. Hier hört Deutschland mit seinem östlichsten Teil an der Neiße bei Görlitz auf. Ich zeige ihr auch die Stelle, wo ich westlich des Grenzflusses geboren bin. Im jetzt östlichsten Ort Deutschlands.

Am Abend gemeinsame Feier auf der früheren Blücherbaude, einem gemütlichen Gasthof in einer Talsenke des Zobtengebirges. Die Polen schenken den Leipzigern ein Gemälde, das die Einsegnung der Lützower in der Rogauer Kirche zeigt. Die Deutschen revanchieren sich mit einem Bild des Dichters Theodor Körner, der als Lützower in den Freiheitskriegen gefallen war. Als Überraschung dann der zweistimmige Gesang schlesischer Lieder, vorgetragen von einer deutschstämmigen Schlesierin und ihrer Tochter. Der Refrain eines langen Liedes, das mit der Beschwörung des Zobten beginnt, lautet »O Schlesien, o Schlesien, du Land so reich und schön«. Abschließend singen alle das Lied »Ich hatt einen Kameraden«, das Ludwig Uhland 1809 gedichtet hat. Ich muß an die Gedenkfeier zum Volkstrauertag im Bundestag denken, deren Live-Übertragung ich alle zwei Jahre im Wechsel mit der ARD kommentiere. Nach der Totenehrung durch den Bundespräsidenten wird dieses Lied gespielt. Es gilt allen Opfern von Krieg und Gewalt.

Am nächsten Morgen versammeln sich die Lützower und ihre polnischen Freunde zur Einweihung des wiedererrichteten Denkmals in den Ölser Bergen. Der Obelisk ist geschmückt mit der Fahne des Zobtener Vereins, der weißgelben niederschlesischen und der weißroten polnischen Fahne. Darunter ein Tuch, das die alte und neue Gedenktafel verhüllt. Den Sockel des Obelisken schmücken zwei weitere Fahnen: die sächsische weißgrüne und die deutsche schwarzrotgoldene. Bogdan Aphate, der Vorsitzende des Vereins, ergreift das Wort: »Erst vor einem Jahr haben wir uns getroffen. In dieser kurzen Zeit haben wir schon etwas so Wichtiges geschaffen. Möge das gemeinsame Werk ein stetes Andenken sein für unsere kommenden Geschlechter, eine Ermunterung für die weitere Zusammenarbeit von Deutschen und Polen in unserem gemeinsamen Europa.«

Seine Rede wird übersetzt, dann spricht der Leipziger Jürgen Standke: »Wir sehen hier vor uns dieses Denkmal stehen. Dabei ist es nicht entscheidend, wie groß es ist. Entscheidend ist die Symbolik, die es ausdrückt. Daß wir gemeinsam etwas erreicht

In polnisch-deutscher Zusammenarbeit wurde das Denkmal zur Erinnerung an die Erhebung von 1813 wiedererrichtet.

und getan haben nach der so leidvollen Vergangenheit. Wir alle wissen, was sich Deutsche und Polen gegenseitig Schlimmes angetan haben. Deshalb kann die Symbolik unseres gemeinsamen Werkes, die Wiedererrichtung dieses Denkmals, gar nicht hoch genug eingeschätzt werden. Ich habe die große Hoffnung, daß unsere Jugend dieses von uns begonnene Werk fortsetzt.«

Unter Trommelwirbel werden die beiden Gedenktafeln enthüllt. Links der alte deutsche Stein, rechts davon eine Steinplatte mit der polnischen Übersetzung der Inschrift. Vom Tonband erklingt die polnische Nationalhymne, dann die deutsche. Alle reichen sich die Hände. »Das ist unser gemeinsames Werk«, sagt Jürgen Standke. »Wir lassen uns von niemandem einreden, daß unsere Motive nicht edel seien. Das ist kein Nationalismus und kein Revanchismus.«

Angehörige zweier Nationen stellen sich hier gemeinsam der Geschichte, die nur eine Wahrheit hat. Die Unterdrückung dieser

Wahrheit, die bis zum Untergang des Kommunismus in Polen üblich war, ist endgültig vorbei. Nach Lützower Brauch endet die Feier mit dem Salutschießen: »Als Ausdruck der Freude! – Spannt den Hahn! Legt an – Feuer!« Die Vögel fliegen von den Ästen in den schlesischen Himmel, als wollten sie Kunde geben von dem ungewöhnlichen Geschehen.

Am Abend bin ich wieder in Görlitz. Als ich am Obermarkt parke, endet in der Dreifaltigkeitskirche gerade eine Orgelvesper. Ich gehe hinein. In der Barbarakapelle verweile ich vor der »Goldenen Maria« mit dem Christuskind im Arm, umgeben von einem ebenfalls vergoldeten Sonnenkranz. Sie scheint mit sich, mit ihrem Sohn, mit Gott und der Welt zufrieden zu sein. Dann ergreift mich die Holzfigur »Christus in der Rast«. Die Dornenkrone auf dem Haupt, dieses auf die rechte Hand gestützt, spricht aus seinem Gesicht eine große Traurigkeit. »Hat das alles einen Sinn? Bin ich wirklich Gottes Sohn?« scheint er sich zu fragen. Er wirkt wie ein einfacher, müder Mann, der innehält, Fragen stellt, zweifelt.

Ich fühle mich von diesem fragenden, zweifelnden Blick unmittelbar angesprochen. Liegt das daran, daß ich mich manchmal wieder frage, ob ich mein Vorhaben, mit einem Film über Polen und Deutsche in Schlesien zur Verständigung zwischen den beiden Völkern beizutragen, nicht in seiner Bedeutung und möglichen Auswirkung überschätze? Ich will daran glauben, daß man aus der Geschichte lernen kann. Eigentlich hätte es nur einen einzigen Krieg auf der Welt zu geben brauchen, aus dem alle Generationen die Einsicht in dessen Unsinnigkeit hätten gewinnen können. Warum haben sich die biblischen Gebote nicht durchgesetzt? Warum gibt es so viel äußerliche Frömmigkeit, aber so wenig praktiziertes Christentum? Dieser traurige Christus vor mir scheint alle diese Fragen zu stellen. So halte ich Zwiesprache mit einem geschnitzten Christus in einer Kirche in meiner Heimat.

Am nächsten Morgen treffe ich zufällig auf dem Weg zu einer Bank am Sechsstädteplatz, wo gerade eine Filiale der Niederschlesischen Sparkasse eröffnet, Oberbürgermeister Lechner. Wir unterhalten uns über den Fortgang der Sanierung, über die Arbeitslosigkeit in der Stadt und über die Zusammenarbeit mit den polnischen Behörden. Diese wird immer konkreter, desgleichen die Kooperation in der »Euroregion Neiße«, an der auch die Tschechen teilnehmen. Die Sekretäre der drei Regionalkongresse treffen sich wöchentlich im Koordinierungsbüro in Zittau.

Ich frage, ob es nicht doch noch zu einem eigenen Regierungsbezirk für die dreihunderttausend Niederschlesier kommen wird. Lechner hält eine solche Forderung für unrealistisch, da es in Sachsen bald nur noch zwei Regierungsbezirke geben werde.

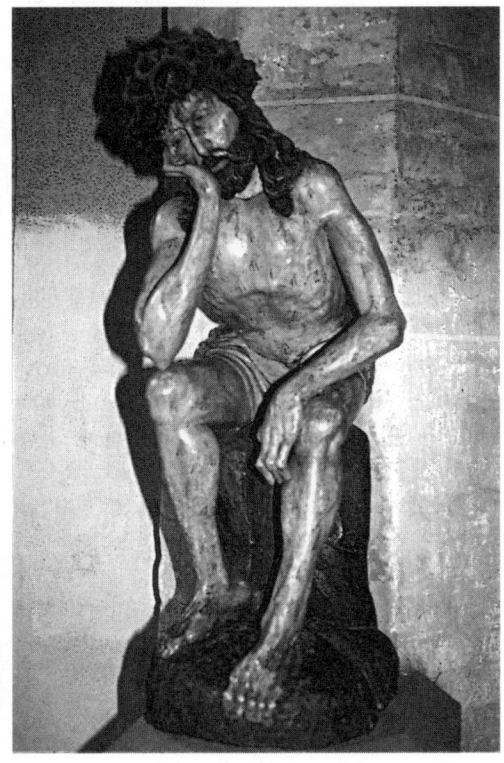

»Christus in der Rast«.
Eine Holzplastik von
1500 in der Görlitzer
Dreifaltigkeitskirche.

Das Ziel der Stadt Görlitz sei es, Oberzentrum zu werden wie Bautzen und Hoyerswerda. Der Kreis um Görlitz nenne sich jetzt Niederschlesischer Oberlausitzkreis. Damit sei ein Stück schlesischer Identität zurückgewonnen. Zum Abschluß unseres Gesprächs gibt mir Lechner den Tip, auf die Landeskrone zu fahren. Heute gebe es eine gute Sicht auf das Iser- und das Riesengebirge. Auch sei die Renovierung von Restaurant und Hotel fast abgeschlossen.

Als ich oben auf dem Aussichtsturm stehe, bin ich dankbar für den Rat. Ein herrlicher Blick über das Neißetal bis hin zu den fernen Gebirgsketten. Unter mir Hämmern und Sägen. Handwerker beim letzten Schliff. Wie schnell es doch jetzt hier vorangeht nach den Jahrzehnten der großen Sprüche in der DDR! Wenige Schritte unterhalb des Aussichtsturms steht ein Denkmal für Theodor Körner, der hier auf der Landeskrone am 12. August 1809 wohnte. »Vergeßt die treuen Toten nicht!« steht da zur Mahnung. Die Leipziger Lützower haben sie nicht vergessen. Hatten sie doch gerade erst ihren polnischen Freunden ein Bild von diesem Dichter überreicht, der im Freiheitskampf gegen Napoleon gefallen war.

Wieder mache ich einen Abstecher in mein Geburtsdorf. Unterwegs Halt an der Großbaustelle in Ludwigsdorf. »Hier baut die Bundesrepublik Deutschland in Auftragsverwaltung des Freistaates Sachsen die Brücke über die Neiße und die Brücke über die S 127 im Zuge der BAB A 4.« Berge von Königshainer Granit sind gestapelt. Seine helle Farbe mit den eingesprenkelten dunklen Körnern ist mir vertraut. Er gilt als besonders haltbar. Wie gut, daß endlich hier die Autobahn weitergebaut wird, die noch immer in Bautzen endet! Wann wird sie wohl durchgehend bis Breslau fertiggestellt sein?

Bei der Weiterfahrt erblicke ich den »Gutshof Hedicke«, einen neu eingerichteten Landgasthof in einem größeren Gebäudekomplex, der mir aus der Kindheit wegen seiner schönen Arkaden in Erinnerung ist. Es ist Ruhetag, aber der junge Chef zeigt mir das Restaurant und das Gelände bis zum Neißearm. Im

Haus mit den Arkaden werden Hotelzimmer ausgebaut. Zwischen den Mauern zur Kirche hin will er Wein pflanzen. Ein junger Mann voller Tatendrang und Ideen. Aus dem Westen, wo er Küchenchef gelernt hat, ist er zurückgekehrt auf das Gut seiner Eltern, das zu DDR-Zeiten enteignet war. Wir reden über das Weggehen aus der Heimat und die Erwartungen, die man mit der Rückkehr verbindet. Ein wichtiger Punkt für ihn: dort, wo man herstammt, etwas aufzubauen.

Weiter fahre ich nach Zentendorf zur »Kulturinsel Einsiedel«. Auf dem Weg zur Landeskrone waren mir originelle Holzfiguren aufgefallen, die, wie ich erfuhr, hier hergestellt werden. Die »Einsiedelei« besteht aus einem Handwerksbetrieb, einem großen Spielplatz und einem Ausstellungszentrum. In einem Faltprospekt lese ich: »Kreative Aktivität aus der östlichsten Gemeinde Deutschlands. Sieben junge Leute – vom Holzfäller bis zum Künstler – gehen gemeinsam einen neuen Weg mit harter Arbeit, einem eigenwilligen Konzept und viel Idealismus. Wir kämpfen für die Zukunft! Arbeiten für Kultur, Natur und Kinder sind unser Hauptinteresse.«

Eine der jungen Frauen zeigt mir bei schönstem Frühlingswetter die weitläufige Anlage, wobei mir der Abenteuerspielplatz besonders gefällt. Baumhäuser und Tunnel, Piratenschiffe und Seilbrücken, Fabeltiere und eine Spielbühne. Was für ein Kinderparadies jetzt hier in der Gemeinde, in der mein Vater bis zu seiner Pensionierung Lehrer war und ich einen Teil meiner Kindheit verbracht habe!

Dann fahre ich nach Zodel. Vor meinem Geburtshaus treffe ich einen alten Schulkameraden. Er erzählt von einem Bekannten, der das zerstörte Schloß in Lissa, also im polnischen Nachbarort jenseits der Neiße, wiederaufbauen will. Er sei mit einer Polin verheiratet und wolle mit seinem Vorhaben »Brücken bauen«. Er sei von der Idee geradezu besessen.

»Wo hat er das Geld her?« frage ich.

»Seine Familie hat in Görlitz Grundstücke zurückerhalten, die viel wert sind.«

»Aber warum ausgerechnet das Lissaer Schloß?«
»Er hat ein Trauma aus seiner Kindheit. Er ist in Oberschlesien in einer reichen Familie geboren. 1945 haben die Russen in seinem Beisein seine Mutter vergewaltigt und erschossen. Er war acht Jahre alt. Ein Pole hat seine Schwester und ihn damals gerettet. Aus Dank will er jetzt mit seinem Geld etwas in Polen aufbauen. Und das eben hier, an der deutschen Grenze, in Lissa.«

Ich bin immer von neuem beeindruckt und betroffen, wie sehr sich Vergangenheit und Gegenwart, wie sehr sich menschliche Schicksale – polnische und deutsche – auf diesem schlesischen Boden verknüpfen.

Am Abend lese ich im Hotelzimmer noch einmal das Interview, das ich im Vorjahr im Zusammenhang mit meinem Film und Begleitbuch »Gorbatschow und die deutsche Einheit« mit Helmut Kohl geführt hatte. Ich fragte ihn: »Die Wiedervereinigung bedeutete zugleich das endgültige ›Aus‹ für die alten ostdeutschen Länder Schlesien, Ostpreußen und Ostpommern. Hat Sie das bewegt?«
»Das hat mich tief bewegt. Sie waren ein Viertel des Reichsgebietes, und ich habe nie verstanden, wie man so einfach darüber weggehen kann. Es hat gar nichts mit Nationalismus oder Chauvinismus zu tun. Es gibt das Unrecht der Vertreibung. Wobei wir ja wissen, daß es vor allem für die Betroffenen deswegen so entsetzlich war, diese Heimsuchung, weil sie sozusagen für Taten in Haft genommen wurden, die sie gar nicht begangen haben. Sie sind im Namen Deutschlands und im Namen der deutschen Geschichte, wenn Sie so wollen, in Haft genommen worden. Mir ist das am 3. Oktober 1990 sehr, sehr schwer gefallen. Die Debatte, die wir Ende 1989 und Anfang 1990 hatten, in der es dann immer hieß, du mußt jetzt sofort die Oder-Neiße-Grenze anerkennen, die habe ich letztlich nie verstanden. Das war eine billige, tagespolitische Effekthascherei. Und ich habe immer für mich selbst gesagt, ich kann meine Unterschrift unter den Vertrag über die Oder-Neiße-Grenze nur setzen, wenn ich in der

Alternative vor der Frage stehe: Wenn ich es nicht tue, verweigern wir und ich selbst siebzehn Millionen unserer Landsleute in der DDR den Zugang zum vereinten Deutschland, zu Frieden und Freiheit und einer sozialen und wirtschaftlichen Entwicklung, wie wir sie uns gemeinsam für uns alle wünschen. Das war der Punkt.«

Der Preis für die Vereinigung von DDR und Bundesrepublik war Ostdeutschland. Es gab keine andere Lösung. Und so ist es das bittere Resultat der Geschichte, daß die eigentlich mitteldeutschen Länder heute als Ostdeutschland bezeichnet werden. Das muß allen, die aus dem historischen deutschen Osten stammen, weh tun. Ich verstehe zwar, wenn man aus Rücksicht auf die Nachbarn nicht mehr von »Mitteldeutschland« reden will, aber Thüringer und Sachsen sind deshalb noch keine Ostdeutschen.

Beim Blättern in meinem Buch muß ich an meine Begegnung mit Michail Gorbatschow in Moskau denken. Wie ich aufgeregt war, diesem so bedeutenden Mann, der so viel verändert und dem Deutschland so viel zu verdanken hat, gegenüberzutreten. Wie dann aber durch seine herzliche Art alle Aufregung bald vergangen war. Nach dem Interview hatte ich ihm die Geschichte meiner Rettung durch Russen bei Kriegsende erzählt. Er war sichtlich bewegt und drückte mir nochmals die Hand. Ich umarme spontan den Mann, ohne den es keine deutsche Einheit gegeben hätte.

»Die historische Wahrheit ist das Wichtigste«

Drehreise nach Zobten und Kreisau im Mai 1995

Es ist Montag, der 15. Mai 1995. Ich bin mit meinem ZDF-Team wieder einmal nach Schlesien unterwegs. Dresden, die sächsische Metropole, deren schöne Lage im Elbtal selbst von der Autobahn wahrzunehmen ist, liegt hinter uns. Von Görlitz aus wollen wir morgen in das polnische Schlesien weiterreisen. Nun beginnt unser großes Vorhaben: die Produktion von zwei einstündigen Filmen über Nieder- und Oberschlesien. Der Intendant hat grünes Licht gegeben. Endlich kann ich meinen langgehegten Wunsch, für den ich mich in der Redaktion so eingesetzt habe, verwirklichen. Von Bedeutung ist dabei auch, daß wir die beiden Filme in deutsch-polnischer Koautorschaft produzieren. Zu unserem ersten Drehort – Kreisau – wird der Kollege Andrzej Falber aus Warschau anreisen. Schon vor vielen Monaten hatte er unsere Redaktion für die Zusammenarbeit bei einer Sendung über »Polen und Deutsche« gewinnen wollen. Uns erschien aber das Thema viel zu komplex, um es in einer Sendung darstellen zu können. Erst am Beispiel eines historischen Landes wie Schlesien, das eine polnische und deutsche Geschichte hat, schien uns der Stoff faßbar zu sein.

Abends sitzen wir in der Vierradenmühle unterhalb der Peterskirche am Ufer der Neiße – der richtige Ort, um sich auf die Dreharbeiten einzustimmen. Die alte Mühle mit der neuen technischen Einrichtung fasziniert die Kollegen. Durch den gläsernen Fußboden kann man den Lauf der Turbine betrachten, die den Strom für das Lokal erzeugt. Der Inhaber, Dietmar Dörfer, kommt an unseren Tisch. Er hat das Ganze hier wieder in Betrieb gebracht. »Früher haben wir geschimpft, weil wir nichts unternehmen konnten. Jetzt können wir wieder etwas auf die Beine stellen und sollten aufhören zu schimpfen«, sagt er. Mir gefällt seine zupackende und dennoch bescheidene Art. Die Crêpes und Galettes, die wir bestellen, schmecken vorzüglich. Die östlichste Gaststätte Deutschlands ist ein echter Geheimtip.

Am nächsten Tag Einreise über die Neißebrücke nach Zgorzelec. Diesmal geht es um zwei Ereignisse, die wir drehen wollen: In Kreisau findet ein internationales Seminar zum Thema Schlesische Kulturdenkmäler statt, und in Zobten treffen sich die polnischen und deutschen Freunde zum historischen Marsch der Lützower Jäger.

Fahrt über Lauban, Langenöls, Greiffenberg. Rechts erscheint der Kamm des Isergebirges. Links von ihm glänzen die zum Teil noch schneebedeckten Gipfel des Riesengebirges. Bevor wir ins Hirschberger Tal einfahren, machen wir die ersten Landschaftsaufnahmen. Der Kontrast zwischen dem saftigen Grün der Wiesen mit dem eingesprenkelten Gelb des Löwenzahns und dem blaßblauen Bergkamm mit seinen Schneeflächen ist von besonderem Reiz.

Weiter durch Hirschberg Richtung Schmiedeberg. Die Schneekoppe rückt immer näher. Ich schaue auf die Karte. Rechts liegt etwas abseits der Straße der Ort Stonsdorf, berühmt durch seinen Kräuterlikör. Wir halten in Myslakowice, das zu deutscher Zeit Zillerthal-Erdmannsdorf hieß. Die Kollegen wundern sich darüber, daß die Häuser hier flachere Giebel und Holzbalkone haben. Ich erzähle ihnen die Geschichte von den protestantischen Zillerthalern, die aus Glaubensgründen im 19. Jahrhundert ihre Heimat in den Alpen verlassen hatten. Auf Betreiben der Gräfin von Reden hatte der preußische König einen Teil seines Besitzes hier in Erdmannsdorf den Tirolern zur Verfügung gestellt. »Deshalb sieht es hier aus wie in einem Alpendorf«, schließe ich meinen Exkurs.

Wir fahren durch den Ort. Ich suche das Schloß, von dem ich eine Abbildung gesehen hatte. Wir finden es. Es dient jetzt als

Schule. Im kleinen Park davor steht ein steinernes Denkmal mit einem Kreuz darauf. An der Vorderseite die Büste eines Mannes mit einem Tiroler Hut. »Johann Fleidl« steht darunter in altdeutschen Buchstaben. Und dann Martin Luthers Liedzeile »Ein feste Burg ist unser Gott«. Neben dem Denkmal eine Hinweistafel. Der leider nur polnische Text handelt von der Geschichte der hiesigen Tiroler.

Wir fahren durch Schmiedeberg, dann über den Landeshuter Kamm Richtung Landeshut. Die alten Alleebäume, die die Straße säumen, haben noch kein Laub. Schlagen sie so spät aus

Die hochragende Turmfront der Marienkirche von Kloster Grüssau.

hier in den Bergen, oder sind sie alle krank? Die Frage stellt sich, weil soviel von der Luftverschmutzung in Schlesien die Rede ist und die Industriestadt Waldenburg mit ihren vielen Schloten in der Nähe liegt.

Von Landeshut aus machen wir einen Abstecher zum Kloster Grüssau, um das gute Wetter für Außenaufnahmen zu nutzen. Die Linden vor der hohen Turmfront des Marienmünsters beginnen gerade erst zu knospen, so daß eine Gesamtaufnahme der schönsten Seite dieser prachtvollen Kirche möglich ist. Um von dort wieder auf den direkten Weg nach Kreisau zu kommen, ist die Straße nach Freiburg, die durch den Heimatort meiner Mutter führt, die kürzeste Route. Also lotse ich den Fahrer nach Stare Bogaczowice: erst durch Neu-Reichenau, dann Alt-Reichenau, wo ich zuletzt vor zehn Jahren war. Plötzlich erkenne ich auf der rechten Seite das mir so vertraute Haus. Wir halten. Große Freude, daß es hier einen Laden gibt, in dem alles zu haben ist. Gemeinsam kaufen wir für eine Brotzeit ein. Als Tisch dient die Kofferraumklappe unseres Dienstwagens. Ich hole die Fotos aus der Aktentasche, die ich vor zehn Jahren hier gemacht habe. Damals wurde gerade mit der Renovierung angefangen. Ich vergleiche die Aufnahmen mit dem heutigen Zustand. Das Haus wurde um ein Stockwerk erhöht. Das häßliche viereckige Ladenfenster und die Tür sind wieder durch Rundbögen ersetzt, wie sie schon auf der rechten Seite des Hauses vorhanden waren. Ein großer Gewinn. Über die Aufstockung kann man streiten. Der Charme des alten Gasthofes hat dadurch sicher gelitten.

Vor Freiburg kommen wir wieder auf die Straße Nr. 5. Rechts auf einer Höhe liegt Schloß Fürstenstein. Über Freiburg und Schweidnitz geht es Richtung Reichenbach. Kreisau liegt etwas abseits der Straße. Wir biegen in den Hof des Gutes ein. Vor einem schon fertig restaurierten Gebäude erwartet uns Andrzej Falber, mein polnischer Koautor. Er erzählt, daß er schon in zwei falschen Kreisaus gewesen sei und am Ende kaum die Taxirechnung habe begleichen können. Ich muß an die von Gräfin Dönhoff erzählte Episode denken und daran, wie wenig das Kreisau

Der ehemalige Dorfgasthof »Goldener Anker«, der von den Polen restauriert und um ein Stockwerk erhöht wurde.

des Grafen Moltke, des Widerstands gegen Hitler, auch heute noch bei den Polen bekannt ist. Ich hatte vor Monaten in der Zeitung gelesen, daß ein ganzer Reisebus in einem falschen Kreisau gelandet war und der Besuch im richtigen Kreisau deshalb ausfallen mußte.

Andrzej Falber hat noch etwas zu berichten: daß wir nicht, wie verabredet, hier in der Tagungsstätte übernachten können. »Irgend etwas ist da schiefgelaufen.« Ich bin überrascht. Der Jugendreferent der Sächsischen Landeszentrale für politische Bildung, Stefan Zinnow, der das Seminar hier mit veranstaltet, hatte mir zugesagt, sich um die Übernachtungsmöglichkeit zu kümmern. Ein deutscher Mitarbeiter der Begegnungsstätte hilft uns bei der Quartiersuche. Das Blücherschloß, wo wir am Freitag als erste Gäste hinziehen werden, ist noch nicht mit den Zimmern fertig. Schließlich kommen wir im Hotel Sudety in Waldenburg unter, wo ich vor zehn Jahren übernachtet hatte.

Für den nächsten Tag haben wir uns mit den Teilnehmern des Seminars über schlesische Kulturdenkmäler im Blücherschloß verabredet, die auf ihrer Exkursion nach Breslau dort Station machen. Es sind vor allem deutsche und polnische Jugendliche. Auch ein Freiherr von Zedlitz ist dabei, der aus Schlesien stammt. Die Geschichte des Schlosses wird von einer Polin erzählt, die hier im Auftrag des neuen neuseeländischen Schloßbesitzers die Renovierung leitet. »Nach dem Zweiten Weltkrieg«, so sagt sie, »befand sich das Schloß noch in sehr gutem Zustand, dann wurde hier eine staatliche LPG eingerichtet, und die Folgen für das Schloß lassen sich denken. Dann übernahm ein Reisebüro die Anlage, das sich verpflichtet hatte, das Schloß zu renovieren. Aber es kam nicht dazu.«

Solche Sätze machen deutlich, daß viele Gebäude und Schlösser hier in Schlesien nicht durch den Krieg zerstört worden sind, sondern erst danach durch Unachtsamkeit und Vernachlässigung, durch Plünderungen und Brände verfielen. Schlesien gehört zu den an Schlössern reichsten Landschaften in Europa. Zu spät wurde man sich dieses Reichtums bewußt. Jetzt fehlt fast überall das Geld, um die alten Gutsherrenhöfe und prächtigen Schlösser wiederherzurichten. Das Blücherschloß mit seinem neuen Besitzer ist eine wohltuende Ausnahme.

Gemeinsam mit den Seminarteilnehmern fahren wir nach Breslau und besuchen dort das Architekturmuseum, das in der ehemaligen St. Bernhardinkirche und den sich anschließenden Klostergebäuden untergebracht ist. Sein ältestes und wertvollstes Exponat ist das sogenannte Jaxa-Tympanon aus dem Jahre 1162, das vom später aufgelösten Vinzenzkloster in Elbing bei Breslau stammt. Für diese frühe Zeit ist die genaue künstlerische Ausgestaltung der dargestellten Personen auffallend. Im Chor der Kirche gibt es die ständige Ausstellung »Breslau gestern, heute und morgen«. Zwei große Modelle zeigen die Ausdehnung der Stadt von 1740 und heute. Die jeweiligen Erweiterungen kann man per Knopfdruck erleuchten.

Wir trennen uns von der Gruppe, um im Rathaus den Direktor des Historischen Museums der Stadt, Maciej Lagiewski, zu treffen, auf den mich unser deutscher Fachberater, Professor Joachim Menzel von der Universität Mainz, aufmerksam gemacht hat. 1990 hatte Lagiewski die vielbeachtete Ausstellung »Breslauer Juden 1850 – 1945« zusammengestellt, die auch in Städten der Bundesrepublik gezeigt wurde. Er ist jung, verkörpert die neue Generation in Polen, für die es nur eine unverfälschte geschichtliche Wahrheit gibt. Sein Deutsch ist fast fehlerfrei. Andrzej und ich berichten über unser Filmvorhaben, erbitten Ratschläge.

Er erzählt bald freimütig, welche Schwierigkeiten er noch hat, die frühere deutsche Geschichte den Bürgern von Wroclaw nahezubringen. Noch am ehesten hätten die selbst Vertriebenen aus Ostpolen Verständnis. Andererseits sei in der älteren Generation noch immer unversöhnlicher Starrsinn oder gar Haß gegenüber den Deutschen zu finden. Selbst sein Vater würde den Fernseher ausschalten, wenn ein deutscher Repräsentant zu den Polen spricht. Er habe das beim früheren Bundespräsidenten von Weizsäcker ebenso getan wie bei Herzog. Er selbst aber habe es satt, so auf die Vergangenheit zu reagieren. Mit einer solchen Einstellung käme man nicht weiter.

Wir reden über das so fruchtbare Zusammenleben von Protestanten, Katholiken und Juden hier in Breslau in den Jahrzehnten vor Hitlers Machtübernahme. »Wissen Sie«, fragt Lagiewski, »daß die Schlesier die meisten Nobelpreisträger in Deutschland stellen? Zehn sind es insgesamt. Die meisten davon Juden.«

Wir kommen auf den Breslauer Industriellen Eduard Schulte zu sprechen, der als erster das Ausland von der Vernichtungsmaschinerie in Auschwitz unterrichtet hat, und wir beklagen beide, daß die meisten Deutschen und Polen kaum etwas über die deutsche Geschichte Breslaus wissen.

»Gerade der gemeinsame Umgang mit der Historie kann das gegenseitige Verständnis fördern und wirkliche Freundschaft stiften,« sagt der junge Direktor. Dann zeigt er uns das Rathaus, das ich noch nie von innen gesehen habe: den schönen großen Remter mit seinen vielen Säulen, die Schatzkammer und den Fürstensaal.

Im ehemaligen Kuhstall des gräflichen Gutes in Kreisau finden die Vorträge des Seminars statt. Kloster Leubus wurde gerade von Stephan Kaiser, einem Experten des Ostdeutschen Kulturrates, behandelt. Jetzt referiert anhand von Diapositiven Inge Steinsträßer von der Volkshochschule Bonn über das Kloster Grüssau, das sich im Gegensatz zu Leubus in einem guten Zustand befindet. Mit ein Grund dafür ist die Tatsache, daß hier einige deutsche Benediktiner nach dem Krieg zunächst nicht vertrieben wurden, weil sie Südtiroler und im staatlichen polnischen Verständnis somit Italiener waren. Den Benediktinerinnen, die aus Lemberg vertrieben wurden und hierherkamen, konnten sie so mit Rat und Tat zur Seite stehen.

Das sogenannte »Berghaus« in Kreisau. Hier fanden die geheimen Treffen der »Kreisauer« statt, die den Widerstand gegen Hitler organisierten.

Die heutigen Probleme bei der Wiederherstellung großer Gebäudekomplexe hier in Schlesien werden diskutiert. Am Ende des Seminars stellen Andrzej und ich – auf polnisch und deutsch – den Teilnehmern die Frage: »Was nehmen Sie von der Tagung hier als Botschaft mit?« Ein Pole, der seine Doktorarbeit über Schlesien schreiben will und unweit von Kreisau aufgewachsen ist, hat solche Berichte über die Geschichte seiner Heimat immer vermißt. Seine Großmutter und die Eltern hätten ihm nur von ihrer Heimat in Ostpolen erzählen können. Er aber will die schlesische Geschichte kennenlernen, und dazu habe ihm das Seminar viel gebracht.

Freiherr von Zedlitz freut sich darüber, daß immer mehr Polen sich mit der schlesischen Geschichte und Kultur identifizieren, »daß sie dieses Land auch wirklich verinnerlichen und lieben. Daß sie sich verantwortlich fühlen. Wir könnten voller Hoffnung in die Zukunft sehen, wenn es mehr Geld gäbe. Alles übrige ist da. Der Einsatz, die Begeisterung, die Liebe zur Sache. Auch Ideen zur Realisierung, zur Nutzung der vielen schönen Objekte, die hier zum großen Teil ungenutzt herumstehen und langsamer oder schneller verfallen. Wenn das Geld da wäre, wäre das überhaupt kein Problem.«

Stephan Kaiser gibt ihm recht. Das eine oder andere könne gerettet werden, wenn es mehr Geld gäbe. Für die Baudenkmäler gelte es eine gemeinsame Verantwortung wahrzunehmen, seitens der früheren deutschen Besitzer und der heutigen polnischen Nutzer. Woher das notwendige Geld aber kommen soll, weiß niemand hier in Kreisau genau zu sagen. Abschließend stelle ich die Frage, wer von den Teilnehmern schon vor der Tagung über die Rolle des Grafen von Moltke und des Kreisauer Kreises Bescheid gewußt habe. Das Resultat ist erschreckend: Es sind nur ganz wenige.

Am Nachmittag interviewen wir vor dem Berghaus, in dem die konspirativen Treffen des Kreisauer Kreises stattfanden, den Niederländer Wim Leenmann. Er weiß alles über Kreisau und ist einer der Initiatoren der internationalen Work Camps, die hier schon seit einigen Jahren im Sommer stattfinden. Daß sich hier nur Deutsche und Polen treffen sollen, findet er zu eng gesehen. Vom Zweiten Weltkrieg seien fast dreißig Nationen betroffen gewesen. Nicht nur Jugendliche müßten zusammenkommen, auch Angehörige der älteren Generation, die alles noch selbst erlebt haben. Weil die offiziellen Wege mit dem Wiederaufbau von Kreisau so lange dauerten, hätten sie die Eigeninitiative ergriffen. »Wir haben angefangen mit unseren internationalen Work Camps. Jedes Jahr dreimal, drei Wochen lang. Hier haben wir mitgeholfen, Putz abzuschlagen, haben gegraben und so weiter. Hier vor dem Berghaus stehen dann unsere Zelte. Vormittags verrichten wir alle körperliche Arbeit, die anfällt, nachmittags haben wir dann unsere Diskussionen, Besprechungen und Ausflüge. Abends am Lagerfeuer gibt es auch kulturelle Zusammenkünfte. Jeder ab achtzehn Jahre kann bei uns mitmachen.«

Am nächsten Morgen ist Regenwetter. Das Thermometer am Hoteleingang in Waldenburg zeigt nur neun Grad. Wir fahren zum Schloß Fürstenstein, um es zu besichtigen. Außenaufnahmen wollen wir bei dem Wetter nicht machen. An der Kasse erwerbe ich den Bildband »Schloß Fürstenstein«, der jüngst erschienen ist und gute Farbaufnahmen enthält. Das Vorwort stammt von Bolko Graf von Hochberg, Fürst von Pleß. Anders als 1985, zu kommunistischer Zeit, wird jetzt sowohl in dem Band als auch vom polnischen Schloßführer die historische Wahrheit über das Schloß und seine Bewohner erzählt. Wegen seiner malerischen Lage, seiner Größe und reichen Ausstattung wurde es früher als »Perle Schlesiens« gepriesen. Viele prominente Gäste hat es beherbergt: die beiden deutschen Kaiser Wilhelm I. und Wilhelm II., Zar Nikolaus, Zarin Alexandra, mehrere preußische Könige, den griechischen König Konstantin I., die niederländische Königin Wilhelmina, Winston Churchill und andere.

Die Anfänge der Anlage als Burg liegen im dunkeln. Dann verlegt Bolko I., Herzog von Schweidnitz, 1292 seinen Hof nach Fürstenstein. 1509 erwirbt Conrad I. von Hochberg den Besitz, der bis in die Mitte des 20. Jahrhunderts in dieser Familie bleibt. 1941 wird das Schloß unter die Zwangsverwaltung des »Dritten Reiches« gestellt. Hitler will damit den Schloßherrn, Hans Heinrich XVII., bestrafen, weil dieser als erklärter Gegner des Nationalsozialismus nach London emigriert war. Die Bewohner – darunter auch die legendäre Fürstin Daisy von Pleß – werden ausgesiedelt. Die »Organisation Todt« beginnt ihre barbarische Tätigkeit. Räume des Schlosses werden umgestaltet, historische Gewölbe, Fresken, Stuckarbeiten beseitigt, Mobiliar und Sammlungen abtransportiert.

Zu der Frage, welche Bestimmung man dem Schloß im Krieg zugedacht hatte, gibt es verschiedene Versionen. Nach der einen sollte es eine geheime Fabrik für biologische Waffen werden, nach einer anderen ein Hauptquartier für Hitler. Wir gehen durch die zum Teil wieder renovierten Räume, die jetzt für Kunstausstellungen genutzt werden. Unser Führer schildert das Schicksal des Schlosses nach 1945. Schutz- und herrenlos wurde es von Russen und Polen verwüstet und geplündert. Erst 1956 begannen Sicherungsarbeiten, um dem weiteren Verfall Einhalt zu gebieten. Eine Fotowand dokumentiert die Etappen.

Wir kommen in den Maximilianssaal, den schönsten und größten Raum von Fürstenstein, der nach alten Vorlagen im Stil des Wiener Barock wiederhergestellt wurde. Ebenfalls in alter Pracht zeigen sich der Barocksalon, der Spielsalon, der Chinesische, der Weiße und der Grüne Salon sowie der sogenannte Ausstellungssaal. Über die gepflegten Terrassen mit ihren geformten Buchsbaumbeeten gehen wir hinab. Nur die Brunnen sind leider nicht alle in Funktion. Wir betreten die im Krieg in den Felssockel gehauenen Stollen, von denen man nicht genau weiß, wozu sie eigentlich dienen sollten. Eine fremde, unheimliche Welt, die zu Spekulationen verführt.

Am Samstag ist das Wetter wieder besser. Auf der Fahrt nach Zobten, wo um 14 Uhr der Traditionsmarsch der Lützower nach Rogau beginnen soll, filmen wir Landschaften. Das Zobtengebirge erhebt sich blau über den blühenden, gelben Rapsfeldern.

Als wir in die Stadtmitte auf den Platz vor der Kirche kommen, wo der große Granitsockel des früheren Lützower Reiterdenkmals steht, sehen wir die ersten schwarzen Uniformen der Lützower, aber auch polnische Frauen und Männer in historischen Kostümen, die diesmal im Zug nach Rogau mitgehen wollen. Für ein Gruppenfoto mischen sich alle untereinander, als wäre es das normalste auf der Welt.

Der Zug nimmt Aufstellung und setzt sich nach dem Startschuß aus einer Lützower Pistole in Bewegung. Einwohner schauen aus den Fenstern. Passanten bestaunen das ungewöhnliche Geschehen. Die Polizei sorgt für den geregelten Verkehr. Drei Kilometer sind es bis zu jenem Platz in Rogau, an dem früher die evangelische Kirche stand, in der die freiwilligen

Deutsche und Polen in freundschaftlicher Verbundenheit vereint – vor ihrem gemeinsamen Marsch von Zobten nach Rogau.

Kämpfer gegen Napoleon 1813 eingesegnet wurden. Der Klang von Trommeln und Pfeifen weht über die Felder, dazwischen stimmen die Polen ihre Lieder an. Am Ziel stellen sich alle im Halbkreis auf. Jürgen Standke spricht einige Sätze, die Krzysztof Franaszczuk übersetzt. »Ich brauche Ihnen nicht zu sagen, welche traurigen Ereignisse vor fünfzig Jahren stattgefunden haben. Wir alle wissen darüber Bescheid. Diese schrecklichen Ereignisse haben uns nicht gehindert, daß Polen und Deutsche sich hier zusammenfinden in Freude und in Tradition, und ich kann Ihnen gar nicht genug danken, daß Sie daran teilnehmen, da wir ja eigentlich hier deutsche Geschichte darstellen ...«

Anschließend fragt Andrzej die Passanten, was sie von einer solchen Veranstaltung halten. Für ein Mädchen ist endlich etwas los in Zobten und Rogau. Sein Begleiter gesteht, gar nicht gewußt zu haben, daß hier früher eine Kirche gestanden hat. Aber er fühle sich mit der Tradition des schlesischen Landes verbunden. Der Gemeindevorsteher von Rogau: »Die Menschen hier beginnen langsam zu verstehen, daß das unsere gemeinsame Geschichte ist.«

»Und warum langsam?« fragt Andrzej dazwischen.

»Weil es noch immer Vorbehalte gibt, wenn es sich um solche Besuche handelt. Es gibt vielleicht nicht, wie soll ich sagen, eine Feindseligkeit, aber es gibt auch noch keine besondere Freundschaft. Vorhanden sind aber schon Neugier und eine freundliche Einstellung.«

»Ich habe gehört, daß man dieses Treffen nicht öffentlich bekannt gemacht hat, weil man Angst vor polnischen Radikalen hat. Warum?«

»Das hängt damit zusammen, daß sich die Leute erst langsam an so etwas gewöhnen, sich einfühlen, es Schritt für Schritt akzeptieren können. Man darf es nicht aufdringlich tun. Ich selbst bin dafür, daß in Zukunft weitere Treffen zwischen unserer und der deutschen Jugend organisiert werden. Wir müssen aber unsere Jugend noch darauf vorbereiten. Auch wir Älteren hatten ja von der deutschen Geschichte hier keine Ahnung.«

Am späten Nachmittag wird im Museum von Zobten eine Ausstellung eröffnet, die gemeinsam mit dem Heimatverein der Stadt veranstaltet wird: »Die Zobtener Episode der Napoleonischen Kriege«. »Wir nutzen den Besuch unserer deutschen Gäste«, sagt der Museumsleiter zur Begrüßung, »um unseren polnischen Bürgern einen Teil unserer gemeinsamen Geschichte näherzubringen. Für die Deutschen ist die Entstehung des Freikorps unter Adolf von Lützow und seine Teilnahme in der letzten Phase der Napoleonischen Kriege sehr wichtig. Aber es ist auch eine wichtige Phase in der Geschichte unserer Stadt. Wir wollen in der Zukunft weitere Ausstellungen organisieren, die der schlesischen Geschichte gewidmet sind.«

Die Zahl der Exponate in den beiden Räumen des Museums ist nicht groß. Aber sie sind liebevoll kommentiert. Mir gefällt vor allem das gedruckte Faltblatt in deutscher und polnischer Sprache, das die Besucher mitnehmen können und in dem es heißt: »Diese Ausstellung kann bei einigen, die nur der dunkelsten Seite unserer gemeinsamen Geschichte gedenken, Verweigerung und Abneigung hervorrufen. Das müssen wir in Kauf nehmen. Wir sollen aber auch beachten, daß keine Versöhnung zwischen unseren Nationen möglich wird, wenn wir nicht lernen, gegenseitig das zu schätzen, was für uns in unserer Geschichte, Kultur und in unserem Alltag wichtig ist.«

Andrzej nutzt die Anwesenheit des Zobtener Bürgermeisters für ein Interview: »Welche Bedeutung kommt diesem Treffen mit den Deutschen zu?«

»Aufgrund meiner Informationen kann ich Ihnen sagen, daß die Einstellung der Bewohner von Zobten zu diesem Ereignis positiv ist.«

»Gibt es aus Ihrer Sicht eine Möglichkeit, diese Kontakte zu Deutschland noch zu erweitern?«

»Augenblicklich ist das noch der erste Kontakt. Aber der zeigt schon gute Wirkung. Er hat sich bewährt. Mir scheint, solche Kontakte kann man ohne Befürchtung vermehren und weiterentwickeln. Als Hausherr von Zobten möchte ich die Deutschen zu alltäglichen Besuchen einladen, die über die verabredeten Treffen hinausgehen.«

Auf der Wiese neben dem Sportplatz der Stadt haben die Lützower ihr Biwak errichtet. Am Abend wird hier gemeinsam mit den Polen gefeiert. Als wir ankommen, ist der Hammel am Drehspieß schon fertig gebraten. Es wird gegessen, getrunken und bald auch gesungen und getanzt. Ein kleiner Chor von Deutschen aus der Umgebung und aus Breslau ist auch dabei. »Wenn mir Sontigs ei die Kerche giehn ...« singt er im schlesischen Dialekt dieser Gegend. Aber auch polnische Lieder sind im Repertoire.

»Ich finde, daß unsere Zusammenarbeit schon gute Früchte getragen hat«, resümiert Bogdan Aphate, der Vorsitzende des Zobtener Vereins, vor der Kamera. »Was wir hier machen, ist Ausdruck der Partnerschaft für den Frieden, die in ganz Europa realisiert werden muß. Wir sind in der Tat Partner, wenn wir hier dieses kulturelle Erbe der Deutschen sehen und wissen, daß die Menschen dieser Region entstammen. Darauf sollten wir stolz sein. Vergangenheit und Gegenwart sind miteinander verbunden. Das zeigt unsere heutige Begegnung, die Tatsache, daß wir uns hier frei unterhalten und feiern können, ungeachtet aller Politik. Die Politik ist wandelbar. Die Geschichte aber, die passiert ist, kommt immer ans Tageslicht, und die historische Wahrheit ist das Wichtigste.«

Gelebtes Miteinander

Drehreise nach Niederschlesien im Juli 1995

Es ist der 5. Juli 1995. Am Abend des sommerheißen Tages sitze ich in Görlitz mit dem Team an einem großen Tisch im Restaurant des »Grafen Zeppelin«. Mit am Tisch sitzt Hanna Majewska, eine Polin aus Zgorzelec. Vor drei Jahren hatte ich die kleine, sympathische Pensionärin, die gut deutsch spricht, kennengelernt und festgestellt, daß sie fast alles über die beiden Teile der Stadt weiß. Damals hatte sie anläßlich des Treffens von Schülern meiner ehemaligen Oberschule eine Führung durch Zgorzelec übernommen. Ihre Ausführungen über Jakob Böhme, den berühmtesten Sohn der Stadt, und über das Wirken des Pfarrers Franz Scholz bei Kriegsende hatten mich beeindruckt. Jetzt sitzt sie hier auf meine Bitte, um uns mit ihren Kenntnissen und Verbindungen zu helfen. Es geht vor allem um den reibungslosen Grenzübertritt, da wir in beiden Stadthälften drehen wollen.

Um 21 Uhr stößt auch Andrzej Falber zu uns, der mit dem Zug direkt aus Warschau angereist ist. In Anspielung auf das teure Taxi in Kreisau im Mai sagt er: »Heute bin ich wesentlich billiger. Sechs Mark fünfzig. Kein Umweg, keine Falschfahrt.« Wir besprechen anhand des schriftlichen Drehplans unsere Arbeit in den nächsten Tagen. Dann zeige ich Andrzej meinen Textentwurf für unseren gemeinsamen »Aufsager«, den wir an der Neiße, direkt an der deutsch-polnischen Grenze, aufnehmen wollen. Er findet ihn gut, hat keine Änderungswünsche. Ich bin erleichtert, denn angesichts der Brisanz des Themas Vertreibung war das nicht unbedingt zu erwarten.

Am nächsten Morgen erläutere ich beim Bundesgrenzschutz und beim deutschen Zoll unser Filmvorhaben und unseren Wunsch, die Grenze mehrfach zu überschreiten. Die Beamten

Die fünfschiffige Peterskirche in Görlitz. Im Vordergrund die »Vierradenmühle« an der Neiße. Sie ist heute die östlichste Gaststätte Deutschlands.

sind aufgeschlossen und freundlich: »Von unserer Seite gibt es keine Probleme!« Bei den polnischen Beamten helfen der Name von Hanna Majewska und unser Hinweis, daß sie uns drüben schon erwartet. Was für ein unkomplizierter Grenzübertritt!

Zgorzelec ist in der beginnenden Sommerhitze so geschäftig und heiter, wie ich es zuvor noch nicht erlebt habe. Zwischen Wechselstuben und Kiosken, in denen es alles zu kaufen gibt, eilen die Menschen hin und her. Vor allem Zigaretten sind hier billiger, was ich an meinen Kollegen merke, die sich alle sofort mit einer ganzen Stange versorgen.

Nach einem Abstecher zur ehemaligen Ruhmeshalle, dem jetzigen Kulturhaus, das Frau Majewska uns von innen zeigt, fahren wir zur St. Bonifatiuskirche, die 1930 für die Görlitzer Katholiken im Ostteil der Stadt vom Breslauer Kardinal Bertram eingeweiht wurde. Hier war Pfarrer Franz Scholz tätig, dessen

»Görlitzer Tagebuch« von den Leiden der Menschen bei Kriegsende berichtet. Er erklärt darin auch die Entstehung und die Bedeutung des Holzkreuzes, vor dem wir jetzt stehen:

> »In den von der Gestapo streng überwachten Gottesdiensten, die monatlich nur einmal gehalten werden durften (ohne Gesang, mit vorzensierter Predigt), kamen regelmäßig 300 bis 700 durch das ›P‹ (= Pole) aus der ›Volksgemeinschaft‹ Ausgestoßene zusammen. Schließlich stießen noch viele der im Sommer 1944 aus Warschau anläßlich des Aufstandes Zwangsdeportierten zu uns. Es war ein Tränental, in dem Glaube und Gottvertrauen als die letzten Kraftquellen sprudelten ... Um das Leid aller dieser Bedrängten, die wachsende Not Deutschlands zum Herzen des Herrn zu tragen und um zugleich für den Frevel Hitlers, besonders an Polen, zu sühnen, haben wir 1943 am Fest der Erhöhung des heiligen Kreuzes (14. September) ein Sühnekreuz mit der Inschrift: ›Stat crux, dum volvitur orbis!‹ vor der Kirche errichtet. Die Not, die schon im Kriege über uns gekommen war und auch auf uns nach dem Zusammenbruch wartete, haben wir dann immer zu diesem Kreuze getragen. Es war so errichtet worden, daß die täglich vorbeiziehenden Elendszüge der Gefangenen es sehen konnten. Der Versuch, das ›Reich der Liebe‹ vieler Völker, das im stillen in der Kriegszeit in St. Bonifatius aufgebaut worden war, auch nach 1945 fortzusetzen, mißlang. Doch steht das Kreuz noch als Mahnmal, alle durch Haß Getrennten wieder an Seinem Herzen zusammenzubringen.
> Es war mir am Tage meines Abschieds im Mai 1946 eine tiefe Genugtuung, daß mein Nachfolger aus Innerpolen diese Tradition bewußt in St. Bonifatius weitergeführt hat. Nicht weniger erfüllt es mich mit Dank gegen Gott, daß auch die späteren polnischen Pfarrer von St. Bonifatius ›Brückenbauer‹ waren und sind.«

Brücken bauen will auch unser Film. Aber wie unvergleichlich sind die Zeiten! Damals Knechtschaft, Tod und Verfolgung, heute wiedergewonnene Freiheit und Versöhnung.

Rückkehr auf die deutsche Seite. Wenige Meter von der Neiße entfernt vor der großen Stadthalle ein Schild: »Witamy w Gorlitz ... – Willkommen in Görlitz, der größten niederschlesischen Stadt der Bundesrepublik Deutschland – im Freistaat Sachsen«. Um 15 Uhr wollen wir auf der Terrasse der Vierradenmühle die beiden Bürgermeister der Doppelstadt interviewen. Es gibt dafür keinen geeigneteren Platz. Im Hintergrund des Tisches, an dem wir die beiden plazieren werden, zeigt sich die eigentlich schmutzig-trübe Neiße in unwirklichem Blau. Wenn das keine Werbung für die Stadt ist!

Schon vor der vereinbarten Zeit kommt der Bürgermeister von Zgorzelec, Tadeusz Lewi, mit dem Auto vorgefahren. Ohne Auto erscheint der Oberbürgermeister von Görlitz, Matthias Lechner. »Ich bin vom Rathaus zu Fuß gegangen. Das ist ein schöner Ausgleich zu den vielen Sitzungen«, sagt er schmunzelnd. Die beiden Stadtoberhäupter begrüßen sich. Ein kleines Gipfeltreffen an der Görlitzer Neiße.

Unsere erste Frage gilt der besonderen Rolle dieser Doppelstadt an der deutsch-polnischen Grenze. Dann geht es konkret um die »Euroregion Neiße«, in der Polen, Tschechen und Deutsche bereits zusammenarbeiten.

»Wir sind hier die Nahtstelle zwischen West- und Osteuropa, und Polen will ja Mitglied der Europäischen Union werden«, sagt der Görlitzer OB, »deshalb haben wir hier die besondere Aufgabe, unser Wissen weiterzugeben. Andererseits machen die Polen, wenn sie hier nach Görlitz kommen, ihre ersten Erfahrungen mit Deutschland und der Europäischen Union. Sie können sehen, wie man hier lebt und was getan wird.«

Für Tadeusz Lewi ist die schon bestehende Zusammenarbeit »ein Beispiel für die anderen Politiker, die Idee der Verständigung und der vollen Integration, hier im Zentrum Europas, schneller voranzubringen«.

Dann geht es um die Altstadtbrücke, die wiedererrichtet werden soll. Das große Modell aus Plexiglas steht hinter den beiden auf der Brüstung. Früher einmal hatte Görlitz sieben Brücken. Jetzt sind es nur noch zwei. Die Altstadtbrücke für Fußgänger ist dringend notwendig. Das betonen beide Bürgermeister. Die Wojwodschaft habe schon zugestimmt, sagt Lewi. Der Brückenbau solle gleichzeitig mit der Sanierung der Altstadt auf polnischer Seite erfolgen. Nach der Prognose von OB Lechner soll die Altstadtbrücke »allerspätestens in vier Jahren stehen«.

Ich frage nach der Verwirklichung der Idee, direkt über der Neiße ein Kulturzentrum zu errichten. Professor Ludwig, bis vor kurzem Direktor des Musiktheaters Görlitz und Vater des Gedankens, hatte mir Anfang Mai Skizzen zu einem solchen Gebäude mit dem Namen »Europera – Kulturbrücke 15. Meridian« überreicht. Lechner verweist darauf, daß es dazu einen Architekturwettbewerb von Polen und Deutschen gegeben hat. Sein Ergebnis sei gewesen, daß niemand von den beteiligten Arbeitsgruppen ein neues großes Bauwerk über die Neiße wollte.

Ich kenne die Broschüre mit dem Titel »Deutsch-Polnischer Ideenwettbewerb – Kulturbrücke Görlitz/Zgorzelec. Ein Projekt der Jürgen-Ponto-Stiftung und der Kulturstiftung des Freistaates Sachsen«. Ich verstehe auch das Argument, daß die »Kulturbrücke« keines neuen Bauwerks bedarf, sondern auf die schon vorhandenen großen Gebäude, wie die Stadthalle und das Kulturhaus, zurückgreifen sollte. Daß vor allem eine »Kulturbrücke« nicht unbedingt eine Brücke im materiellen Sinne sein muß. Dennoch tut es mir um die faszinierende Idee leid. Görlitz hat zwar wunderschöne, wertvolle Bauten, aber ein solches Gebäude direkt über der Neiße würde – so denke ich – den Bekanntheitsgrad der Stadt erhöhen. Eine solche »Grenzüberschreitung« fände sicher Beachtung in aller Welt. Etwas Vergleichbares zwischen früher verfeindeten Völkern hat es noch nicht gegeben. Es wäre ein markantes Symbol für ein neues Verhältnis zwischen Polen und Deutschen.

»Im Europera-Projekt besteht ja schon die Kulturbrücke. Sie wissen ja, hier spielen Deutsche, Polen und Tschechen gemeinsam in zwei Orchestern«, sagt Lechner. »Auch in anderen Bereichen gibt es schon eine gute Zusammenarbeit.«

»Was bedeutet für Sie Schlesien heute?« fragen wir die beiden Bürgermeister.

»Ich denke, daß Schlesien, obwohl es eine historische Bedeutung hat, in Zukunft ein Land sein sollte, das durch einen Fluß und nur durch einen Fluß getrennt ist. Wo zwei schlesische Volksgruppen unterschiedlicher Nationalität in vielen, eigentlich in allen Lebensbereichen zusammenarbeiten«, ist die Antwort des Polen. Lechner hebt die Rückbesinnung auf die schlesische Tradition im deutsch gebliebenen Landesteil hervor und fügt hinzu: »Auch im polnischen Teil von Schlesien befaßt man sich zunehmend mit der schlesischen Geschichte und den schlesischen Traditionen.«

»Können Sie sich vorstellen, daß in Zukunft Zgorzelec und Görlitz eine Stadt im Rahmen zweier Staaten werden?«

»Zgorzelec und Görlitz«, sagt Lewi, »heute ›Zwillingsstädte‹, bildeten in der Vergangenheit eine Stadt, die heute durch eine Grenze und den Fluß getrennt ist. Als Pole, aber zugleich als Europäer, der auf diesem Gebiet seit 1947 wohnt, will ich sagen, daß wir Polen keine künstlichen Teilungen und Grenzen mögen. Wir haben dafür ein Beispiel gegeben, als wir forderten, verschiedene Eiserne Vorhänge, wie zum Beispiel die Berliner Mauer, zu beseitigen. Niemand glaubte, daß diese Mauer aufhören kann zu existieren. Ich glaube, daß in Zukunft Görlitz und Zgorzelec nur noch der Fluß trennen wird und keine Grenze.«

»Ich kann mir sehr gut vorstellen, daß wir zusammenwachsen«, stimmt Lechner ihm zu. »Im nächsten Jahr begehen wir ge-

Die beiden Stadtväter an der Neiße vor dem Modell der Altstadtbrücke, die hier wieder aufgebaut werden soll. Links Tadeusz Lewi für Zgorzelec, rechts Matthias Lechner für Görlitz.

meinsam, die Deutschen und die Polen, die 925-Jahr-Feier von Görlitz. Wir haben uns beide dazu bekannt, daß Zgorzelec und Görlitz eine Brücke sein wollen zwischen unseren Ländern. Schlesien sehen wir beide dabei als ein verbindendes Element an.«

Nach dem Interview, während die Kollegen die Geräte abbauen, unterhalten sich die Bürgermeister noch über die anstehenden Probleme ihrer Stadthälften. Nicht alles scheint lösbar zu sein. Sie können nicht allein entscheiden, brauchen die Zustimmung ihrer Stadtparlamente. Noch gelten hier an der Neiße, an der Nahtstelle von West und Ost, ganz unterschiedliche Gesetze. Polen ist noch kein Mitglied der Europäischen Union. Daß es dem Land mit seinem Beitritt ernst ist, das haben auch die Äußerungen von Tadeusz Lewi deutlich gemacht. Europa – das Wort scheint eine Sogwirkung zu haben. Wie früher für so viele DDR-Bürger »der Westen«. Die Erweiterung der Europäischen Union nach Osten wird noch ein spannendes Kapitel.

Wir stehen vor dem Schönhof, dem ältesten profanen Renaissancebau Deutschlands, in dem vor kurzem das im Aufbau befindliche Landesmuseum Schlesien die ersten Räume bezogen hat. Die Vorderfront des Haupttraktes mit dem neu ergänzten Giebel ist noch mit einem Stahlgerüst umgeben. Über den hellroten Ziegeln glänzt das Kupferdach der barocken Turmhaube. Sie verstärkt den städtebaulichen Akzent dieses alten Hauses sowohl gegenüber dem Rathaus wie auch beim Blick durch die Brüderstraße zum schlanken Turm der Dreifaltigkeitskirche.

Ich unterhalte mich mit dem Leiter des Aufbaustabes des neuen Museums, Chris Schmitz. »Ich denke, Görlitz ist der ideale Ort für ein Landesmuseum Schlesien«, sagt er. »Wir haben hier eine Stadt, die einen wichtigen Teil zur schlesischen Geschichte beigetragen hat. Wir haben heute hier ein Zusammenleben von Deutschen und Polen, also von den beiden Völkern, die in der Geschichte und in der Gegenwart den größten Anteil an Schlesien, an seiner Entwicklung haben. Wir möchten dem auch

Das alte Rathaus von Görlitz auf dem Untermarkt mit dem frisch renovierten Turm. Im Hintergrund der Turm der Dreifaltigkeitskirche. Links das neue Dach des »Schönhofs«.

Die Lauben am Görlitzer Untermarkt. Rechts die renovierten Uhren am Rathausturm. Gegenüber das neue Dach des »Schönhofs«, in dem das »Landesmuseum Schlesien« untergebracht ist.

im Museum Rechnung tragen. Wir führen alle Ausstellungen, auch schon während der Aufbauphase, zweisprachig durch. Deutsch und Polnisch. Wenn das Museum fertig ist, werden noch Englisch und Tschechisch dazukommen. Das Interesse für unsere Arbeit wächst von allen Seiten. Immer mehr Besucher kommen aus Zgorzelec, aus Hirschberg, Jauer. Aus dem polnischen Schlesien.«

Am nächsten Tag wollen Andrzej und ich unseren »Aufsager« aufnehmen lassen, mit dem wir die Sendung beginnen. Wir finden eine Stelle an der Neiße, die geeignet ist. Aber auf die richtige Stellung der Sonne, die heute wieder vom wolkenlosen Himmel scheint, müssen wir noch warten. Deshalb werden Aufnahmen der Stadt, gefilmt von den Türmen der Peterskirche, vorgezogen.

Zunächst betreten wir mit Pfarrer Lobers, der uns den Zutritt zu den Türmen verschafft, den fünfschiffigen Kirchenraum, der uns in seiner Größe und weitläufigen Raumwirkung überwältigt. Nur Andrzej fügt seiner Bewunderung eine kritische Bemerkung hinzu: »Den Farbanstrich finde ich zu blaugrau für diese Kirche. Er müßte rötlicher, sandsteinmäßiger sein.« Trotz meiner Faszination räume ich ein, daß er recht haben mag.

Ich erzähle dem Pfarrer von meiner Idee, hier aus der Peterskirche ein Konzert im ZDF zu übertragen. Als dritten Teil unseres Schlesienfilms. Ich zeige ihm einen Brief, den ich in dieser Sache Ende Dezember 1994 dem Intendanten des ZDF, Professor Dieter Stolte, geschrieben hatte: »Für unsere Schlesien-Filme möchte ich die Musikredaktion für ein polnisch-deutsches Konzert in der schönen, renovierten, fünfschiffigen Peterskirche in Görlitz gewinnen, die direkt an der deutsch-polnischen Grenze liegt. Es hätte einmal für die polnisch-deutsche Versöhnung eine Bedeutung. Zum anderen könnte dabei Geld für die Wiederherstellung der berühmten Casparini-Sonnenorgel in diesem Gotteshaus zusammenkommen. Darf ich Sie für dieses Vorhaben sehr herzlich um Ihre Unterstützung bitten: Vielleicht würden Sie sogar dabei die Schirmherrschaft übernehmen?«

Stoltes prompte Antwort: »Ich bin gerne bereit, die Schirmherrschaft für das von Ihnen angedachte Konzert in Görlitz zu übernehmen ... Wenn das Projekt zustande kommt, hielte ich es in der Tat für ein Vorhaben, das das ZDF schmücken würde.«
Inzwischen sei geklärt, berichte ich dem Pfarrer, daß unser Satellitensender 3SAT die Übertragung des Konzerts übernimmt.
»Haben Sie schon Klarheit, wer spielen und was aufgeführt werden soll?«
»Klar ist, daß es das neue Europera-Orchester sein wird, das Reinhard Seehafer aufbaut und in dem Studenten aus Deutschland und Polen spielen werden. Das Programm steht noch nicht fest.«
»Ich wünsche Ihnen und uns viel Glück dazu.«
Wir unterhalten uns über die Orgel, die völlig erneuert werden muß. Von der berühmten Casparini-Orgel gibt es noch das prächtige Gehäuse und einige wenige Pfeifenregister. Die nicht mehr brauchbaren Pfeifen der mehrfach ergänzten Orgel werden jetzt nach Länge verkauft, als Beitrag zur Finanzierung des neuen Instruments. Zehn Zentimeter kosten zehn Mark. Auf 1,3 Millionen D-Mark beläuft sich der Kostenvoranschlag für die neue Orgel. Die kleine Gemeinde, die vor allem durch den Wegzug der Menschen aus der Altstadt so geschrumpft ist, kann das Geld nicht allein aufbringen. Bitten an die Bundesregierung und die sächsische Staatsregierung um finanzielle Unterstützung blieben bis heute ungehört. Pfarrer Lobers hofft, daß die Orgel bis zur 500-Jahr-Feier der Peterskirche im Oktober 1997 wenigstens zu einem Teil wiederhergestellt und spielbar sein wird.
Der Görlitzer Horst Wenzel, ein guter Kenner der Peterskirche, hat mir ein paar Stichworte aufgeschrieben, damit wir vor der Übertragung des Konzerts kurz dieses schöne Gotteshaus vorstellen können. Er nennt die Gründung im Jahre 1230, noch in romanischer Zeit; die Fertigstellung 1497 als größte fünfschiffige Hallenkirche im ostmitteldeutschen Raum; die schlanken, fast unwirklichen Säulen; das Sternennetzgewölbe; den prächtigen Barockaltar und die goldweiße Barockkanzel; den großen

Brand 1691, der fast die gesamte Inneneinrichtung vernichtete und zur neuen Barockausstattung führte. Und dann kommt er ins Schwärmen: »Das barocke Interieur entfaltet sich gleichsam wie ein jubelnder Kontrapunkt innerhalb des strengen spätgotischen Gemäuers – eine äußerst geglückte Verschmelzung zweier grundverschiedener Architekturformen.«

Wir sind an der Neiße und drehen unseren »Aufsager«. Es dauert einige Zeit, bis wir alle zufrieden sind. Entweder donnert ein Lastauto auf der Uferstraße vorbei, oder eine Ente quakt auf der Neiße. Irgend etwas passiert immer. Schließlich aber geht es glatt. Ich beginne: »Die Görlitzer Neiße ist heute die Grenze zwischen Deutschland und Polen. Im deutsch gebliebenen kleinen Teil von Schlesien, hier um Görlitz, westlich der Neiße, bin ich geboren. Meine Eltern stammen aus dem Teil Schlesiens, der nun polnisch ist, aus dem die Deutschen nach dem Kriege vertrieben wurden.«

Die Filmautoren bei ihrem »Aufsager« an der Neiße, der deutsch-polnischen Grenze. Rechts Andrzej Falber.

Dann fährt Andrzej auf polnisch fort: »Meine Eltern kamen aus Lemberg in Ostpolen, aus dem die Polen von den Sowjets vertrieben wurden. Polen, die nun zum größten Teil im früher deutschen Schlesien wohnen. Eine erzwungene Verschiebung der Heimat von Ost nach West.«

»Eine der tragischen Folgen des Zweiten Weltkrieges. Hitler wollte Polen vernichten.«

»Stalin wollte mit der Vertreibung der Polen und der Deutschen zwischen unseren Völkern ewige Feindschaft säen.«

»Eine Rechnung, die zum Glück nicht aufging. Zwischen Polen und Deutschland gibt es heute den Vertrag über Freundschaft und gute Nachbarschaft.«

Dann kündigen wir unser Vorhaben an: »Gemeinsam wollen wir Schlesien bereisen, das schon immer eine Brücke in Europa war.«

»Hier von Görlitz bis nach Oberschlesien wollen wir Geschichte und Gegenwart dieses großen und schönen Landes zeigen. Ohne Tabus, das, was war, und das, was ist.«

Am nächsten Morgen interviewen wir vor unserem Hotel den Wiesbadener Oberbürgermeister Achim Exner, der zufällig in Görlitz ist. Auch er bleibt wie wir dem »Grafen Zeppelin« treu, obwohl es inzwischen eine ganze Reihe von Hotels gibt.

»Was bedeutet für Sie Schlesien heute?« will ich wissen.

»Für mich ist das eine Riesenchance, daß man in einem größer gewordenen Europa eine Region hat, die gleichsam das verbindende Element zwischen dem alten und neuen Teil Europas sein kann. Das wird sicherlich sehr spannend. Das wird eine Gesellschaft, in der Polen und Deutsche beweisen können, daß sie miteinander leben können.«

Ich frage ihn nach seinen Erfahrungen mit der Städtepartnerschaft Wiesbaden-Breslau. »Wie haben Sie die Polen dort erlebt?«

»Das war für mich das Beeindruckendste überhaupt. Sie empfinden sich als Schlesier. Früher waren die Polen in der Minderheit. Jetzt sind es die Deutschen. Aber eines verbindet die Minderheiten miteinander: Sie fühlen sich als Schlesier. Und das ist eigentlich das Spannende an Schlesien. Das gibt es sonst nirgendwo.«

Wir besuchen die Annenkapelle. In diesem spätgotischen Raum, der heute nicht mehr sakral genutzt wird, gibt es eine Ausstellung der polnischen Textilkünstlerin Romana Szymanska-Pleskowska aus Krakau. Veranstalter ist der Verein »artemision«, eine gemeinsame Gründung von Görlitzer und Zgorzelecer Bürgern. In einem »siamesischen« Häkelkleid schreiten zwei Mädchen durch die Ausstellung. Eines stammt aus Görlitz, das andere aus Zgorzelec. Ein augenfälliges Symbol dafür, daß die Doppelstadt eigentlich zusammengehört. Ich frage die uns schon bekannte Hanna Majewska und Andrea Blochwitz, die deutsche Gründerin des Vereins: »Görlitz und Zgorzelec in einem gemeinsamen Kleid, eilt da die Kunst der Wirklichkeit nicht weit voraus?«

Der Oberbürgermeister von Wiesbaden Achim Exner – in Görlitz zu Besuch – im Gespräch mit unserem Team. Er hat die Partnerschaft mit Breslau und Görlitz initiiert.

Barockhäuser am Görlitzer Obermarkt. Im Haus rechts vom Brunnen residiert das EURO-TOUR-Zentrum, der Informationsdienst der Stadt.

Der Görlitzer Marienplatz mit dem »Dicken Turm« und der Annenkapelle, in der heute Ausstellungen stattfinden.

»Das ist nicht nur Symbol, das ist auch schon Realität im Alltag«, sagt Frau Majewska. »Wir leben in einer geteilten Stadt, aber doch schon fast im gemeinsamen Europa. Die neuen Generationen, sie leben in Europa. Sie leben in Schlesien, und Schlesien liegt in Europa. Da ist es egal, ob das Deutsche oder Polen sind. Die Jungen haben gar keine Belastung aus der Geschichte mehr. Die sehen ihre Zukunft, und die möchten das, was ist, verbessern.«

»Als ein Beispiel für grenzüberschreitende Zusammenarbeit, dafür stehen wir beide hier«, fügt Frau Blochwitz hinzu.

»Schlesien – Brücke in Europa«, das ist also nicht nur der von uns gewählte Filmtitel, es ist, zumindest in Görlitz, bereits gelebte Realität. Mögen manche in der Stadt oder anderswo das als puren Idealismus beargwöhnen, weil sie der Meinung sind, daß Polen und Deutsche aus vielerlei Gründen nicht zusammenpassen; die Entwicklung zu einer gemeinsamen Zukunft ist mit dem freien Grenzverkehr und der Bitte Polens um Aufnahme in die Europäische Union bereits eingeleitet. Die Gespenster des Nationalismus und Chauvinismus sollten nach den bitteren Erfahrungen, die Polen und Deutsche mit ihnen machen mußten, für immer gebannt sein.

Bei schwirrender Mittagshitze drehen wir am nächsten Tag den neuen Grenzübergang bei Ludwigsdorf, an dem die Lkws die Neiße überqueren. Hier wird das letzte Teilstück der Autobahn A 4 einmünden, das jetzt noch gebaut wird. Lange Fahrzeugschlangen in beiden Richtungen. Richtung Westen das große Hinweisschild »Oberlausitz-Niederschlesien«. Wir fahren über die neue Autobahnbrücke. Nach einigen hundert Metern ein Schild mit geradeaus weisendem Pfeil: »A 4 Wroclaw«. Aber das ist noch Zukunftsmusik. Nach fünfhundert Metern kommt schon die Ausfahrt zur Landstraße 4.

Im Hotel »Wroclaw« in Breslau, in dem wir wohnen, treffen wir den polnischen Aufnahmeleiter und die polnischen Kollegen, die uns mit Licht versorgen werden. Eine große polnisch-deutsche Runde. Besprechung der Drehorte und des Zeitplans. Die gute Stimmung läßt eine harmonische Zusammenarbeit erwarten.

Am nächsten Tag sind wir mit dem deutschen Generalkonsul von Breslau, Bruno Weber, verabredet. Seine stattliche Residenz liegt gegenüber vom Stadtgraben, dessen stilles Wasser durch die Äste der Alleebäume schimmert. Am Balkon hängt das gelbe Bundeswappen. Hinter dem hohen schmiedeeisernen Tor flattern die deutsche Dienstflagge und die Europafahne im Wind. Nach der Begrüßung in seinem holzgetäfelten Arbeitszimmer zeigt Weber uns sein Dienstgebäude, das früher einem Brauereibesitzer gehört hat, und den großen Garten. Er erzählt, daß bei Bauarbeiten auf dem Konsulatsgelände Skelette von jungen Männern gefunden worden sind – Opfer des letzten Verteidigungsaufgebots in der Festungsstadt. Dem Chronisten der »Breslauer Apokalypse 1945«, Horst Gleis, seien die Tränen gekommen, weil er einige der Opfer als seine Mitschüler erkannt habe.

Auf meine Frage nach seinen Erfahrungen hier in Breslau ant-

Das deutsche Generalkonsulat in Breslau.

wortet Weber: »Als ich als erster deutscher Generalkonsul hierher kam, wußte ich, daß das eine hochinteressante Aufgabe wird. Aber sie war noch viel interessanter, als ich mir das vorgestellt habe. Das Generalkonsulat hat hier eine Fülle von typischen Aufgaben, die davon herrühren, daß nirgendwo in der Welt eine vergleichbare Situation wie in Schlesien besteht. Die Deutschen, die hier noch in Schlesien leben, haben nie ihr Vaterland verlassen, sondern das Vaterland ist von ihnen weggegangen. Es gibt in keinem anderen Land der Welt ein so geschlossenes Siedlungsgebiet von Deutschen wie hier. Hier leben – wir wissen die Zahl nicht ganz genau – mehrere hunderttausend Deutsche, vor allem in Oberschlesien.«

»Wie empfinden Sie ganz persönlich diese Rolle hier in Schlesien?«

»Als eine ganz große Herausforderung, weil es für einen Diplomaten eine sehr untypische und sehr konkrete Aufgabe ist. Wir haben hier mit den Deutschen zusammen die Organisation aufgebaut. Praktisch von Null an, denn es durfte sie in kommunistischer Zeit gar nicht geben, weil es offiziell keine Deutschen hier gab. Wir haben das ganze Zusammenwachsen dieser deutschen Gruppe, ihre Organisation in verschiedenen Verbänden, mitverfolgt und beim Organisieren geholfen. Wir fördern heute über vierhundertfünfzig deutsche Freundschaftskreise hier in Schlesien aus Mitteln der Bundesregierung.«

Ich frage ihn, was er mit dem Namen Schlesien verbindet.

»Es war eine der wichtigsten Landschaften des Deutschen Reiches, die aber im deutschen öffentlichen Verständnis heute leider nicht mehr präsent ist.« Er verweist auf den wirtschaftlichen und kulturellen Reichtum des Landes. »Ich erinnere daran, daß Preußen nur durch die Eroberung von Schlesien zu der Bedeutung gelangen konnte, die es im Deutschen Reich gehabt hatte. Schlesien ist auch heute noch eine wichtige europäische Region, und wir täten gut daran, uns ein bißchen mehr um Schlesien zu kümmern, um ein neues Verständnis von dieser Region zu entwickeln.«

»Wie beurteilen Sie das Verhältnis von Polen und Deutschen hier in Schlesien? Gibt es da noch Vorurteile? Was läßt sich zu deren Abbau tun?«

»Natürlich gibt es Vorurteile, wie sollte es anders sein. Hier sitzt seit 1945 eine ganz neue Bevölkerungsgruppe, die hierher verpflanzt worden ist, vorwiegend aus dem Osten Polens, die jahrzehntelang Angst gehabt hat, daß sie die Gegend hier wieder verlassen muß. Auf der anderen Seite die Deutschen, die es offiziell gar nicht geben durfte. Aus einem solchen Verdrängungsmechanismus, der beide Seiten betraf, mußten sich natürlich Spannungen entwickeln. Wir haben in den Jahren nach der Wende viele Spannungen abgebaut, aber viele bestehen auch noch. Ich glaube, daß man wirklich das deutsch-polnische Zusammenleben in Schlesien sehr gut beobachten, sehr gut begleiten muß. Man muß alles tun, daß diese Bevölkerungsgruppen in Frieden und Toleranz miteinander leben. Und man sollte negative Vorkommnisse, die es gibt, nicht unbedingt aufbauschen, ihnen keine übergroße Bedeutung geben.«

Ich frage nach der Zukunft Schlesiens.

»Ich glaube, daß eigentlich der weitaus überwiegende Teil in beiden Bevölkerungsgruppen hier eingesehen hat, daß man nur gemeinsam weiterkommt, daß Schlesien nur gemeinsam weiterentwickelt werden kann. Auf dieser Grundlage hat Schlesien eine Zukunft, die noch einige Zeit mühsam sein wird, denn es gibt große strukturelle, wirtschaftliche Probleme besonders in Oberschlesien, wegen der Monokultur.«

»Gibt es bei den Polen inzwischen eine bewußte schlesische Identität?«

»Das ist eine ganz interessante Entwicklung. Das gibt es tatsächlich. Die heute hier geborene und aufgewachsene Generation entwickelt tatsächlich schon wieder eine schlesische Identität. Ich habe gehört, daß vor kurzem im Breslauer Stadtrat das Wort gefallen ist: ›Was wollen eigentlich diese Asiaten in Warschau von uns?‹ Was zeigt, daß man hier tatsächlich schon wieder regional denkt. Ich sehe das positiv und glaube, daß man sich auf dem Boden der Regionalität zwischen alten und neuen Bewohnern gut treffen kann.«

»Was ist mit der Idee, zweisprachige Ortsschilder aufzustellen?«

»Diese Idee ist völlig vernünftig, und in anderen Minderheitsgebieten, in anderen Ländern, ist das gang und gäbe und überhaupt kein Thema. Es ist hier problematisch, weil die Benennung von Ortschaften in der Hitlerzeit hoch politisiert worden ist, und das wirkt nach. Ich glaube, daß die Polen weitgehend bereit sind, uns in dieser Frage entgegenzukommen, wenn man sich auf die Namen beschränkt, die vor der Hitlerzeit galten.«

»Wie soll es in Schlesien weitergehen? Was ist notwendig, damit Schlesien eine Zukunft hat?«

»Ich glaube, eines ist klar und der Mehrheit aller beteiligten Schlesier ganz deutlich vor Augen, daß nur Toleranz weiterhelfen kann. Um in Schlesien miteinander weiterzukommen, ist es nötig, daß jede der beiden Bevölkerungsgruppen der anderen Vertrauen entgegenbringt. Denn nur Vertrauen schafft Vertrauen, und Mißtrauen sät neues Mißtrauen. Ich weiß, daß das nicht einfach ist. Beide Bevölkerungsteile haben große Narben und Wunden, die noch nicht verheilt und vergessen sind. Ich glaube aber, daß beide die Größe haben werden, dieses gegenseitige Vertrauen, einen gegenseitigen Vertrauensvorschuß aufzubringen, um ein künftiges gesegnetes und gutes Miteinander zu gewährleisten.«

»Schlesien – Brücke in Europa, ist das richtig?« frage ich zum Abschluß.

»Schlesien kann, wenn es hier zusammenwächst, eine Brücke im Sinne eines wirklich guten Beispiels der Toleranz sein, weil vom guten Miteinander hier das deutsch-polnische Verhältnis in ganz wesentlichem Maße abhängt. Ohne daß die Deutschen und die Polen hier in Schlesien gut zusammenleben, wird es keine deutsch-polnische Versöhnung geben, die diesen Namen verdient, und ohne diese deutsch-polnische Versöhnung wird das Verhältnis in Mitteleuropa gestört sein. Wenn die polnische Regierung immer wieder betont, daß der Weg nach Europa über Deutschland führt, dann ist es, glaube ich, hier eindeutig, daß das Miteinander in Schlesien eine wichtige Voraussetzung für Polens Weg nach Europa ist. Und die schwierigsten Probleme werden sich wahrscheinlich auch in Schlesien stellen, wenn man daran denkt, daß nach einem Beitritt zur Europäischen Union eine Freizügigkeit auch auf dem Gebiet des Arbeitsmarktes und auf dem Gebiet des Grundstückserwerbs unumgänglich ist. Hier liegen schwierige Probleme, und das Zusammenleben hier wird mit darüber entscheiden, wie schnell der Weg zu einer Vollmitgliedschaft in der Europäischen Union sein kann.«

Am nächsten Tag drehen wir in der Stiftskirche Trebnitz das Grab der Heiligen Hedwig, der Schutzpatronin von Schlesien, in der gotischen Hedwigskapelle. Auf dem schwarzen Marmorsarkophag eine lebensgroße Alabasternachbildung der Heiligen. Sie ruht auf einem Kissen. Ihr Kopf, der eine Herzogskrone trägt, ist aufgerichtet, doch die Augen sind geschlossen. Diese so lebensnahe Figur nimmt mich sofort gefangen. Es ist, als brauche die Schlafende nur wieder aufzuwachen und aufzustehen.

In einem Faltblatt steht auf deutsch über sie geschrieben: »Heilige Hedwig, 1174-1243. Schutzpatronin von Schlesien. Tochter des oberbayerischen Grafen Berthold VI. von Andechs, Markgraf von Istrien und Herzog von Meranien. Verheiratet war sie mit Herzog Heinrich I. von Schlesien, dem sie sieben Kinder gebar. Sie hat sich um das Christentum in Schlesien verdient gemacht und sich Deutschen wie Polen als wahre Landesmutter erwiesen. Unter mehreren Kloster- und Spitalgründungen ragt Trebnitz (1202) hervor. Dort lebte sie nach dem Tode ihres Gatten (1238) und wurde 1243 in der Klosterkirche begraben. Aufgrund ihrer bald einsetzenden Verehrung und vieler amtlich untersuchter Wunderberichte wurde sie 1267 heilig gesprochen.«

Neben dem Grabmal liegt auf einem Tisch ein dickes, aufgeschlagenes Buch. Ich lese den letzten Eintrag: »Für Frieden und Aussöhnung mit dem polnischen Volk, hilf uns, Heilige Hedwig, große Frau, segne unsere jungen Menschen und unsere Familien.

Kloster Trebnitz nördlich von Breslau. In der Kirche ruht die »Heilige Hedwig«, die Schutzpatronin Schlesiens.

Das Grabmal der »Heiligen Hedwig« in der Hedwigskapelle der Klosterkirche.

Darum bitten wir. – Marga Scheuer, Bonn, Rheinland. Dank Dir, daß wir nach fünfzig Jahren Abwesenheit noch einmal die Heimat unserer Vorfahren wiedersehen durften!«

Ich blättere in dem dicken Band mit den vielen Handschriften, vor allem in polnisch und deutsch, aber auch in anderen Sprachen. Erst am 6. April des Jahres ist dieses Buch begonnen worden. Jetzt sind nur noch zwei Seiten frei, Beweis für die große Verehrung der Heiligen Hedwig. Ich schreibe kurz über unsere Arbeit. Daß wir Polen und Deutsche gemeinsam einen Film über Schlesien machen. Und ich bitte die Heilige Hedwig, daß sie unser Vorhaben segnet, damit es, wie ihr Tun früher, die Menschen zusammenbringt. Alle Kollegen unterschreiben.

Nach der Hedwigskapelle, »dem schönsten Zeugnis der Frühgotik in Schlesien«, mit ihren hoch aufstrebenden Fenstern und dem prunkvollen Altar, machen wir Aufnahmen in der großen Klosterkirche. Ihre barocke Ausstattung mit dem Hochaltar und den vielen Seitenaltären täuscht darüber hinweg, daß es sich um eine romanische Basilika handelt, das älteste derartige Bauwerk Schlesiens, entstanden in den Jahren 1203 bis 1240.

»Die Basilika der Heiligen Hedwig gehört zu den zwölf größten Baudenkmälern des 13. Jahrhunderts in Mitteleuropa, die bis heute erhalten sind«, lese ich in dem Faltblatt. Die Kirche ist voller Kostbarkeiten. In der Johanneskapelle liegt hinter einem kunstvollen schmiedeeisernen Gitter die Sandstein-Grabfigur der Heiligen Hedwig aus dem 13. Jahrhundert. Ihre edlen Züge erinnern an die Marmorplastik, der dieses Meisterwerk als Vorbild gedient haben mag.

Vor dem Hochaltar die Doppeltumba für Heinrich I., den Gemahl der Heiligen Hedwig, und den Deutschorden-Hochmeister Konrad von Feuchtwangen. Dann das romanische Tympanon neben dem Eingang in die Krypta. Die Bartholomäus-Kapelle unter dem Hochaltar ist der älteste Teil der Kirche. Sie wurde schon 1214 geweiht.

In der Kühle der dreischiffigen Krypta interviewt Andrzej den Dekan Wawrzyniec Bochenek. Er erzählt, wie er mit den anderen Polen nach dem Krieg nach Trebnitz kam. »Wissen Sie, zuerst hatten die Leute Vorbehalte, wenn Sie hörten, daß die Heilige Hedwig eine Deutsche war. Aber das hat dann aufgehört.«

»Was für eine Bedeutung hat denn die Tatsache, daß die Heilige Hedwig eine Deutsche war?«

»Weil die Geschehnisse des Unrechts, das uns die Deutschen angetan haben, noch sehr lebendig waren.«

»Ja, aber die Heilige Hedwig stammt aus dem 13. Jahrhundert, und das, was Sie meinen, ist im 20. Jahrhundert passiert!«

»Jetzt ist es ja auch schon lange anders. Gerade die Gottesdienste zu Ehren der Heiligen Hedwig bilden eine Brücke zwischen dem polnischen und dem deutschen Volk.«

»Haben Sie die Hoffnung, daß es einmal keinen Unterschied mehr zwischen Polen und Deutschen geben wird, daß sich so etwas wie ein gemeinsames Schlesiertum herauskristallisiert, gleich ob man Pole oder Deutscher ist?«

Dem Höhenflug dieser Frage meines polnischen Kollegen kann der greise Dekan nicht mehr folgen. Auf die für ihn offenbar ketzerische Vorstellung antwortet er abwehrend: »Mir wäre es lieber, wenn es weniger Regionales und mehr Überregionales gäbe, wenn das mehr polnisch als schlesisch wäre. Wenn es weniger Regionaltum und mehr Polentum gäbe. Das eint unser Volk mehr und bringt uns einander näher.«

In der Nacht geht ein Gewitter nieder. Im Morgendunst duften die Linden besonders stark. Ihr Honiggeruch begleitet unsere sommerliche Schlesienreise. Gestern in Trebnitz, wo das frisch renovierte Klostergebäude von Linden umgeben war, jetzt in Schweidnitz auf dem alten Friedhof um die Friedenskirche. Der junge Pastor Pytel, bei dem wir uns angemeldet haben, zeigt uns die Schönheiten dieser so besonderen Kirche und die Ausstellung über ihre Renovierung mit dem langen Namen: »Modellhafte geschichtliche und restauratorische Untersuchungen und konservatorische Maßnahmen an der Friedenskirche zur Heiligen Dreifaltigkeit, Schweidnitz/Swidnica, Polen«.

Der Pfarrer stellt uns einen jungen Deutschen vor. Ulrich Schaf ist Architekt und Denkmalspfleger. Er arbeitet hier in Schweidnitz schon seit vier Jahren als Vertreter des »Deutschen Zentrums für Handwerk und Denkmalspflege, Fulda«, das die Restaurierung besorgt. Von seiner Aufgabe ist er begeistert.

»Was muß noch alles gemacht werden an der Kirche?« frage ich ihn.

»Oh, da ist noch viel zu tun. Wir haben erst die Sicherungsphase abgeschlossen und bereiten jetzt die Ausschreibungsprogramme für entsprechende Fachfirmen vor. Die Gesamtrestaurierung soll bis zum Jahr 2002 abgeschlossen sein. Da haben wir das dreihundertfünfzigjährige Jubiläum der Kirche. Das ist unser Ziel.«

»Wie hat die Kirche die Kriegswirren überleben können?« frage ich Pastor Pytel.

»Man muß zuerst dem Herrgott danken für alles. Er wirkt durch die Menschen, und wir haben gute Menschen gefunden. Unsere Evangelische Gemeinde hier ist klein, sie umfaßt nur hundertdreißig Mitglieder. Sie könnte diese große Aufgabe allein nicht durchführen. Aber wir haben Hilfe durch die Deutschen. Mit Geld, Rat und Tat. Und auch durch die polnischen Institutionen.«

»Wie sehen Sie die besondere Aufgabe Ihrer Gemeinde? Wie sieht Ihre Vorstellung für die Zukunft Schlesiens aus?«

»Der Ort, an dem wir uns befinden, war immer für ganz Schlesien wichtig. Und das ist auch heute noch so. Die Friedenskirche fungiert als Kirche, in der sich Menschen verschiedener Nationalitäten, verschiedener Konfessionen begegnen. Unter dem Friedensnamen kann man die Zukunft des gemeinsamen Europa und auch die Zukunft Schlesiens aufbauen. Darin sehe ich die Vision meiner nicht nur seelsorgerischen Arbeit: im Aufbau des Friedens zwischen den Völkern, aber auch im Aufbau von Bindungen und in der Entwicklung von Keimen, die Früchte tragen können. Ein Beispiel dafür ist unsere bereits seit mehreren Jahren bestehende Zusammenarbeit mit der ›Deutschen

Jugend in Europa‹. Jugendliche aus Deutschland und Polen treffen sich hier in gemeinsamen Ferienlagern. Auch dieses Jahr wird ein solches Treffen mit etwa fünfhundert Teilnehmern stattfinden, unter dem Motto ›Brücken-Bauen‹. Diese Zielsetzung soll auch Schlesien dienen, wobei wir das Glück haben, daß in Schlesien wirklich viel geschieht. Daß viele Menschen wirklich engagiert sind, damit die Nachbarschaft von Polen und Deutschland in Schlesien gedeiht. Ich denke, daß wir hier alle mitverantwortlich sind. Ich selbst fühle mich verantwortlich in dieser Gemeinde, in dieser Friedenskirche, in der ich tätig bin. Ich fühle mich mitverantwortlich für die Gestaltung der Zukunft nicht nur unserer beiden Völker, der Deutschen und der Polen, sondern auch vieler anderer europäischer Völker ... Ich schaue mit Optimismus in die Zukunft.«

Wir sind von Breslau in Richtung Waldenburg unterwegs. Die Sonne brütet hinter Schleierwolken. Schon am Morgen ist es schwül. Neben mir auf der Rückbank sitzt Bolko Graf von Hochberg, der jetzige Familienchef des uralten schlesischen Adelsgeschlechts. Sein vollständiger Name ist Fürst von Pleß, Graf von Hochberg, Freiherr zu Fürstenstein. Schloß Fürstenstein, der Stammsitz der Familie, ist unser Ziel. Dort wollen wir heute Aufnahmen machen. Danach in Hirschberg, wo das Europera-Jugendorchester probt. Gestern war der Graf aus München, wo er wohnt, über Frankfurt angeflogen. In unserem Hotel, in dem auch er übernachtet, hatte ich ihn am Abend getroffen – einen liebenswerten, unprätentiösen Mann, mit dem ich rasch ins Gespräch kam.

»Ich habe eine große Bitte«, sagt der Graf, »fragen Sie mich nicht nur nach Fürstenstein. Sonst sind die Leute im Schloß Pleß beleidigt, wenn sie Ihren Film sehen. In Oberschlesien funktioniert nämlich die Zusammenarbeit schon viel besser als hier. Dort bin ich mit dem Direktor des Schloßmuseums sogar befreundet und Stellvertreter im Aufsichtsrat. Hier haben in den letzten Jahren laufend die Direktoren gewechselt. Aber jetzt

Luftaufnahme von Schloß Fürstenstein – von Nordwesten.

Der barocke Ostflügel von Schloß Fürstenstein. Hinter den drei großen Fenstern liegt der Maximilianssaal.

scheint es sich auch hier zu bessern. Wir haben gestern einen Verein der Freunde von Schloß Fürstenstein gegründet. Die Polen haben mich zum zweiten stellvertretenden Vorsitzenden gewählt.«

Wir fahren in den Schloßpark von einer Seite hinein, die der Graf uns vorschlägt. Es sei die schönste. Eine offene Kutsche mit Ausflüglern kommt uns entgegen. Die Leute schauen nach unseren deutschen Autos. Sie können nicht ahnen, daß in dem einen der rechtmäßige Erbe des Schlosses sitzt, der ohne den von Hitler geführten Vernichtungskrieg heute hier der Herr des größten Schlosses in Schlesien wäre.

Die Begrüßung des Grafen durch die Direktorin des Schlosses, den Bürgermeister von Waldenburg, der in ihrem Büro wartet, und Angestellte der Verwaltung ist betont höflich, fast ehrerbietig. Ein Reporter von »Polskie Radio« kommt herein, bittet den Grafen um ein Live-Gespräch. Und auch ein Reporter von der Zeitung »Gazeta Wyborcza« ist da. Der Graf in Fürstenstein ist auch für die Polen ein besonderes Ereignis.

»Wie war das mit der Enteignung des Schlosses in der Hitlerzeit?« frage ich ihn vor dem großen Kamin des Maximilianssaales.

Er stellt richtig: »Es wurde nicht enteignet, sondern beschlagnahmt.«

»Was sollte mit dem Schloß damals geschehen?«

»Den genauen Verwendungszweck weiß man nicht. Es wird noch immer herumgerätselt. Ich weiß nur, was geschehen ist, als diese Herrschaften von der Organisation Todt hier einmarschierten und das ganze Schloß zu zerstören begannen. Das mit dem ›Führerhauptquartier‹ ist nicht belegt. Wir glauben eher, daß es der Gauleiter von Breslau höchstpersönlich war, der Ansprüche gestellt hat. Was letztlich hier geplant war, ist unbekannt und interessiert mich auch nicht so sehr. Bei der jahrhundertelangen Geschichte des Schlosses ist diese Episode für uns eigentlich unbedeutend.«

»Wie würden Sie reagieren, wenn Sie den Besitz von den Polen plötzlich zurückbekämen?«

»Ein Schloß ist kein Besitz, sondern eine Belastung. Ein solches Schloß zurückzubekommen und zu bewohnen ist ein Rechenexempel, darüber wage ich hier keine Theorie zu entwickeln.«

Graf Hochberg erzählt von dem guten Verhältnis zu den Polen, die jetzt seine ehemaligen Schlösser verwalten und pflegen. Über Pleß und Fürstenstein. Voller Genugtuung zeigt er die Urkunde über die gestrige Vereinsgründung.

»Ihre Familie gehörte zu den reichsten in Schlesien. Was hat der Verlust der Heimat und des Besitzes für sie bedeutet?«

»Für die ältere Generation waren das Kriegsende, die Vertreibung und die Enteignung schlichtweg eine Katastrophe. Es ist erstaunlich, daß es die meisten überhaupt überlebt haben. Ich finde, man muß die Geschichte so nehmen, wie sie auf einen zukommt. Ich persönlich tue mich da natürlich leichter, denn ich habe die guten Zeiten ja nicht mehr bewußt erlebt. Ich sehe meine Rolle als Familienchef so, daß ich mit der Zeit umgehen muß, die sich mir anbietet. Ich kann nicht ständig den alten Zeiten nachjammern. Ich kann mir vorstellen, daß meine Vorfahren im Dreißigjährigen Krieg auch nicht immer nachgedacht haben, wie schön es früher war, sondern auch sie mußten an Ort und Stelle zeitgemäß handeln. Meine Zeit ist die jetzige. Ich muß mich mit den Zuständen, so wie sie sind, zunächst mal abfinden und sie als Basis nehmen für ein Gespräch, für einen Dialog, für eine Verbindung, aus der sich auch Freundschaft entwickeln kann.«

»Wie sehen Sie die Rolle Schlesiens? Als Brücke in Europa?«

»Ja, das meinte ich ja auch schon mit der Arbeit, die ich in Pleß vor acht Jahren begonnen habe. Schlesien kann und wird eine Brücke sein und nicht eine Grenze. Durch die Verschiebung der Menschen von Ost nach West sollte ja ein Zankapfel geschaffen werden. Ich finde, wir alle sollten diesen Leuten diesen Gefallen nicht tun. Sondern wir nehmen das Schicksal Schlesiens als Brücke zu einer langwährenden Freundschaft für die Zukunft.«

Am Nachmittag fahren wir gemeinsam mit dem Grafen nach Hirschberg in die Ökonomische Akademie, die uns als Probeort des »Europera-Jugend-Musikschulorchesters« genannt wurde. Schon von weitem hören wir die Klänge eines großen Orchesters. Wir stellen uns dem polnischen Dirigenten Stefan Strahl vor, der ganz beunruhigt ist, weil die Schüler aus Deutschland noch nicht eingetroffen sind und schon am nächsten Tag die erste Aufführung stattfinden soll.

Wir hören den Proben zu und sind überrascht, wie gut die Schüler spielen. Die temperamentvollen Klänge von Dvořáks Slawischem Tanz füllen den Saal. Dann folgt ein mir unbekanntes Stück, das mir auf Anhieb gefällt. Ein heiteres, kurzes Werk, das sich für unsere Aufnahmezwecke gut eignet. Noch während der polnische Orchesterteil spielt, treffen die vermißten deutschen Schüler ein – gerade noch rechtzeitig, bevor draußen ein Wolkenbruch niederprasselt.

»Es gab ein Mißverständnis wegen des Treffens. Wir haben lange an der Grenze warten müssen«, entschuldigt sich der Leiter der Görlitzer Musikschule, Matthias Kertsch. Ich frage ihn, was gerade geprobt wird. Er klärt mich auf: Bei dem flotten Stück handelt es sich um das »Perpetuum mobile« von Klimczak, einem in Stettin lebenden, 1933 geborenen polnischen Komponisten. Wir bitten darum, es für unsere Aufnahme noch einmal in voller Besetzung zu spielen. Während die polnischen und deutschen Schüler miteinander musizieren, muß ich zurückdenken an das Konzert 1985 in Bad Salzbrunn, bei meinem ersten Besuch in Polen. Was hat sich nicht alles in den zehn Jahren verändert! Eine Zeitenwende, die hoffen läßt.

»Das ist ja unglaublich, ein Storchennest, hier an der belebten Straße, und das noch an einer Kreuzung«, ruft Tonkollege Jiri Radek, der unseren Wagen steuert. Wir halten an. Die Kamerakollegen hinter uns sind auch schon ausgestiegen. Staunen bei allen. Hoch oben auf einem Strommast steht ein Storch in seinem Nest. Er läßt sich von uns nicht im geringsten stören. Wir sind nur noch wenige Kilometer vom Kloster Leubus entfernt, das an der Oder liegt und unser nächstes Ziel ist.

Wir fahren weiter, biegen in eine Nebenstraße ein und halten mitten auf der Oderbrücke. In ihrem ruhigen Wasser mit der nur leicht gekräuselten Oberfläche spiegeln sich die weißen Wolken und der hellblaue Himmel. Ihre Ufer bilden kleine Buchten, in denen das Wasser regungslos stillsteht und die üppig grünen Erlen und Weiden widerspiegelt. Über dem dichten Laubwald vor uns zeigen sich die beiden barocken Turmspitzen des Klosters. Früher, vor ihrer Begradigung, floß die Oder direkt an ihm vorbei. So konnte Joseph von Eichendorff 1809 in sein Tagebuch notieren: »Des Morgens segelten wir bei Leubus vorüber. Prachtvoller Anblick des Klosters, das ein ungeheures, vollkommenes Quarree von 365 Fenstern bildet. Es liegt ganz an der Oder auf einer Anhöhe und wird von den dazugehörigen Hofgebäuden wie von einem Kranze umgeben.«

Die ehemalige Zisterzienserabtei Leubus ist die größte und älteste Klosteranlage im einstmals so reichen Schlesien. Wir fahren auf den schattigen Platz vor der Längsfront. Der gewaltige dreigeschossige Baukörper mit seiner Breite von zweihundertzwanzig Metern ist wegen der vielen Bäume von keiner Stelle aus zu überschauen. Vielleicht steigert das noch seine Wirkung, die meine durch alte Stiche und Fotos genährten Erwartungen noch weit übertrifft. Jetzt kann ich verstehen, daß dieser ausladende Gebäudekomplex mit der gotischen Kirche als Mittelpunkt auch als »schlesischer Escorial« bezeichnet wird. Der von 1681 bis 1720 entstandene Barockbau war das größte Klostergebäude nicht nur Schlesiens, sondern ganz Europas – der steingewordene Reichtum dieses Klosters, dessen Grundbesitz schon im 14. Jahrhundert mehr als zweitausendeinhundert Quadratkilometer umfaßte, etwa die Fläche des heutigen Saarlands.

Unter der Überschrift »Stiftung Leubus« verrät eine große Tafel am Eingang in deutscher Sprache die Geschichte des Klosters: »Um 1163 – Vermutliche Ankunft der Zisterzienser aus Pforten in Sachsen ... 21.3.1175 – Boleslaw der Hohe verleiht

Luftaufnahme des ehemaligen Klosters Leubus. In der Mitte die Stiftskirche der früher größten schlesischen Abtei.

Die Oder in der Nähe von Kloster Leubus.

dem Kloster das Stiftungsdokument und stattet es reichlich aus ...« Der letzte Hinweis lautet: »1991 – Alle Zisterzienserobjekte werden von der Stiftung Leubus übernommen. Die Renovierung beginnt.«

Was Renovierung in dieser riesigen ehemaligen Klosteranlage bedeutet, wird uns erst so richtig klar, als wir das Innere betreten. Ein Mitarbeiter der Stiftung führt uns durch den sogenannten Abteiflügel zum Fürstensaal. Tore, Gänge, Fenster, Treppen – alles ist von überdimensionierter Größe, aber in sehr schlechtem Zustand. Wir gehen an Stapeln von Baumaterialien vorbei, stehen schließlich vor einer mit einer Plane verhangenen Türöffnung. Dahinter der Fürstensaal, der größte und schönste Raum der Anlage. Ein erhabener Eindruck. Ein weiter, hoher, lichtdurchfluteter Saal. Zwei Fensterreihen übereinander, auf drei Seiten.

Daß hier Renovierungsarbeiten stattfinden, ist nicht zu übersehen. Die rechte Fensterseite ist bis zur Decke eingerüstet. Der Fußboden ist abgedeckt. Tische mit Farbtöpfen stehen herum. Unser polnischer Begleiter weiß leider nichts über den prächtigen Saal und seine Ausstattung zu berichten. Auch eine Beschreibung des Klosters gibt es nicht, nicht einmal in polnisch. Aber ich habe das Buch von Konstanty Kalinowski, »Barock in Schlesien«, mitgebracht, in dem auch einige Abbildungen vom Kloster Leubus enthalten sind. Auch der Fürstensaal. Die Schwarzweiß-Aufnahme aus den siebziger Jahren zeigt große Gemälde zwischen den Fensterfronten. Jetzt gähnen hier leere Wände. Vermutlich werden auch die Gemälde restauriert. Sie stammen, wie ich dem Buch entnehme, von Christian Philipp Bentum. Weiter lese ich: »Das Programm des Saales ist der Glorifizierung der Habsburger gewidmet. Der Saal ist geschmückt mit überlebensgroßen Statuen von Kaiser Leopold I., Joseph I. und Karl VI. ... Der bedeutende Barockmaler Michael Willmann (1630-1706), der ›schlesische Rembrandt‹, war fast fünfzig Jahre mit seinem Atelier in und für Leubus tätig. So gab es allein in der Stiftskirche von ihm 47 Gemälde.«

Über die letzten Jahrzehnte von Leubus, die Restaurierungsarbeiten, den heutigen Zustand und die mögliche Nutzung schreibt Stephan Kaiser vom Ostdeutschen Kulturrat in einem Aufsatz: »In der im Zweiten Weltkrieg unbeschädigten Anlage haben bis Mitte der fünfziger Jahre sowjetische Truppen ein Lazarett betrieben. Es kam zu schrecklichen Demolierungen, die restlichen Barockstücke gingen dabei fast alle verloren. Abgesehen von einigen bewohnten Nebengebäuden steht die Anlage seither leer. Die Bestandsaufnahme und Baudokumentation ist lückenhaft und nicht publiziert. Die Verlagerung eines Teils der Leubuser Kunstgüter setzte wohl im Frühjahr 1944 ein, zu diesem Zeitpunkt entstanden jedenfalls letzte detaillierte Bestandsfotos. Wie die zahlreichen Gemälde Willmanns, die zu den bedeutendsten deutschen Arbeiten des 17. Jahrhunderts zählen, verschwanden, wie sie in die Warschauer Kirchen gelangten, in deren Besitz sie Hubertus Lossow in seiner Monographie (Würzburg 1994) erstmals nachweist, das liegt im dunkeln. Eine detaillierte kunsthistorische Dokumentation über das Ensemble und seine Verluste ist noch nicht einmal in Angriff genommen ... Die Situation der ehemaligen Klosteranlage ist heikel. Seit Jahrzehnten wird hier zwar restauriert, jedoch ohne ein stimmiges Nutzungskonzept und ohne Maßnahmenkatalog ...« Ein Bericht, der betroffen macht. Der heutige Zustand des Klosters mit seinen mehr als hundert völlig leeren Räumen verursacht ein Gefühl der Ohnmacht.

Der Bibliothekssaal im Konventstrakt bietet einen trostlosen Anblick. Die Decken- und Wandmalereien von Christian Philipp Bentum sind verblaßt, stellenweise schon unkenntlich oder zerstört. Hier befand sich einmal die größte Klosterbibliothek Europas. Ihre Bestände wurden zunächst ein Opfer des Dreißigjährigen Krieges. Ein großer Teil verbrannte dann während der Schlesischen Kriege. Der Rest ging durch den Vandalismus der sowjetischen Truppen nach dem Zweiten Weltkrieg verloren. Jetzt nichts als leere Wände. Welch unersetzliche Kunstwerke sind durch sinnlose Kriege vernichtet worden!

Die leergeraubte gotische Stiftskirche in Leubus.

Wir beenden unsere Besichtigung mit der gotischen Stiftskirche, die von 1307 bis 1340 erbaut wurde. Erneutes Erschrecken. Ein kahl geplünderter Raum. Außer den nackten Mauern, Pfeilern und Gewölben ist nichts mehr vorhanden. Nur ein paar Zinksärge im Chor, die mit Schlössern gesichert sind. Hier im Kloster wurde auch Michael Willmann beigesetzt. Ist der Sarg dieses großen Malers darunter? In der Fürstenkapelle, früher Bestattungsort der Piastenherzöge, werden heute Reste von Steinskulpturen aufbewahrt. Erhalten sind im gotischen Gewölbe der leergeraubten Kapelle Malereien mit dem schlesischen Wappenadler.

Ob das Kloster jemals in einen nutzbaren Zustand zurückversetzt werden kann? Wieviel Geld wäre dafür notwendig? Hundert Millionen Mark? Zweihundert Millionen? Wer soll und kann das viele Geld aufbringen? 1994 gab es Sicherungsarbeiten im Konventstrakt, um weiteren Schäden entgegenzuwirken. Die Stiftung für deutsch-polnische Zusammenarbeit hat dafür 1,3 Millionen D-Mark bereitgestellt. Im Verhältnis zu der riesigen Aufgabe hier erscheint das wenig. Der polnische Staat hat seine Verantwortung für das Denkmal mit europäischer Bedeutung der 1989 gegründeten Stiftung Leubus übertragen. »Dieser private Trägerverein«, schreibt Stephan Kaiser in seinem Bericht, »ist allein mit Erhalt und Revitalisierung überfordert.« Viele Perspektiven für die Zukunft habe die Stiftung entwickelt, von der Nutzung für den Tourismus über ein überregionales Tagungszentrum bis hin zu einer Europäischen Universität. Aber sie seien angesichts der gegenwärtigen baulichen und finanziellen Situation allesamt unrealistisch. Kaisers Fazit: »Leubus ist ein Prüfstein für die Tragfähigkeit des begonnenen Dialogs zwischen Deutschen und Polen.«

Kloster Grüssau, das wir am nächsten Tag zusammen mit dem Grafen von Hochberg besuchen, erscheint fast als Kontrastprogramm zu Leubus. Beide Kirchen, das Marienmünster und die Sankt Josephkirche, sind fast fertig restauriert. Ebenso die großen Anbauten. Und Grüssau hat eine klare Bestimmung: Es ist noch immer ein Kloster, wie schon seit vielen Jahrhunderten. Benediktinerinnen leben jetzt hier. Pfarrer Augustym begrüßt uns und stellt den Organisten vor, den er auf unseren Wunsch hat kommen lassen. Wir wollen die einzige noch erhaltene Orgel des großen Meisters Engler hören. Leider ist sie in einem beklagenswerten Zustand. Viele Register sind entzwei, manche Töne klingen einfach falsch. Zudem erweist sich der Organist nicht eben als Könner. Unsere Erwartung, hier einen Künstler auf der so großartig aussehenden Orgel ein bekanntes Werk spielen zu hören, erweist sich als voreilig.

»Christi Geburt« – aus dem Zyklus von Michael Willmann in der Josephkirche von Kloster Grüssau.

Wir betreten das prunkvolle Mausoleum der Schweidnitzer Piasten, nach einer ausliegenden Beschreibung »neben der Schönbornkapelle des Würzburger Domes ... der bedeutendste und schönste Mausoleumsbau des deutschen Barock«. Der festlich heitere Charakter des hellen Raumes mit seinen vielfältigen Farben und Formen ist für eine Totenkapelle überraschend. Hier ruhen die Gebeine von Bolko I. und Bolko II., jener Schweidnitzer Piastenherzöge, die die ersten Herren von Schloß Fürstenstein waren. Nun steht der letzte Erbe des Schlosses, der wie seine Vorväter den slawischen Vornamen Bolko oder Boleslaus trägt, an ihrem Grab. Siebenhundert Jahre schlesische Geschichte verbinden sich. Wir reden über Anna von Schweidnitz, die von hier stammte. Sie wurde 1353 die Gemahlin von Karl IV., der zwei Jahre später in Rom zum Kaiser gekrönt wurde. Als einzige Schlesierin hat sie drei Kronen getragen: die böhmische, die deutsche und die kaiserliche. Nie war die Verbindung von Schlesien und Böhmen stärker als zu dieser Zeit der Herrschaft Kaiser Karls IV., dem Anna von Schweidnitz den Thronfolger Wenzel gebar.

Szenenwechsel. Wir sind im »Haus Wiesenstein« in Agnetendorf, Wohnsitz und Sterbeort von Gerhart Hauptmann. 1985, bei meiner ersten Schlesienreise, war uns der Eintritt verwehrt worden. Jetzt stehen wir in der großen Paradieshalle, die sich über zwei Etagen erstreckt und den Namen nach den Gemälden von Johannes Maximilian Avenarius trägt. Die würdige Direktorin des hier untergebrachten Kinderheimes, Wanda Zamaszak, die mit ihrem schneeweißen Haar sogar Ähnlichkeit mit dem alten Dichter hat, erklärt uns die verwirrende Vielfalt der Motive auf den Wänden des hohen Treppenhauses, dessen Decke als blauer Sternenhimmel ausgemalt ist.

Avenarius hat das Gespräch mit dem Dichter festgehalten, das der Ausmalung vorausging: »Dann aber riß mich die Freude hoch! Und nun ging es los bei Hauptmann und mir, die Fantasie ging mit uns durch. Wünsche und Gedanken überstürzten sich. ›Jaaa ... seliges Land ... wissen Sie ... unendlich!‹ so schwärmten er und ich durcheinander. ›Über die ganze große Wand hier ... alles voller Engel, Fabeltiere, Schmetterlinge ... herrlichste Vögel ... Blumen ... Musik ohne Ende! Die Himmelsleiter und oben der Herrgott! ... Und Adam und Eva essen vom Baum des Lebens! ... Das Hannele fährt mit dem kindlichen Gefolge hin ... über die selige Stadt ins Himmelreich!‹ riefen wir. ›Und es muß überall voll sein von seligem Getümmel!‹ Dann wieder Fragen: ›Was machen wir nun dahin? ... dorthin?‹ Und gleich die Lösung: ›Hier auf die Stützbögen des Umgangs kommt alles, von dem ein Schlesier erwartet, daß es unbedingt im Himmel vorhanden sein muß: Hühner und Gänse, Ziegen und Kühe, Jahrmarkt und Schützenfest ... ganze Schüsseln voll Klöße, Tabakpfeife und Christbaum ... alles nebeneinander und durcheinander, so wie sich das gehört für die himmlische Freude!‹ Und für dorthin das und für dahin jenes! In diesen fünf Minuten erstand die Halle gemalt vor unserem Schauen.«

Nach diesen lebhaften Zeilen ist uns die Malerei viel näher, dieses »schlesische Paradies« mit seinem religiösen Inhalt, seiner so volksnahen Bildersprache und seiner märchenhaften Poesie.

Eine deutsche Reisegruppe bittet um Einlaß, viele Ältere darunter. »Das ist für mich vielleicht die letzte Chance, Haus Wiesenstein einmal von innen zu sehen«, sagt eine schon sehr betagte Dame. »Ich verehre den Hauptmann so sehr. Das war doch ein Großer.« Mich rührt diese Bemerkung, und ich bitte die Direktorin, die Gruppe trotz unserer Filmaufnahmen einzulassen.

Reisegruppen von Schlesiern und deren Angehörigen treffen wir überall. Im Hotel in Breslau, in den Kirchen, auf Straßen und Plätzen. Ihr Auftreten ist zurückhaltend. Die alten Schlesier ge-

Landschaft im Riesengebirge in der Nähe von Haus »Wiesenstein« in Agnetendorf, wo Gerhart Hauptmann wohnte.

hen durch ihr früheres Land voller Würde. Ich bewundere diese Haltung. Wer von den Westdeutschen, wer von den »neuen« Ostdeutschen versteht etwas von diesen Menschen, den »alten«, den »richtigen« Ostdeutschen? Man stelle sich einmal vertriebene Kölner vor, die nach Jahrzehnten ihren Dom, oder vertriebene Leipziger, die ihre Thomaskirche wiedersehen.

Nach der Beendigung unserer Filmaufnahmen müssen wir der Einladung von Elsbieta Robak-Bukowska folgen. Auch sie ist Leiterin eines Kinderheims. Durch eine Verwechslung unseres polnischen Aufnahmeleiters hatten wir uns bei ihr angemeldet. Sie hatte vor Freude, daß das Fernsehen in ihrem Heim drehen will, Essen vorbereitet. Erst als wir heute früh bei ihr ankamen, stellte sich der Irrtum heraus. Die so sympathische junge Frau begleitete uns zum »Haus Wiesenstein« und wich uns nicht mehr von der Seite. Jetzt fahren wir zu ihr zum Essen und bedanken uns mit einer Spende für die behinderten Kinder ihres Heims.

Vom Flug mit dem Hubschrauber über Breslau, Kloster Leubus und Schloß Fürstenstein heute vormittag sind meine Kollegen heil zurückgekehrt. Wetter und Sicht waren hervorragend, wie sie erzählen. Jetzt sind wir in der Aula Leopoldina, im barocken Festsaal der Breslauer Universität mit seiner atemberaubenden Ausstattung. Über diese Universität, die 1811 als erste deutsche Universität unter einem Dach zwei gleichberechtigt nebeneinanderstehende theologische Fakultäten eröffnete, eine katholische und eine evangelische, schreibt unser Fachberater, Professor Joachim Menzel: »Damals handelte es sich um ein kühnes Unterfangen. Der Versuch gelang, weil in dem politisch umkämpften, mehrkonfessionellen Grenzland Schlesien und seiner Hauptstadt Duldsamkeit und Verständnis für die jeweils andere Seite eine leiderfahrene, lebensnotwendige Voraussetzung bildeten ... Das für die Konfessionen Gesagte gilt auch für die Nationen. In Breslau war man sich der Nähe und Nachbarschaft zu Tschechen, Slowaken und Polen, mit denen man in vielfältigen Kontakten über die Grenzen hinweg stand, stets bewußt. Es verwundert daher nicht, daß hier im Jahre 1841 – vor Anglistik und Romanistik – der erste Lehrstuhl für slawische Sprachen im außerösterreichischen Deutschland eingerichtet und als erster Inhaber der tschechische Dichter Franz Ladislaus Celakovsky berufen wurde.« Schlesien – Brücke in Europa. Auch die Geschichte der Breslauer Universität steht für dieses Motto.

Am Nachmittag ziehen wir bei Gluthitze vom Breslauer Hotel »Wroclaw« ins kühlere Blücherschloß um. Sein neuer Besitzer, Chris Vaile, gibt am Abend ein Fest. Der kleine, agile Neuseeländer, der eine Reederei auf Cook Islands betreibt, will eine weitere Etappe der Restaurierung seines Schlosses feiern und ist deshalb vom anderen Ende der Welt angereist. Mit einem von ihm selbst gezapften Bier begrüßt er uns.

Das Fest beginnt mit einer Rede des Schloßherrn im gerade erst eingerichteten großen Kaminsaal im ersten Stock. Scherzhaft weist er die vielen Gäste darauf hin, daß er wegen der tropischen Temperaturen auf ein Feuer im Kamin verzichten will. Ein Tanzpaar gibt eine künstlerische Darbietung. Dann eröffnet Mister Vaile im Parterre eine Verkaufsausstellung antiker Möbel und zuletzt, ungeduldig erwartet, das Buffet. Ich komme ins Gespräch mit Herrn Bednorz, dem Ehemann der Bauleiterin, einem Oberschlesier. Er spricht ein einwandfreies Deutsch. Deutlich sagt er seine Meinung, daß die Polen noch vieles würden lernen müssen. Was den Arbeitseifer betreffe, gebe es unübersehbare Unterschiede zwischen Deutschen und Polen. Das sei keine üble Nachrede, er spreche aus Erfahrung.

Spät abends stehe ich in meinem Zimmer am offenen Fenster. Ein gewaltiges Gewitter entlädt sich, Regen prasselt nieder auf die Bäume und Teiche im Park. Ich muß wieder an das Elend der Vertreibung denken, an die, die von hier fortmußten, und an die, die hierher kamen, weil sie woanders fortmußten. Der strömende Regen erscheint mir plötzlich wie die Tränen aller Opfer, die sich auf einmal hier ergießen. Kann die Natur mitfühlen? Mir will es hier in diesem schlesischen Park so scheinen.

Am nächsten Morgen hat sich der Himmel ausgeweint. Alles trieft vor Nässe. Große Pfützen stehen auf dem Rasen. Nach der Hitze der Vortage ist die Abkühlung eine Wohltat. Wir fahren nach Breslau zum Freiburger Bahnhof. »Wroclaw Swiebodski« steht an dem gut erhaltenen Gebäude. Doch am Eingangsportal wird deutlich, daß der Bahnhof stillgelegt ist. Hier geht es jetzt zum »Club Imperium«. Auf dem Vorplatz ein großer Brunnen, der ebenfalls außer Betrieb ist. Es gibt historische Filmaufnahmen von der Vertreibung der Breslauer, die von hier aus in Güterwaggons nach Westen abtransportiert worden sind.

Von der »Überführung der deutschen Bevölkerung« ist im Artikel XIII des Potsdamer Protokolls die Rede, die »in ordnungsgemäßer und humaner Weise erfolgen soll«. In der polnischen Wochenschau, die den Abtransport zeigt, sieht man auch uniformierte Westalliierte. Sie sollen angesichts der anfangs wilden Ver-

Das ehemalige Schloß des Fürsten Blücher in Krieblowitz (poln. Krobielowice), das heute von einem Neuseeländer mit viel Liebe und Geld zu einem Hotel restauriert wird.

treibungen durch die Polen im Auftrag der Siegermächte für »Ordnung« sorgen, Exzesse verhindern. Aber was ist bei einer »Überführung« human? Es ist die gleiche Schönfärberei des Unrechts der Vertreibung, wie wir sie mit dem Begriff der »ethnischen Säuberungen« im früheren Jugoslawien erleben.

Am Nachmittag interviewe ich Mister Vaile. Auf meine Frage, warum er gerade dieses Schloß gekauft hat, antwortet er: »Ich hatte schon seit meiner Kindheit eine Zeichnung dieses Schlosses, und ich wollte schon immer nach Schlesien kommen. Ich wollte aus nostalgischen Gründen dieses Schloß. Seit frühester Kindheit habe ich es besichtigen und besitzen wollen. Und dieser Traum ist wahr geworden – auch wenn das Schloß sehr stark beschädigt war.«

»Wem haben Sie es abgekauft, und was war der Preis?«

»Die Stadt Kanth hier in der Nähe wollte erst 400 000 US-Dollar haben. Wir haben uns schließlich auf 100 000 geeinigt.«

»Und wieviel Geld haben Sie bisher in die Renovierung gesteckt?«

»Mehr als eine Million US-Dollar!«

Ich frage ihn, woher er das viele Geld nimmt. Drei Schiffe besitzt er, mehrere Öldepots, eine Metallwarenfabrik und eine Firma für Straßenbelag. Für das Schloß ist ihm auch der Weg von 25 000 Kilometern nicht zu weit. Und kein Geld zu schade.

»Was mögen Sie an Schlesien?«

»Es ist manchen Teilen von Neuseeland sehr ähnlich. Aber im Unterschied zu Neuseeland gibt es hier wunderbare Gebäude. Manche sehr beschädigt, andere in gutem Zustand. Die Geschichte des Landes ist beeindruckend. Wenn man erst einmal hier ist, muß man sich einfach in dieses Land verlieben. Ich finde die Landschaft herrlich, die Leute sind nett, und die Gegend hat Zukunft, wenn sich Investoren finden, die bereit sind, auf den Gewinn zu warten. Ich bin überzeugt, daß dieses Land ein großes Potential besitzt.«

»Und Breslau?«

»Breslau ist eine Hundert-Brücken-Stadt. Wunderschön,

durchdrungen von alter Geschichte. Eine Stadt mit großer Zukunft. Viele der beschädigten Gebäude sind restauriert worden. Man muß diese Stadt einfach lieben.« Dann erzählt er die Geschichte des Schlosses nach dem Krieg, das den Einmarsch der Russen völlig unbeschädigt überstanden hatte. Wie es zum Verfall kam. Daß die Leute, die dort nach dem Krieg einquartiert waren, die Möbel zum Heizen verwendet haben. Daß Brände gelegt wurden und vieles mehr. Jetzt hofft er, nach und nach das Schloß wieder vollständig möblieren zu können. Er glaubt, daß ein Teil von dessen Inventar noch immer in Schlesien und anderswo ausfindig zu machen sei.»Nichts bleibt für immer verborgen. Diese Dinge werden alle zum Vorschein kommen. Man kann nur hoffen, daß sie nicht in die falschen Hände gelangen und verschwinden. Ich finde, daß die Deutschen, die Polen und die Russen diese Gegenstände ausfindig machen und die Welt an ihnen teilhaben lassen sollten.«

»Was denken Sie als Neuseeländer über die Beziehung zwischen Deutschen und Polen?« frage ich zum Schluß.

»Ich denke, nach fünfzig Jahren ist es an der Zeit, sich die Hände zu reichen und gemeinsam für ein vereintes Europa zu arbeiten. Es ist nicht auszudenken, was passieren könnte, wenn das nicht geschieht. Wir sehen, was im ehemaligen Jugoslawien und was in Rußland passiert. Es wäre furchtbar, wenn diese Probleme auch Polen erfassen würden – und dann Deutschland. Das deutsche und das polnische Volk müssen die Vergangenheit vergessen, sie müssen in die Zukunft schauen und gemeinsam handeln. Sonst wird es keine Zukunft geben.«

Wir sind im Rathaus von Breslau. Der Remter im ersten Stock gehört zu den schönsten gotischen Räumen in Europa. Dieser große, helle Saal ist durch Pfeiler und Arkaden in drei Schiffe gegliedert. Von ihm aus gelangt man über eine kleine Treppe in den Fürstensaal mit seinem Kreuzrippengewölbe. Er stammt aus dem Jahre 1345 und war von 1620 bis 1740 Sitzungssaal für die schlesischen Land- und Fürstentage. Hier leisteten 1741 die

Breslauer und die schlesischen Stände Friedrich dem Großen den Treueid, eine Szene, die durch das Gemälde des schlesischen Künstlers Adolph von Menzel berühmt wurde. 1992 kehrte eine aus dem 16. Jahrhundert stammende Tafel an ihren angestammten Platz hier im Saal zurück, die wegen der deutschen Inschrift 1945 von den Polen entfernt worden war. In lateinisch und deutsch heißt ihre zeitlos gültige und so gut zu Breslaus Schicksal passende Inschrift:

»Felix civitas quae tempore pacis bella timet.
Infelix civitas quae tempore pacis bella nutrit.
Glücklich die Stadt, welche im Frieden den Krieg fürchtet.
Unglücklich die Stadt, welche im Frieden den Krieg herbeiwünscht.«

Jetzt findet hier im Fürstensaal die Ausstellung »Breslauer Goldschmiedekunst« statt. Das Zepter der Rektoren der Breslauer »Leopoldina« ist zu bewundern, ebenso ein Zepter der Theologischen Fakultät. Buchdeckel, Gefäße, Geschirr, handwerkliche Wunderwerke. Ich frage den Direktor des Historischen Museums von Breslau, Maciej Lagiewski, nach seiner besonderen Aufgabe in einer Stadt, die früher deutsch war und jetzt polnisch ist. »Wir brauchen ein neues Bewußtsein für unsere Gegenwart. Wir brauchen die ganze Geschichte. Die Piastenzeit, die böhmische, die Habsburger Zeit, die preußische, die deutsche. Alles gehört zur schlesischen Geschichte. Dieses gesamte Erbe ist unser Schatz.« Die Wiedereinführung des alten Stadtwappens sei dafür ein Beispiel.

»Was bedeutet es für Sie persönlich, Schlesier zu sein?«
»Das ist meine Heimat. Ich bin Nachkriegsschlesier. Ich bin hier geboren. Schlesien gehört zu Europa. Als Schatzkammer Europas. Hier war immer eine große Industrie. Hier sind die besten Steinbrüche und Kohlegruben. Alles gibt es hier. Ich möchte für Schlesien arbeiten, für meine Geburtsstadt. Ich bin ein Breslauer Sohn. Ich glaube, die beste Zeit kommt für die Generation

unserer Kinder. Sie sprechen schon nicht mehr über Grenzen. Wir müssen die Nationalstaaten vergessen. Wir müssen von der engeren Heimat sprechen, von Orten und Städten, allenfalls von Ländern, wie Schlesien eines ist.«

»Wie sehen Sie Schlesiens Zukunft? Hat es eine besondere Brückenfunktion durch seine Geschichte?«

»Schlesien war immer eine Brücke zwischen Ost- und Westeuropa. Hier gab es früher gute Wege. Damit ist es heute nicht mehr weit her. Eine Autobahn gibt es nur Richtung Berlin. Die Verbindung nach Oberschlesien ist schlecht. Auch die Oder als Schiffahrtsweg ist in einem schlechten Zustand. Und der Rang der Universität ist nicht sehr hoch. Wir müssen unsere jungen Leute in den Westen schicken. Sie müssen vieles kennenlernen und lernen. Das ist die einzige Lösung.«

»Worauf sollten wir in unserem Film besonders hinweisen?«

»Auf die lebendigen Spuren, auf die wir hier in Schlesien überall stoßen. Die Berührung zweier Nationalkulturen. Ich verweise immer auf das Beispiel unserer Nationalhymnen. Der Dichter der deutschen, Hoffmann von Fallersleben, hat hier zwanzig Jahre gelebt, und auch der Schöpfer der polnischen Nationalhymne hat zwei Jahre in Breslau gewohnt. Oder nehmen Sie den schlesischen Dichter Karl von Holtei. Er war von Polen fasziniert. Er hat einen romantischen Helden für ein Drama gesucht. Hier in Breslau hat er das Schauspiel ›Der alte Feldherr‹ geschrieben, das von Tadeusz Kosciuszko handelt, und hundert Meter vom ›Panorama von Raclawice‹ entfernt, dessen Held auch Kosciuszko ist, ist er gestorben. Dieses Panorama wiederum steht in der Nähe der ›Polnischen Höhe‹, die früher Holteihöhe hieß, weil der Dichter dort immer spazierenging. Es gab dort ein Denkmal, das ihm gewidmet war. Die Polen sollten nach meinem Vorschlag das Denkmal dieses schlesischen Dichters wiederaufbauen und restaurieren.«

»Was erhoffen Sie sich von der Zukunft?«

»Meine Vision ist ein internationales Schlesien. Vor zwei Jahren hatte ich eine wunderbare Zeit. In meinem Museum waren ein paar Ausländer, aus Deutschland, aus Frankreich, und ich habe Kontakte mit Juden. Schlesien muß multikulturell sein. Hier war man katholisch, evangelisch, es gab eine große jüdische Gemeinde, und es gab auch die tschechische Tradition. Und jetzt gibt es hier die Vertriebenen aus der Ukraine, aus Weißrußland, aus Litauen. Alle bringen etwas mit.«

Anschließend gehen wir zur Elisabethkirche. Auch sie wird restauriert. Im offenen Drahtkorblift fahren wir außen am Turm in die Höhe. Ein Halt, um in das Dach der Kirche zu schauen. Aus Balken und Brettern ist eine Zwischendecke eingezogen. Der Restaurator verweist auf die farbigen Malereien, die im Kreuzrippengewölbe freigelegt werden. Der Blick geht hinunter in den Chor, der mit dreißig Metern der höchste aller Breslauer Kirchen ist. Weiter geht es in die Höhe, bis zur quadratischen Aussichtsplattform, die aus hellen, behauenen Sandsteinen wiedererrichtet ist. Der Blick über die Stadt ist beeindruckend. Unter uns der Ring mit seinen vier Plätzen und dem Rathaus. Die Maria-Magdalena-Kirche mit ihren mächtigen Doppeltürmen. Der Dom mit seinen neuen Turmspitzen. Die Kreuzkirche. Dahinter ein Häusermeer bis zum Horizont.

Breslau hat jetzt 650 000 polnische und 500 deutsche Einwohner. 1939 waren es 630 000 Deutsche, die hier lebten. »Breslau ist weltweit die größte Stadt der Neuzeit, die einen vollständigen Austausch ihrer Bevölkerung erlitten hat.« Diesen bemerkenswerten Satz hatte ich in einem Buch gelesen, das Maciej Lagiewski gemeinsam mit dem Deutschen Michael Welder herausgegeben hat. Im alten deutschen Breslau waren 58 Prozent der Bewohner evangelisch, 37 Prozent katholisch und vier Prozent jüdisch. Ein Prozent besaß die polnische Staatsangehörigkeit.

Am Nachmittag fahren wir zum alten Jüdischen Friedhof im Süden der Stadt. Maciej Lagiewski, der von 1981 bis 1990 die Renovierung des Friedhofs geleitet hat, schreibt in einer Broschüre vom »Pantheon der Breslauer Juden« und fährt fort: »Hier ruhen – heute oft vergessen – herausragende Persönlichkeiten, die

Der Blick auf den Breslauer Ring vom Turm der Elisabethkirche. Rechts das Rathaus. Links hinter dem Platz die Maria-Magdalena-Kirche.

Die sogenannte »Naschmarkt-Seite« des Breslauer Rings, auf dem derzeit 21 Lokale für die Bürger und Besucher bereitstehen.

sich um Breslau, Schlesien und Europa verdient gemacht haben. Ein Spaziergang entlang der Gräber bedeutender Menschen aus Wissenschaft, Kultur und Politik kann eindringlich ein Stück Geschichte dieser Stadt veranschaulichen.«

Rechts vom Eingang hängt eine renovierte Tafel mit der deutschen Inschrift: »1914-1918 Dem Andenken der im Weltkriege gefallenen Gemeindeangehörigen«. Zwischen den beiden Jahreszahlen ist ein Stahlhelm abgebildet. Judentum und deutscher Patriotismus, im Ersten Weltkrieg noch eine Selbstverständlichkeit. Nur wenig später wurden die Juden »aus der Volksgemeinschaft ausgestoßen« und der Vernichtung preisgegeben.

Wir suchen das Grab von Ferdinand Lassalle auf, dem Führer der ersten sozialdemokratischen Partei Deutschlands, des 1863 von ihm gegründeten »Allgemeinen deutschen Arbeitervereins«. Weniger bekannt ist, daß er auch Mitglied der Deutschen Burschenschaft war. Schon mit neununddreißig Jahren starb er an den Folgen eines Duells um die Ehre einer Frau. Weiter zum Grab der Schriftstellerin Friederike Kempner (1836-1904), die als »Schlesischer Schwan« berühmt wurde. Sie engagierte sich unter anderem für eine Gefängnisreform, für die Verbesserung der Sozialfürsorge und für eine längere Aufbahrung von Gestorbenen, um die Beerdigung von Scheintoten zu verhindern. Auf ihrem Grabstein steht: »Ihr Leben war geistlicher Arbeit und Werken der Nächstenliebe geweiht.« Sie war eine Tante des berühmten Schriftstellers und Theaterkritikers Alfred Kerr.

Ein paar Schritte weiter ruhen Gustav Born, der Vater des Nobelpreisträgers Max Born, sowie Hedwig und Siegfried Haber, die Eltern des Nobelpreisträgers Fritz Haber. Hier wird die überragende Bedeutung der schlesischen Juden offenbar. Sieben der zehn schlesischen Nobelpreisträger waren Juden. Der erste war Paul Ehrlich. Er erhielt ihn 1908 für Medizin, für seine Erfindung »Salvarsan«, das Heilmittel gegen Syphilis. Sein Porträt ist auf unseren Zweihundert-Mark-Scheinen abgebildet. Der aus Breslau stammende Reinhard Selten bekam 1994 den Nobelpreis für Ökonomie.

Weiter zum Grab von Siegfried Stein, dem Vater von Edith Stein, der Philosophin, die zum Katholizismus konvertierte und von den Nazis in Auschwitz ermordet wurde. Hier auf diesem Friedhof der ehemals so großen jüdischen Gemeinde Breslaus entlarvt sich die ganze Barbarei des von Hitler propagierten und exekutierten Rassismus. Seinem krankhaften Judenhaß fiel auch eine große deutsche Elite zum Opfer.

Am nächsten Morgen fahren wir zur Jahrhunderthalle, die jetzt im polnischen »Hala Ludowa« – »Halle des Volkes« heißt. Aufnahmen aus dem Blickwinkel der Pergola, die ein großes Wasserbecken mit hoher Fontäne halbkreisförmig umzieht. Rosenbeete in voller Blüte. Der sich anschließende Scheitniger Park, der auch jetzt noch diesen Namen trägt, ist auffallend gut gepflegt. Eine gebogene Brücke führt in den japanischen Garten mit seinem langgezogenen Teich und dem Tempel.

Wir suchen das Schiller-Denkmal, das wiedererrichtet wurde. Hinter einer Wegbiegung taucht die weiße Marmorbüste des Dichters auf, plaziert auf einem geschwungenen Sockel, der wie eine steingewordene Umarmung wirkt und die in polnisch und deutsch verfaßte Inschrift symbolisiert: »Alle Menschen werden Brüder«. Auf einem Hinweisschild lesen wir: »Dieses Denkmal, vom Breslauer Schillerverein gestiftet und am 9. Mai 1905 eingeweiht, infolge des 2. Weltkrieges zerstört, wurde von der Breslauer Gesellschaft für polnisch-deutsche kulturelle Zusammenarbeit ›Theater an der Oder‹ wiederaufgebaut und am 190. Todestag Schillers sowie dem 50. Jahrestag der Beendigung des 2. Weltkrieges der Öffentlichkeit übergeben. Die Restaurierung wurde durch eine Zuwendung des Breslauer Woiwoden sowie finanzielle Förderung durch die Stiftung für deutsch-polnische Zusammenarbeit aus Mitteln der Bundesrepublik Deutschland ermöglicht.«

Zwei Polizisten der Breslauer Stadtpolizei kommen vorbei und verlangen für das Befahren des Weges mit unseren Dienstwagen ein Strafgeld. Wir erklären ihnen, weshalb wir hier filmen, und bitten sie, für uns durchs Bild zu laufen, weil wir das neu-

Die Jahrhunderthalle von 1913 in Breslau, die zur 100-Jahr-Feier der Erhebung gegen Napoleon errichtet wurde. Sie war seinerzeit der größte Stahlbeton-Kuppelbau der Welt.

Das 1995 wiedererrichtete Schiller-Denkmal im Breslauer Scheitniger Park. »Alle Menschen werden Brüder« steht auf dem Stein in polnisch und deutsch.

alte Breslauer Stadtwappen an ihrer Uniform drehen wollen. Sie willigen ein. Am Ende scheiden wir ohne Strafe mit freundlichem Händedruck.

Auf der Rückfahrt von unserer sommerlichen Drehreise machen wir einen Abstecher nach Lazow, das polnische Dorf an der Neiße, das meinem Geburtsort Zodel direkt gegenüberliegt. Wir wollen das Schloß von Lissa sehen, von dem ich gehört hatte, daß ein Deutscher es renovieren wolle. Wir finden das kleine Schloß nach einigem Suchen – völlig verwahrlost. Von Renovierung keine Spur.

»Was könnte man daraus machen!« rufe ich und male mir einen idyllischen Landsitz aus.

»Das finde ich auch«, höre ich hinter mir eine Stimme im reinsten schlesischen Dialekt. Mit einem kleinen Hund sitzt eine ältere Frau im Schatten des benachbarten Hauses auf einer Bank.

»Wie kommt es, daß Sie so gut deutsch sprechen? Sind Sie Deutsche?«

»Ja, ich bin hier in Lissa geboren und hier geblieben. Mein Vater, der Dorfschmied war, hat gesagt: Ich bleibe hier, mich können die Polen nicht wegjagen. Er war stark und unerschrocken. Bis '48 konnten wir in der Schmiede bleiben. Dann haben sie uns rausgeschmissen. Das Elternhaus wurde von einem Polen in Beschlag genommen, der auch Schmied war.«

Als sie erfährt, daß ich aus Zodel stamme, und meinen Namen hört, sagt sie: »Bei Ihrem Vater bin ich in die Schule gegangen. Der war streng, aber gut. Wir haben viel bei ihm gelernt.«

Ich bin gerührt, so plötzlich hier etwas über meinen Vater zu hören. Ob sie nicht doch lieber auf die deutsche Seite umziehen möchte, frage ich sie.

»Daß ich jetzt noch ausreisen tu, auf die alten Tage? Nein, überall ist es schön. Aber am schönsten ist es in der Heimat. Lissa ist meine Heimat. Und mit den Polen hier komme ich gut aus.« Gemeinsam gehen wir, in Erinnerungen schwelgend, durch das Dorf zur Neiße, und an der Art, wie die Leute sie begrüßen, merke ich, daß sie recht hat.

»O Täler weit, o Höhen«

Drehreise nach Oberschlesien im September 1995

Nach einer Übernachtung in Görlitz sind wir auf dem Weg nach Oberschlesien. In Oppeln, wo das Hotel für uns gebucht ist und Andrzej zu uns stößt, haben wir heute abend bereits einen Interviewtermin. Es ist ein strahlender, warmer Septembertag. Das für den 28. August geplante Gespräch mit den beiden Kardinälen Meißner und Gulbinowicz am Grab von Kardinal Bertram im Breslauer Dom ist nicht zustande gekommen. Der polnische Kardinal ließ seine Absage mit dem Hinweis begründen, ein derartiges Gespräch mit Journalisten in einer Kirche sei unüblich. Vielleicht scheute er unsere Fragen nach der Rolle der polnischen Kirche bei der Vertreibung der Deutschen. Schade! Das Zusammentreffen der beiden an diesem symbolträchtigen Ort hätte ein Zeichen gesetzt.

Weil das Wetter gut ist und wir noch Zeit haben, schlage ich vor, von der Autobahn abzufahren, um Liegnitz zu besichtigen, nach Breslau und Waldenburg die drittgrößte Stadt in Niederschlesien. Der Wiederaufbau der Stadt, vor ihrer Zerstörung eine der schönsten Schlesiens, ist nicht gerade gelungen. Wir halten an der früher evangelischen Oberkirche, jetzt die katholische Pfarrkirche St. Peter und Paul, die aus dem 14. Jahrhundert stammt, aber durch viele bauliche Veränderungen ein neugotisches Aussehen hat. Vorbei am barocken »alten« Rathaus zu den »Heringsbuden«, acht schmale, zweistöckige Häuser, die sich eng aneinanderschmiegen. Im Hintergrund das sie überragende Stadttheater und die beiden Barocktürme der Johanneskirche. Die Farben der renovierten Häuser strahlen in der Septembersonne.

Für die Besichtigung des Schlosses und des Piastenmausoleums in der Johanneskirche bleibt keine Zeit. In einer Broschüre

Die sogenannten acht »Heringsbuden« am Ring in Liegnitz, der drittgrößten niederschlesischen Stadt. Rechts die Türme der Pfarrkirche des Heiligen Johannes.

Die Pfarrkirche St. Peter und Paul in Liegnitz. Links davor das »alte Rathaus«.

lese ich über das weitverzweigte Piastengeschlecht, »welches nach der christlichen Zeitrechnung 775 mit Piast entstand, Polen 24 Monarchen, Schlesien 123 Herzöge, der Kirche 6 Erz- und Bischöfe ... gab«. 1675 war die Seitenlinie der piastischen Herzöge von Schlesien mit dem Tod des jungen Herzogs Georg Wilhelm hier in Liegnitz erloschen.

Am späten Nachmittag sind wir in Oppeln, der alten Hauptstadt von Oberschlesien. Heute müsse man zwischen Nieder- und Oberschlesien unterscheiden, hatte mir unser Fachberater erklärt, weil in Niederschlesien ein vollständiger Austausch der Bevölkerung stattgefunden habe, während die Bewohner Oberschlesiens – Polen wie Deutsche – schon seit Jahrhunderten dort ansässig seien.

Am Abend wird dieser Unterschied schon im ersten Interview deutlich, das wir mit der polnischen Oberschlesierin Dorota Simonides führen. Sie ist Professorin für Pädagogik und Volkskunde und Senatorin in der zweiten Kammer des polnischen Parlaments. »Nach den politischen Veränderungen von 1989«, erzählt sie, »waren plötzlich alle erschrocken, daß wir es hier in Oberschlesien mit einer großen Bevölkerungsgruppe zu tun haben, die sich zur deutschen Abstammung bekennt. Der Mythos der Kommunisten, daß das angestammte Piastenvolk in den Schoß Polens zurückgekehrt sei, hatte sich plötzlich in Luft aufgelöst, und es stellte sich heraus, daß die Oberschlesier zwar gute Polen sein können, aber auch, daß sich ein Teil von ihnen mit der deutschen Kultur identifiziert und sich als Deutsche erklärt.«

»Kann hier in Oberschlesien eventuell eine Situation entstehen, wie wir sie in Jugoslawien beobachten, wo auch verschiedene ethnische Gruppen vorhanden sind? Kann das gegebenenfalls zu Unruhen hier führen?« fragt Andrzej die Senatorin.

»Ich denke, daß wir gerade hier in Schlesien nahezu modellhaft das Zusammenleben der Mehrheit mit der Minderheit ausgearbeitet haben. Dieses modellhafte Zusammenleben wird von zwei wesentlichen Faktoren beeinflußt. Die Oberschlesier sind eine Grenzbevölkerung, das heißt, sie sind es gewohnt, in zwei

Kulturen zu leben, ja sogar in drei: in der polnischen, der deutschen und der tschechischen. Eine Grenzbevölkerung ist zwangsläufig offen für andere Kulturen, toleranter und eher fähig, mit anderen zusammenzuleben. Und hierher nach Oberschlesien sind Polen aus den Ostgebieten gekommen, wo sie mit Ukrainern, Litauern und Weißrussen zusammenlebten. Also ebenfalls eine Grenzbevölkerung. Neben den deutschen Minderheitenorganisationen entstehen jetzt bei uns auch andere oberschlesische Organisationen, wo die Menschen sagen: ›Ich bin weder Pole noch Deutscher; ich bin Oberschlesier.‹ Diese Menschen haben ja immer hier in Schlesien gelebt. Sie haben hier ihre Wurzeln und sehen im Schlesiertum einen eigenen Wert. Sie pflegen bewußt den schlesischen Dialekt und die schlesische Folklore. Wenn die Regierung diese ethnische, diese schlesische Identität respektiert, ist alles in Ordnung. Wenn man aber auf der einen oder anderen Seite germanisieren oder polonisieren will, dann hätten wir mit Unruhen zu rechnen. Aber ich glaube, wer hier manipulieren will, ist zum Scheitern verurteilt. Die angestammte oberschlesische Bevölkerung ist eine äußerst umsichtige Bevölkerung, die Emotionen nicht aufkommen läßt. Deswegen wäre es gut, wenn sie die Rolle einer Brücke zwischen der polnischen und der deutschen Kultur spielen würde.«

Das »Hotel Opole«, in dem wir unser Quartier haben, liegt schräg gegenüber vom Hauptbahnhof. Hier beginnt die Fußgängerzone durch die Krakauer Straße bis zum typisch schlesischen Ring mit dem Rathaus in der Mitte. Es wurde 1822 bis 1824 von einem italienischen Baumeister im Florentiner Renaissancestil errichtet. Wir filmen vom Dach des Wojwodschaftsgebäudes die Silhouette der Stadt, die vom Rathaus und dem mächtigen Bau der Kathedrale beherrscht wird. Unter uns fließt die Oder gemächlich Richtung Breslau. Neben dem Wojwodschaftsgebäude, vor dem auch die schwarz-rot-goldene Fahne weht, weil hier das deutsche Konsulat untergebracht ist, steht der runde Piastenturm – das älteste Bauwerk der Stadt und das einzige Überbleibsel vom gotischen herzoglichen Schloß.

Das Rathaus von Oppeln, der Hauptstadt von Oberschlesien.

Verabredung mit Peter Baron, Referatsleiter für Schul- und Kulturwesen im »Verband der deutschen sozial-kulturellen Gesellschaften in Polen«. »Für wie viele Deutsche spricht Ihr Dachverband?« frage ich ihn.

»Schätzungsweise leben in Polen achthunderttausend bis zu einer Million Deutsche.«

»Deutsche, die zu einem großen Teil nicht mehr deutsch sprechen können. Wie werden Sie damit fertig?«

»Sie wissen ja, früher waren Deutschsprechen und Deutschunterricht in den Schulen verboten. Jetzt ist das vorbei. Aber das größte Problem ist nach wie vor das Schulwesen. Uns fehlen ein-

Die Kathedrale zum Heiligen Kreuz in Oppeln überragt die Bürgerhäuser an der Oder.

fach die Lehrer, die Deutsch unterrichten können. Allein im Bezirk Oppeln bräuchte ich hundertzwanzig Lehrer.«

Auf meine Frage nach dem alltäglichen Zusammenleben der Bevölkerungsgruppen hier antwortet Baron: »Das Verhältnis zwischen den Schlesiern – und damit meine ich die Deutschen, die Polen und die Tschechen – ist im allgemeinen gut. Wenn deutsche Kriegerdenkmäler angezündet werden, dann sind das irgendwelche Rechtsradikale, denen es nicht gefällt, daß alle Schlesier gut zusammenleben. Aber wir lassen uns davon nicht stören. Das wird in den Medien oft unnötig aufgebauscht.«

Ich spreche ihn auf die Sendung »Schlesien« an, die im Januar

1995 in der ARD gelaufen war und viele Schlesier empört hatte, wie ich von Telefonaten und Briefen wußte. Er zeigt mir den Beschwerdebrief, den der Präsident des deutschen Dachverbandes und der Generalsekretär der Arbeitsgemeinschaft der Polen in Deutschland gemeinsam an die ARD gerichtet hatten: »Wir sind der Meinung, daß die Sendung des Filmes ›Slask – Schlesien‹ ein politischer Fehler war. Der Film war sehr tendenziös und parteiisch ... Er enthielt unzulässige, beleidigende Angriffe auf den polnischen Staatspräsidenten Lech Walesa, zeigte Schlesien als ein Land der Barbaren und die Schlesier als zweitrangige Menschen. Die Ausstrahlung des Filmes im öffentlichen Fernsehen hat sehr viel Schaden in unserer guten Nachbarschaft und Zusammenarbeit zwischen Polen und Deutschland angerichtet. Es tut besonders weh, daß der Film während der Feierlichkeiten des fünfzigsten Jahrestages der Befreiung von Auschwitz gesendet wurde.«

Am nächsten Tag besuchen wir das berühmte Schloß von Brieg. Aus dieser Stadt stammt der Dirigent Kurt Masur, und ich stelle mir im dreistöckigen Arkadenhof vor, wie er hier in seiner Heimatstadt ein Konzert leitet. Professor Ludwig hatte ihm in Leipzig die Bitte angetragen, das Europera-Orchester für unsere Musiksendung zu dirigieren. »Das muß im Brieger Schloß sein oder in der Schweidnitzer Friedenskirche«, war sein Vorschlag gewesen. Aber dann hatte der vielgefragte Maestro, der in erster Linie den New Yorker Philharmonikern zur Verfügung stehen muß, für den Juni 1996 keinen Termin mehr frei.

Wir bestaunen das Stadtportal, das wie das Schloß aus der Renaissancezeit stammt und von italienischen Baumeistern errichtet wurde. Überlebensgroß schaut sein Stifter, der Piastenherzog Georg II., auf uns herab. Neben ihm, durch das Familienwappen getrennt, seine deutsche Frau Barbara von Brandenburg. Darüber die Büsten von vierundzwanzig Vorfahren. Mit dieser Ehe begründete zweihundert Jahre später der preußische König Friedrich II. seine Ansprüche auf Schlesien. Der deutsch spre-

Das Stadtportal des Brieger Schlosses. Herzog Georg II. hat sich, seine deutsche Gemahlin Barbara von Brandenburg und 24 Vorfahren in Stein verewigt.

Der Innenhof des Brieger Renaissance-Schlosses mit seinen imposanten Arkadengängen.

chende Direktor des Piastenmuseums, Pawel Kozerski, zeigt uns das Schloß und seine reichen Ausstellungen.

Zurück über Oppeln nach Oberglogau. Unverabredeter Besuch beim Bürgermeister der kleinen, schönen Stadt. Herr Kopacz erzählt uns, daß hier fünfundvierzig Prozent Deutsche leben. In den umliegenden Gemeinden sei der Prozentsatz noch höher. Stolz überreicht er uns die farbige Broschüre über die »Touristische Region Jesenik und Neiße«, die das tschechische Grenzland einschließt. Bei den Polen, so erzählt er, werde seine Stadt wegen der vielen Deutschen auch als »Klein-Berlin« bezeichnet. Der Gemeinderat habe beschlossen, zweisprachige Ortsschilder aufzustellen. Glogowek/Oberglogau soll es dann heißen. Aber Warschau müsse noch zustimmen.

Am nächsten Tag fahren wir bei strömendem Regen zum Sankt Annaberg, wo wir mit dem Franziskanerpater Theophil Wylezol verabredet sind. Es ist Freitag, der 15. September, der vorletzte Tag des Kreuzerhöhungsfestes, das auf dem Annaberg mit einer viertägigen Wallfahrt gefeiert wird. In dem Bildband

Eine der für Oberschlesien typischen Schrotholzkirchen in Malnia.

»Sankt Annaberg — Oberschlesiens Mitte« heißt es: »Welcher Oberschlesier, gleich welchen Berufs und Standes, ob jung oder alt, deutsch-, polnisch- oder mährischsprachig, kennt ihn nicht, den St. Annaberg, das unverwechselbare Wahrzeichen dieses Landes? ... Wie kein anderer Ort ist der Annaberg gewissermaßen das Herz und die Mitte Oberschlesiens, ausstrahlend und umschließend zugleich in einem nicht nur äußerlichen und vordergründigen, sondern auch tiefen symbolischen Sinne. Denn an diesem Berg werden — wie an einem Kristallisationspunkt — Wesen und Schicksal des oberschlesischen Landes und seiner Menschen, ihrer Geschichte und Kultur ablesbar und bis in die Gegenwart unmittelbar erfahrbar.«

Der Weg zum Heiligen Annaberg ist leicht zu finden. Auf dem steilen Gelände zum Kloster müssen wir uns mit den Autos einen Weg durch das Gedränge bahnen. Überall Buden und Stände. Im Klosterhof begrüßt uns der Franziskanerpater Theophil. Bevor wir das vereinbarte Interview beginnen, führt er uns in die gotisch-barocke Basilika. Im Hochaltar die Figur der heiligen Anna selbdritt, der Mutter Marias, in goldenem Kleid, die hier seit Jahrhunderten verehrt und angebetet wird. Die einen halben Meter hohe Figur ist aus Lindenholz geschnitzt und bemalt. Auf dem rechten Arm trägt sie ihren Enkel Jesus, auf dem linken ihre Tochter Maria. Alle drei haben Kronen auf dem Haupt.

Wir betreten den Kreuzgang des Klosters. Pater Theophil erzählt, daß es neben der Basilika noch zwei Kirchen und einundvierzig Kapellen gebe. Man bräuchte einen ganzen Tag, um alles zu besichtigen. »Ganz besonders wichtig ist«, sagt der aus Gleiwitz stammende Oberschlesier im allerbesten Deutsch, »daß hier vor fünf Jahren wieder der erste deutsche Gottesdienst nach dem Zweiten Weltkrieg gehalten wurde. Jetzt gibt es ihn regelmäßig. Das ist etwas Gutes, denn viele Leute sind rausgefahren wegen der Sprache.« Mit »rausgefahren« meint man in Oberschlesien »nach Deutschland weggezogen«.

Dann stelle ich meine Standardfrage: »Kann Schlesien eine Brücke in Europa sein?«

Der Annaberg, der heilige Berg der gläubigen Oberschlesier in der Mitte des Landes.

Der Altar der Klosterkirche auf dem Annaberg mit der Figur der Heiligen Anna selbdritt, die hier seit Jahrhunderten verehrt wird.

»Schlesien hat viele Brücken für Europa und Deutschland. In Niederschlesien gibt es die größte und schönste Brücke, was den Kirchenglauben betrifft, für Deutsche und Polen: das Grab der Heiligen Hedwig, und in Oberschlesien den Sankt Annaberg.«

»Als Kanzler Kohl und Ministerpräsident Mazowiecki sich 1989 auf dem Annaberg treffen sollten, auf Vorschlag von Bischof Nossol, gab es Widerstand dagegen. Das war ja ein negatives Beispiel für den Annaberg.«

»Ja«, antwortet der Pater, »das war ein negatives Beispiel. Es war schon alles besprochen. Herr Kohl hat seinen Ehrenplatz gehabt. Dann wurde alles wieder abgeblasen. Wir konnten nichts dafür. Aber ich denke, der Besuch kann immer noch stattfinden in der Zukunft.«

»Der Widerstand kam damals aus Warschau?«

»Ja, wir waren ja nur die Gastgeber.«

»Was erhoffen Sie sich für Schlesien?«

»Seit Jahrhunderten singen wir hier ein schönes Lied. Das ist ein Lied der Hoffnung. Und wir bitten die Heilige Anna, daß wir nicht nur den Glauben haben sollen, sondern auch die Hoffnung. Als der Papst hier 1983 auf dem Annaberg war, hat er ihm einen neuen Namen gegeben: Berg der Hoffnung. Ja, wir hoffen, daß es in der Zukunft noch besser werden wird. Für die Kirche und den Staat.«

Das Wetter wird immer unfreundlicher. Auch am nächsten Tag regnet es. Doch die Pilger strömen zu Tausenden herbei. Der Anblick ihrer andachtsvollen und gläubigen Gesichter, ihre Frömmigkeit und zugleich Entschlossenheit rühren mich an. Ich fühle mich mit ihnen verbunden, bewundere diese Menschen, die durch Jahrzehnte der kommunistischen Diktatur ihren Glauben bewahrt haben. Die allen Schikanen zum Trotz ihrer Heimat treu geblieben sind. Diejenigen, die polnisch beten und singen und doch deutsche Schlesier sind, aber auch die polnischen Schlesier und diejenigen, die es geworden sind.

Hier im Angesicht dieser Menschen empfinde ich plötzlich ganz stark, daß dieses gemeinsame Schlesien, gerade weil es so

Prozession der Wallfahrer auf dem Sankt Annaberg beim Kreuzerhöhungsfest Mitte September.

Das polnische Denkmal über dem Stadion des Annaberges. Es erinnert an die polnischen Gefallenen des sogenannten »Dritten Schlesischen Aufstandes« von 1921.

verschiedenartig ist, eine Zukunft hat. Der Glaube verbindet sie alle. Nie mehr darf die Geißel des Nationalismus diese Menschen entzweien. Als Schlesier haben sie eine gemeinsame Geschichte mit Höhen und Tiefen. Jetzt müssen sie gemeinsam die Probleme der Gegenwart lösen, damit sie auch eine gemeinsame Zukunft haben.

Mittags fahren wir zum Denkmal für die Gefallenen einer politischen Auseinandersetzung auf dem Annaberg. Wie schwer die Last der Geschichte nachwirkt, wird gerade hier deutlich. Im Kampf zwischen Polen und Deutschen im »Dritten Schlesischen Aufstand« hatte es am 21. Mai 1921 hier Hunderte von Toten gegeben. Heute erinnert ein Ehrentempel nur an die polnischen Toten, wie vorher das 1945 gesprengte Ehrenmal der Nationalsozialisten nur an die deutschen Opfer gemahnte. »Hier auf polnischer Erde ehrt Polen die großartige Tat der schlesischen Aufständischen«, übersetzt mir Andrzej die Zeilen einer Tafel. Die Polen haben den Mythos vom Annaberg zu kommunistischer Zeit genauso ins Nationalistische überhöht wie vorher die Nazis. Noch heute erinnert in jeder polnischen Stadt eine Straße an jene Aufständischen, die in Wahrheit das demokratische Ergebnis der Abstimmung der Oberschlesier mißachtet und sich mit Waffen gegen das Völkerrecht gestellt hatten.

Zum Abendgottesdienst auf dem Annaberg versammeln sich mehr als zehntausend Gläubige vor der Lourdesgrotte, unter freiem Himmel. Der Regen hat endlich aufgehört. Auf der Treppe zum Podest, auf dem der Altar aufgebaut ist, stehen schlesische Mädchen und Jungen in bunten Trachten und Bergleute in schwarzen Uniformen Spalier. Gesang und die Musik mehrerer Blasorchester füllen das weite Rund der mit Kerzenlichtern übersäten Hänge. Durch einen von der Menge freigehaltenen Gang nähert sich das große, von vielen Glühbirnen erleuchtete Kreuz, das Symbol des Festes der Kreuzerhöhung. Es folgen die geistlichen Würdenträger, voran die drei Bischöfe von Oppeln, Kattowitz und Gleiwitz. Zum erstenmal sehe ich Alfons Nossol, die große Integrationsfigur hier in Schlesien.

Es ist Sonntag und endlich strahlendes Wetter. Wir sind in Strzeleczki/Klein-Strehlitz zum Erntedankfest. Das Dorf mit rund zweitausend Einwohnern hatte uns der hiesige Parlamentsabgeordnete für die Deutschen, Heinrich Kroll, empfohlen. Da gäbe es immer einen schönen Umzug der Bauern. Der Ort sei typisch für die Oppelner Gegend.

Alle Straßen und Gassen sind geschmückt. Vor den Höfen und Häusern stehen kleine Leiterwagen, Schubkarren oder Körbe voller bunter Feld- und Gartenfrüchte. An die Zäune gelehnt hohe Maisstengel mit ihren gelben Kolben. Blumen überall. Herbstastern und vor allem Dahlien in allen Farben.

Über die Dächer hinweg schaut der Kirchturm mit seiner barocken Haube. Sein oberer Teil ist in hellem Gelb gestrichen, der Rest muß noch warten. Das Läuten der Glocken lockt uns an. Der Erntedankgottesdienst ist gerade zu Ende. Seine festlich ge-

Erntedankfest in Klein-Strehlitz. Frauen und Mädchen in ihrer oberschlesischen Tracht zeigen ihre Erntekronen.

kleideten Besucher strömen aus der Kirche in die warme Sonne. Wir blicken durchs Portal und schauen in ein Meer von Blumen und Früchten, das die barocke Pracht des Kirchenschiffes kunstvoll ergänzt.

Wir kommen ins Gespräch mit dem Bauern Franz Kern. Seine Vorfahren sind aus dem Badischen 1781 hierher gekommen. Seinen Hof hat er dem Sohn übergeben, der noch Land hinzugepachtet hat und jetzt achtzig Hektar bearbeitet. Das Deutsch des Siebzigjährigen ist fehlerfrei. »Ich hätte nach dem Westen machen können«, sagt er. »Meine drei ältesten Töchter sind drüben. Denen geht es gut, und sie meinten, Vater und Mutter sollten auch kommen. Aber da wäre ich in der Fremde. Hier bin ich daheim.« Und er wiederholt: »Schlesien ist mein Heimatland.«

Ich frage, ob die Bauern Angst vor dem Eintritt in die Europäische Union hätten, davor, daß sie nicht konkurrenzfähig seien. »Von wegen«, erwidert er selbstbewußt, »wenn wir in die Europäische Union kommen, dann haben wir unsere sichere Abnahme. Unsere Böden sind gut. Vierzig Doppelzentner Weizen pro Hektar, und Mais noch mehr.«

Er will uns unbedingt auf dem Friedhof das neue Denkmal für die Gefallenen des Zweiten Weltkriegs zeigen. »Wir haben es dieses Jahr aufgestellt. Es hat zweihundertzwölf Namen, und es kommen noch drei hinzu, die wir irrtümlich vergessen haben. Unser Ort hatte elf Prozent Gefallene. Trotz der großen Verluste sind wir überwiegend deutsch hier geblieben. Die Zugewanderten aus den östlichen Teilen Polens sind wieder weggegangen, so daß wir heute hier zu neunundneunzig Prozent deutschstämmige Schlesier sind.« Auf dem geschmückten Denkmal lesen wir den Namen Kern mehrere Male.

Auf dem Platz in der Nähe der Kirche gespanntes Warten auf den Umzug, der nun die Hauptstraße heraufkommt. Zuerst ein Reiter. Er schwenkt eine Fahne, auf der in deutsch »Klein-Strehlitz« steht und das Wappen des Ortes abgebildet ist. Dann geschmückte Wagen, von ebenfalls geschmückten Traktoren oder Pferden gezogen, darauf fröhlich winkende Menschen und

Blaskapellen. Die Wagen haben Motive, wie beim rheinischen Karneval. Häufig handelt es sich um den Beitritt Polens zur EU. »Traumhochzeit« heißt es etwa in deutsch auf einem Wagen, »Schlesische Hochzeit« in polnisch auf einem anderen.

Der Zug erreicht den großen Festplatz. Frauen und Mädchen aus den umliegenden Dörfern in ihren schlesischen Trachten mit dem bunten Kopfschmuck nehmen Aufstellung neben kunstvollen Erntekronen, die sie aus Ähren, Früchten und Blumen gearbeitet haben. Vor dem großen Festzelt begrüßt der Bürgermeister Einheimische und Gäste. Dann spricht der Gemeindevorsteher. Ein Brot als Symbol der Ernte wird überreicht. Danach redet Joachim Czernek, Mitglied des Polnischen Sejm und Sekretär des Parlamentarischen Kreises der deutschen Minderheit. Ich verstehe sie alle nicht, weil sie polnisch sprechen.

Ich setze mich auf eine Bank zu älteren Frauen, die sich auf deutsch unterhalten, und komme mit ihnen ins Gespräch. »Jetzt lernen die Kinder wieder deutsch, das ist die Hauptsache«, sagen sie. »Es ist schon schlimm, daß unsere Kinder kein deutsch mehr können.«

»Was bedeutet für Sie Schlesien?«

»Alles. Die Heimat. Wir sind hier geboren, und hier wollen wir leben.«

»Und sterben«, fügt die Nachbarin hinzu. »Ich bin Deutsche und bleibe Deutsche. Ich habe nichts gegen die Polen, um Gottes willen! Ich wohne hier, und alles ist in Ordnung. Meine Kinder wohnen in Wuppertal, und wenn ich hinfahre, fühle ich mich dort wohl. Aber ich fahre gern wieder in die Heimat zurück.«

Ich erwähne meine Beobachtung, daß die Dörfer in Oberschlesien viel gepflegter sind als in Niederschlesien. »Wo Einheimische sind, ist das immer so«, sagt ein Mann, der neben uns steht. »Wo Umsiedler sind, da sieht es eben anders aus.«

Am Rande des Festplatzes haben wir uns mit dem Abgeordneten Joachim Czernek zu einem Interview verabredet. Auch für ihn, der sehr gut deutsch spricht, ist das allerwichtigste in Oberschlesien das Wiedererlernen der deutschen Sprache. »Das ist das

Problem Nummer eins!« Natürlich sei Schlesien eine Brücke in Europa. »Wir haben Erfahrungen. Das, was jetzt auf der Ebene der Staaten passiert, zwischen Deutschland und Polen, das haben wir schon fünfzig Jahre praktiziert, und das ist eine Erfahrung, die man nutzen sollte für die Zukunft, für die zukünftige Zusammenarbeit und das Zusammenleben von Deutschen und Polen.«

»Was könnte sich allgemein im Verhältnis von Polen und Deutschen noch bessern?«

»Es gibt bei den Polen noch viele Vorurteile gegenüber den Deutschen. Wo nur Polen leben oder wo die Deutschen vollständig vertrieben wurden wie in Niederschlesien, da gibt es noch mangelhafte Informationen und eben deshalb Vorurteile.«

»Wenn Polen in der EU ist, gibt es ja Freizügigkeit und Niederlassungsfreiheit. Gibt es bei den Polen Angst, daß die Deutschen Schlesien zurückkaufen?«

»Das sind die Vorurteile, von denen ich gesprochen habe. Die Niederlassungsfreiheit, daß sich Ausländer – und in erster Linie Deutsche durch ihre Verbundenheit zum Land – in Polen, in Schlesien niederlassen können, diese Möglichkeit muß gegeben sein, und das kann man meiner Meinung nach noch vor der Integration in die EU schaffen. Es muß keine Ängste geben, denn wenn ein deutscher Unternehmer hier Grund kauft, wird er ja diesen Boden nicht ins Ausland mitnehmen können. Er wird hier investieren und damit Arbeitsplätze schaffen.«

»Wenn sich die deutschen Gegenden in Oberschlesien schneller entwickeln, wird es dann Neid bei den Polen geben, der zu Unruhen führen könnte?«

»Diese Region, wo die Deutschen leben, wurde über vierzig Jahre lang vernachlässigt, und das, was jetzt hier geschieht, hat eben damit zu tun, daß wir nachholen müssen. Wenn wir jetzt durch unsere Arbeit und unseren Fleiß etwas mehr erreichen, dann ist das ja nicht gegen jemanden gerichtet. Wenn wir jetzt sagen, daß die Häuser besser aussehen oder die Höfe, ja, mein Gott, das ist die Eigenleistung der Menschen, und da sollten sich halt die anderen auch anstrengen, um diesen Standard zu erreichen. Es gibt oftmals ein Ergebnis, ohne daß man unbedingt mit großen Geldern umgehen muß. Man braucht nur etwas Fleiß und Eigenleistung. Wir haben schon Beispiele in unserer Region, wo man nicht mehr unterscheiden kann, ob hier ein Deutschstämmiger wohnt oder ein Pole, der 1945 hierher umgesiedelt wurde.«

Am nächsten Morgen fahren wir zum Bischöflichen Ordinariat in Oppeln, um Bischof Alfons Nossol zu treffen. Das Gebäude steht in der Nähe der großen Kathedrale. Im Büro des Bischofs, in dem wir auf ihn warten, hängt ein mächtiger Kronleuchter von der hohen Decke. Der schwere Holzschreibtisch ist voller Bücher und Akten. An der Wand auf einer Konsole eine Kopie der Heiligen Anna selbdritt vom Annaberg.

Ich frage den Bischof, wie er seine besondere Aufgabe in einer Diözese sieht, in der Polen und Deutsche zusammenleben, wie hier in Schlesien.

»Schlesier zu sein«, erwidert er, »heißt offen zu sein, heißt ein Mensch der Grenzgebiete zu sein. Ein Mensch der Grenzgebiete kann sich einfach nicht abkapseln. Deswegen sind wir prädestiniert, eine Verbindung zwischen Ost und West herzustellen. Konkret, existentiell und in der Lebensart. In gewisser Hinsicht eben eine Brücke zu sein. Heute spricht man vom gemeinsamen Haus Europa. Das haben wir hier eigentlich schon längst praktiziert. Nur ein Beispiel. Kardinal Bertram in Breslau, der für ganz Schlesien zuständig war, hat früher alle seine Hirtenbriefe in deutsch und in polnisch geschrieben. Dem Pfarrer am Ort war es freigestellt, welchen Text er wählte. Es sollte für seine Gläubigen die ›Sprache des Herzens‹ sein.«

»Ihr Einsatz gegen die Benachteiligung der deutschen Minderheit wird von einigen Polen als einseitige Parteinahme mißdeutet. Wir haben aufgesprühte Parolen gelesen ›Nossol do Berlina‹ – ›Nossol nach Berlin‹. Manche sprechen sogar von der ›Nossolisierung‹ Schlesiens. Wie empfinden Sie solche Relikte des Chauvinismus?«

»Das sind kranke Menschen, denn sie wollen durch Haß etwas Positives erreichen. Das kann man nicht. Und deshalb tun sie mir leid. Natürlich schmerzt es mich, wenn die innigsten, heiligsten Intentionen, die ich für alle Menschen habe, so mißdeutet werden.«

Von sich aus, ohne daß ich nachfrage, kommt er auf das Kapitel der Vertreibung zu sprechen. »Die Vertreibung als solche ist ein Verbrechen. So wie die nationalsozialistischen Verbrechen gebrandmarkt worden sind, so muß man auch diese Verbrechen beim Namen nennen. Durch ein Verbrechen kann man ein zuvor begangenes nicht wiedergutmachen. Man ist jetzt, Gott sei Dank, zu der Erkenntnis gelangt, daß man hier keine Aufrechnung mehr betreiben darf.«

Ich frage den Initiator des geplanten Treffens von Kohl und Mazowiecki auf dem Annaberg: »Warum hat das nicht geklappt? Wer hat dagegen opponiert?«

»Das waren die chauvinistischen, nationalistischen, engstirnigen Kräfte, die oftmals mit der Kirche nichts zu tun haben. Sie mißdeuten den Annaberg als einen einseitig politischen Ort.«

Wir kommen auf die Rolle der Nationen in Europa zu sprechen. Auf ihre Identität. Auf Nationalbewußtsein und Patriotismus als Gegensatz zum Chauvinismus. »Ein Aufgeben der nationalen Identität, das will auch die EU nicht«, sagt der Bischof. »Die EU will die – sagen wir – versöhnte Verschiedenheit haben. Es soll eine Art Vaterland der Vaterländer werden. Niemand braucht seine nationale Identität aufzugeben. Es geht um ein Europa, das sich auf vielfältige Weise gegenseitig bereichert. Aber der Nationalismus wird in die Schranken verwiesen. Er wird nie in nackten Chauvinismus ausarten können. Zu ethnischen Säuberungen wie im früheren Jugoslawien kann es in einer solchen Konstellation nicht kommen. Und meines Erachtens ist das die einzige Möglichkeit, dem Chauvinismus ein für allemal das Genick zu brechen. Im vereinten Europa darf aber der Patriotismus nicht geleugnet werden. Doch Patriotismus ist immer ein Ausdruck der Liebe, auch zu anderen Völkern, nicht des Hasses.«

»Welche Hoffnung haben Sie für Schlesiens Zukunft?«

»Daß es eine echte Brücke wird. Geschichtlich ist es dazu prädestiniert, und es ist bestens dafür geeignet. Ich würde in gewisser Hinsicht sagen: fast am besten in Europa, denn wir waren immer schon ein Bindeglied zwischen der Kultur des Westens und der Kultur des Ostens.«

Von der Ausstrahlung und natürlichen Art des Bischofs bin ich tief beeindruckt. Alfons Nossol ist eine unersetzliche Integrationspersönlichkeit für Schlesien und für die Ökumene. Seine lebhafte Art zu erzählen erinnert mich an mein Interview mit Michail Gorbatschow in Moskau.

Wieder wundere ich mich über die Zäune hier im Oppelner Oberschlesien. Es ist mir noch nicht gelungen, zwei gleichartige auszumachen. Meist sind sie aus Eisen. Stets weisen sie ein völlig neues Muster auf, sind ihre Stäbe anders geformt oder anders angeordnet. Und alle sind in unterschiedlichen Farben gestrichen.

Wir halten in Stradunia, das auf dem Weg nach Pleß liegt, wo wir im Süden Oberschlesiens unseren nächsten Standort beziehen wollen. Noch eine oberschlesische Besonderheit ist uns aufgefallen: Auch vor den Zäunen, auf dem Bürgersteig, sind Sträucher und Blumen gepflanzt. Hier in Stradunia sind sie sogar rabattenhaft eingefaßt. Die Häuser sind im Verhältnis zu den Bauernhöfen in Niederschlesien kleiner, in ihren Formen nicht besonders schön. Aber sie sind alle gepflegt, gestrichen und mit liebevoll angelegten Gärten umgeben.

Die Landschaft wird wieder hügelig. Gepflügte Äcker bis zum Horizont. Scharen von pechschwarzen Krähen fliegen auf. Lange Baumalleen teilen die Weite des Landes. Die Sonnenblumenfelder haben ihr Goldgelb bereits verloren. Wir sind auf dem Weg nach Lubowitz, dem Geburtsort des Dichters Joseph Freiherr von Eichendorff, der am 10. März 1788 dort auf dem Schloß zur Welt kam.

Links von der Kirche, neben einer Einfahrt, hängt an einem großen Steinsockel ein Hinweisschild: »Pfarrgemeinde Lubowitz. Gedenkstätte des Dichters Joseph von Eichendorff«. Darunter der Text in polnisch. Pfarrer Heinrich Rzega führt uns in die Gedenkstube, die im früheren Katechetenhaus der Kirchengemeinde untergebracht ist. »Der Religionsunterricht kann jetzt wieder in der Schule stattfinden. Deshalb haben wir hier Platz gefunden«, sagt er. In dem niedrigen Raum zeigt er uns die Andenken an den Dichter. »An diesem Schreibtisch hat Eichendorff höchstwahrscheinlich seine berühmte Novelle ›Aus dem Leben eines Taugenichts‹ geschrieben.«

Der Pfarrer erzählt von den Anfängen der Gedenkstätte: »Eichendorff war in kommunistischer Zeit in Polen ein Tabuthema. Über ihn zu sprechen war sogar strafbar. 1988 haben wir hier angefangen und mit eigenen Mitteln vieles wieder in Ordnung gebracht. Freilich haben wir nur noch eine Ruine vom Schloß, in dem Eichendorff geboren ist, aber für uns deutsche Schlesier und für alle, die den Dichter verehren, ist das ein Symbol. Eichendorff, der selbst polnisch sprechen konnte, kann als Brücke dienen zwischen Deutschen und Polen. Zu uns kommen jetzt immer mehr polnische Studenten und Professoren, polnische Schulgruppen. Das freut uns sehr, denn bis vor wenigen Jahren war Eichendorff in Polen fast völlig unbekannt.«

Pfarrer Rzega stellt uns Leonhard Wochnik vor, den Vorsitzenden des Lubowitzer Eichendorff-Vereins. Er begleitet uns zur Schloßruine. Wir bleiben an einer Tafel stehen, auf der die erste Strophe des Gedichts »Abschied« steht, das Eichendorff im Wald von Lubowitz schrieb, sein wohl bekanntestes lyrisches Werk, das Mendelssohn Bartholdy so kongenial vertont hat.

> »O Täler weit, o Höhen,
> o schöner, grüner Wald,
> Du meiner Lust und Wehen
> Andächt'ger Aufenthalt!
> Da draußen, stets betrogen,
> saust die geschäft'ge Welt,
> Schlag noch einmal die Bogen
> um mich, du grünes Zelt!«

Dann sehen wir die Ruine des Schlosses. Ein trauriger Anblick. Nur noch die Außenmauern stehen. Leere Fensterhöhlen schauen uns an. Wie zum Protest gegen die Zerstörung hängt das Bild des Dichters an der kahlen Ziegelwand, und auf einer weißen Stoffbahn die Zeile »Keinen Dichter noch ließ seine Heimat los«. Auf einer großen Tafel ist dargestellt, wie das Schloß zu Eichendorffs Zeit ausgesehen hat und wie, mit seinen baulichen Ergänzungen, vor dem Zweiten Weltkrieg. Eichendorff hat den Verlust des Schlosses, das sein Vater zwangsversteigern mußte, nie verwunden. So heißt es im an seinen Bruder gerichteten Gedicht »Heimat«:

>»Denkst du des Schlosses noch auf stiller Höh? ...
>Das Horn lockt nächtlich dort, als ob's dich riefe,
>am Abgrund grast das Reh,
>Es rauscht der Wald verwirrend aus der Tiefe -
>O stille, wecke nicht, es war als schliefe
>Da unten ein unnennbar Weh ...«

Hinter der Schloßruine geht der Blick über einen dicht bewaldeten Abhang hinunter in das weite Tal der Oder. »O Täler weit, o Höhen!« – hat Eichendorff hier gestanden, als er diese Zeilen dichtete?

»Am 29. Januar 1945 wurde das Schloß beim Einmarsch der Russen zerstört«, erzählt uns Herr Wochnik. »Es ist wahrscheinlich, daß es mutwillig angezündet wurde.«

»Wem gehört das Schloß jetzt, und was soll mit der Ruine geschehen?«

»Das Schloß ist Eigentums des Vereins. Eine Oberstudienrätin aus Düsseldorf hat die Ruine gekauft und dem Verein geschenkt. Wir wollen sie vor weiterem Verfall bewahren. Es gibt auch die Absicht, eine Stiftung zu gründen und das Schloß langfristig wieder aufzubauen, wie es zu Zeiten Eichendorffs ausgesehen hat. Wir haben vor, hier ein kulturelles Begegnungszentrum einzurichten. Dafür bekommen wir Zuschüsse von der Bundesrepu-

Die Ruine des Schlosses Lubowitz, in dem der Dichter Joseph von Eichendorff 1788 geboren wurde.

Abbildungen des Schlosses in Lubowitz zu verschiedenen Zeiten auf dem Gelände der Gedenkstätte.

blik und vom Land Bayern. Wieviel ein Wiederaufbau des Schlosses kosten würde, wissen wir noch nicht. Eine Schätzung ist in Arbeit.«

Mit Pfarrer Rzega gehen wir zum alten Friedhof. Hier ruhen die Großeltern, Eltern und Geschwister des Dichters. Auf einem großen Gedenkstein für Eichendorff ist die Inschrift weggemeißelt. »Das hat man in der kommunistischen Nachkriegszeit gemacht«, sagt der Pfarrer, »wir wollen neue Buchstaben anbringen.« Er zeigt uns ein Gräberfeld, hinter dem drei dunkle Holzkreuze stehen. »Gewidmet allen Gefallenen und Vermißten in den Jahren 1939-1945« steht auf einem Gedenkstein. Erst jüngst wurde dieses Denkmal fertiggestellt, durch eine private Spende finanziert. Daneben eine Tafel, auf der in deutsch und polnisch Eichendorffs Gedicht »Der Soldat« steht.

Weiterfahrt nach Pleß. In Gedanken bin ich noch bei Eichendorff. Er war sich nicht zu schade, im Lützower Freikorps gegen die Truppen Napoleons zu kämpfen, weil er sein Vaterland von der Unterdrückung befreien wollte. Er war nicht nur ein großer deutscher Dichter, sondern auch ein Patriot. Nicht gegen andere Völker zog er zu Felde, sondern für die Freiheit des eigenen Volkes. »Deutschland« war ihm kein abstrakter Begriff. Er gebrauchte das Wort auch in seiner Lyrik. In seinem vierstrophigen Gedicht »Heimweh«, das er auch im »Taugenichts« zitiert, grüßt er die Heimat aus der Ferne:

»Der Morgen, das ist meine Freude!
Da steig' ich in stiller Stund'
Auf den höchsten Berg in die Weite,
Grüß dich, Deutschland, aus Herzensgrund!«

Wir sind im sogenannten fürstlichen Arbeitszimmer im Schloß Pleß. In dem wieder originalgetreu eingerichteten Raum sprechen wir mit dem Direktor des Schloßmuseums, Janusz Ziembinski. Vor dem mächtigen Kamin fragen wir ihn nach dem Fortgang der Schloßrestaurierung. »Als ich 1978 hierher nach

Das Schloß in Pleß von der Parkseite. Links die katholische Kirche.

Im Schloß von Pleß während der Filmpause. Hinter der sitzenden Lilli von Malaise Bolko Graf von Hochberg, 6. Fürst von Pleß. Rechts von ihm Kameramann Jürgen Klinder. Links Andrzej Falber, der polnische Koautor, Jacek Gaczkowski, der polnische Aufnahmeleiter, Tonmann Jiri Radek und ich.

Pleß kam, hieß das hier ›Museum für historische Innenräume‹«, erzählt der Direktor. »Das Konzept und die Realisierung waren klägliche Ergebnisse totalitärer Kulturpolitik. Schon damals träumte ich davon, die Ausstellung auszuwechseln und dem Schloß eine authentische Innenausstattung zurückzugeben. Nach dem Fall des Kommunismus war das möglich. Inzwischen haben wir große Erfolge vorzuweisen. Bereits die Hälfte des Schlosses ist wieder so eingerichtet wie zu Beginn des 20. Jahrhunderts. Und die Museumsbesucher, die in Scharen hierherkommen, honorieren dieses Konzept mit ihren Eintrittsgeldern. Diese Einnahmen investiere ich sofort in die Rekonstruktion weiterer Innenräume.« Die Hilfe von seinem Freund »Bolko« mit Fotos und Gemälden, die als Vorlagen für die Restaurierung dienen, und dessen wertvolle Leihgaben seien »ein großartiges Modell der deutsch-polnischen Zusammenarbeit im Bereich von Kultur und Geschichte«.

»Wie kam es zu der Zusammenarbeit mit dem Direktor des Schlosses?« frage ich im Großen Salon Bolko Graf von Hochberg.

»Von Anfang an war ich bereit, hier mitzuhelfen, weil es auch im eigensten Interesse ist, daß das Haus der Vorfahren wieder in einen guten Zustand gebracht wird, und weil wir beide gemeinsam das Ziel haben, hier eine Art Begegnungsstätte zu gründen, über Grenzen hinweg. Daß hier eine Brücke für die Völkerverständigung entsteht, besonders für unsere beiden Länder. Dr. Ziembinski hat aus eigenen Motiven die Gräber im Park herrichten lassen. Das Grab meines Vaters und meines Großvaters. Das war eigentlich der Beginn unserer Freundschaft. Und schon beim zweiten Besuch hat er mir angeboten, im Schloß zu wohnen, und hat mir den Schlüssel überlassen, damit ich in meine Zimmer komme. Das hat mich sehr ergriffen. Das war doch eine Art Rückkehr in das Elternhaus, in einer Form, wie ich das natürlich gar nicht erwarten konnte.«

Am Nachmittag fahre ich mit dem Grafen und seiner Lebensgefährtin, Lilli von Malaise, nach Teschen an die polnisch-tschechische Grenze. Von Pleß nach Teschen – das war der Weg, den ich im Juli 1945 als siebenjähriges Kind mit meiner Mutter und meinen beiden Schwestern in einer Gefangenengruppe zu Fuß zurücklegen mußte. Bei sengender Hitze, ohne Essen und Trinken, in Todesangst. Heute, nach fünfzig Jahren, will ich mir die Erinnerung zurückrufen, wie wir damals aus der Geiselhaft überraschend befreit wurden. Als ich die bergauf, bergab endlos geradeaus führende Straße vor mir sehe, spüre ich plötzlich ganz elementar die damalige Ohnmacht, das Gefühl, nicht mehr weitergehen zu können.

In Teschen auf dem Burgberg, wo wir nach unserer Befreiung durch den russischen Offizier Unterkunft fanden, erkenne ich manches wieder. Das Gebäude, wo wir in leeren Räumen auf Stroh, aber in Freiheit schliefen. Die lange Toreinfahrt. Den Blick tief hinunter zum Fluß. An andere Gebäude kann ich mich nicht erinnern, als hätte es sie damals gar nicht gegeben. Die kleine Rundkapelle, die Nikolauskirche, aus dem Anfang des 11. Jahrhunderts ist sogar das älteste erhaltene Bauwerk Schlesiens. Der hohe Turm, vor dem wir jetzt stehen, stammt aus dem 13. Jahrhundert.

Im »Schlesien-Lexikon« von Klaus Ullmann steht unter dem Stichwort »Teschen«: »Hauptstadt des ehemaligen Teilfürstentums Teschen im Herzogtum Schlesien. Seit 1920 [Friedensvertrag von St. Germain] in zwei Städte geteilt, das polnische ›Cieszyn‹ rechts der Olsa und das tschechische ›Cesky Tesin‹ links der Olsa. Im Jahre 1910 betrug der deutsche Bevölkerungsanteil der Stadt 65 Prozent ... Das piastische Fürstentum stand seit 1298 unter böhmischer Oberhoheit ... 1653 fiel es an Habsburg. Es blieb bis zum Ende des Ersten Weltkriegs österreichisch ... Nach 1742 war Teschen die einzige evangelische Gemeinde Österreichs ... Die Geschichte des Teschener Landes ist ein Beispiel, wie die Aufspaltung einer auf engem Raum lebenden mehrsprachigen Bevölkerung zum Nachteil werden kann, wenn die gegenseitige Toleranz verlorengeht.«

Aus dem gotischen Turm kommen ein alter Mann und eine

jüngere Frau, die sich deutsch unterhalten. Ich frage, woher sie stammen. Der Alte ist Pole und hat Auschwitz überlebt, hatte den berüchtigten Todesmarsch nach Mauthausen mitgemacht, der trotz aller Strapazen seine Rettung war. Die Frau arbeitet bei der »Maximilian-Kolbe-Gesellschaft« in Freiburg. Als ich den beiden den Grafen von Hochberg vorstelle, wird der Mann ganz aufgeregt: »Es ist mir eine Ehre, Sie kennenzulernen. Ich habe soviel gelesen über Ihre Familie. Kenne ihre Geschichte. Waren Gegner von Hitler. Weiß ich alles. Kenne auch das Schloß in Pleß. Ist wieder schön.«

Gerührt von diesen Worten erwidert der Graf: »Mir tut vieles so leid, vor allem, was Sie persönlich aushalten mußten. Die Geschichte ist schlimm verlaufen.«

»Freundschaft, Frieden und Freiheit«, sagt der alte Mann wie ein Weiser, »das ist das Wichtigste, was alle Menschen brauchen.«

Am Abend sitzen wir auf Einladung des Grafen zusammen. Das Team, das Ehepaar Ziembinski, aber auch andere Gäste, darunter Pawel Krzystolik, ein weltweit anerkannter Spezialist für Grubensicherheit. Ich nutze die Gelegenheit und frage ihn nach der Zukunft der Kohle in Nieder- und Oberschlesien.

»Mit der Kohleförderung im Waldenburger Gebiet geht es dramatisch zu Ende«, sagt er. »Die Förderkosten dort sind in manchen Zechen zehnmal höher als in Oberschlesien. Wegen der steil liegenden Flöze ist die Gefahr von Gasaustritten besonders groß. Die Kohle hat dort keine Zukunft mehr.«

»Und was machen die vielen Kumpel, die ihre Arbeit verlieren?«

»Das Ministerium für Industrie und Handel in Warschau hat für Waldenburg ein Restrukturierungsprogramm verabschiedet. Dort soll der Tourismus gefördert werden. Sie wissen ja sicher selbst, daß die Landschaft dort besonders schön und abwechslungsreich ist. Und es gibt Fördermittel für die Steinbrüche, die dort sehr gut sind. Auch für private Steinbruchgründungen. Für diejenigen, die vorzeitig in den Ruhestand gehen, gibt es Sozialpläne.«

»Wo kommt denn das viele Geld her?«

»Die Weltbank hat eine Anleihe gegeben, um tausend Bergarbeiter mit ihren Familien dort umzusiedeln. Aber täuschen Sie sich nicht mit unserer Wirtschaft! Wir haben zur Zeit ein Wachstum des Bruttosozialprodukts von sechs Prozent. In Wirklichkeit sind es sicher noch mehr, vielleicht zehn Prozent, wenn man die viele Schwarzarbeit dazurechnet.«

»Wie steht es um die Kohle in Oberschlesien?«

»Die wird sich halten, aber sie muß sauberer werden. Weniger Arbeitsplätze wird es auch hier geben. Diese Anpassungsprozesse laufen schon. Die durchschnittliche Arbeitslosenquote in Polen liegt bei fünfzehn Prozent. Hier in Oberschlesien sind es nur acht Prozent.«

»Wird Polens Beitritt in die Europäische Union schwierig werden? Für die Industrie? Für die Landwirtschaft?«

»Ich glaube, nicht so sehr, wie manche befürchten. Wir sind zwar ein ehemaliges Ostblockland, aber wir können uns schon jetzt auf das, was kommt, vorbereiten. Bei euch kam das mit dem DDR-Beitritt ja in weniger als einem Jahr.«

Und wieder meine Standardfrage an den Wirtschaftsfachmann: »Wird Schlesien eine Brücke sein können? Hat Schlesien Zukunft?«

»Natürlich, das werden Sie noch selbst erleben. Ich bin da ganz optimistisch. Für genaue Prognosen ist es vielleicht noch zu früh. Aber in zehn Jahren wird Schlesien schon anders aussehen. Wir sind hier ja nicht in Rußland!«

Für den nächsten Tag verabrede ich mich mit dem Grafen und seiner Lebensgefährtin zum Besuch des Jagdschlosses Promnitz, das früher ebenfalls zum Besitz des Fürsten von Pleß gehörte. Zu Fuß gehe ich die wenigen Schritte vom Hotel zum Schloß über den schönen Ring der Stadt mit den beiden Kirchen und dem Rathaus – ein typisches Ensemble, wie man es nur in Schlesien findet.

Zunächst gehen wir nochmals gemeinsam durch das Schloß. Im Spiegelsaal erzählt der Graf von den Konzerten, die hier regelmäßig stattfinden, und vom Aufenthalt Georg Philipp Telemanns hier in Pleß in den Jahren 1704 bis 1708. Ich frage nach den großen Spiegeln. Vierzehn Quadratmeter mißt jeder. In Frankreich wurden sie angefertigt und hierher transportiert. Dann die Gemächer der Großmutter des Grafen, Daisy von Pleß, die aus England stammte. Den Salon hatte sie in einem im 18. Jahrhundert in England sehr beliebten Stil, dem »englisch-chinesischen«, einrichten lassen.

Nach dem Rundgang zeigt mir der Graf im Park, auf einem Hügel am See, die Gräber seines Vaters und Großvaters, die unter einer mächtigen Steinplatte liegen. Großmutter Daisy wurde in Fürstenstein begraben. »Da hat man das Mausoleum und ihr Grab, das neben der Gruft liegt, mehrfach geschändet, weil man Schmuck dort vermutete«, erzählt der Graf.

Nach halbstündiger Fahrt erreichen wir das Jagdschloß Promnitz, das mitten im Wald liegt und jetzt ein Hotel ist. In der

Das Rathaus in Pleß. Links der Turm der evangelischen, rechts derjenige der katholischen Kirche.

großen Diele werden der Graf und seine Begleiterin von der jungen, hübschen Hotelchefin mit einem großen Blumenstrauß und einem »Herzlich willkommen« begrüßt. Das Personal hat sich in Reih und Glied aufgestellt. Nachdem sich der Graf ins Gästebuch eingetragen hat, gehen wir in den Großen Saal. Durch die geöffnete Flügeltür geht der Blick auf den im leichten Regen verträumt daliegenden See. Den Kamin zieren zahlreiche Wappen und die Jahreszahl 1868. Zu den großen Jagden, die hier früher gegeben wurden, sei auch Kaiser Wilhelm II. erschienen, erzählt der Graf. Aus Deutschland sei die Idee an ihn herangetragen worden, 1996 in Pleß »Die Fürst-Pleß-Jagdmesse« aufzuführen.

Zum Mittagessen fahren wir ins Restaurant »Rogacz« nach Kattowitz. Ein typisch oberschlesisches Lokal, das der Graf schon oft besucht hat. Auch dort wird er wie ein Fürst begrüßt. Ich bestelle Rouladen und schlesische Klöße. Dann kommt die Wirtin mit einem Wildschweinbraten, »den wir unbedingt probieren müssen«. Ich fühle mich bei all den so gut deutsch sprechenden Menschen richtig wohl. Anders als in Niederschlesien, mit Ausnahme meiner engeren Heimat um Görlitz, gibt es hier in Oberschlesien noch die angestammten Schlesier.

Unterdessen hat Andrzej, ebenfalls in Kattowitz, den Schriftsteller Stanislaw Bieniasz interviewt. »Er hat von der oberschlesischen Kultur geschwärmt«, berichtet er mir am Abend, die so viele Wurzeln habe, polnische und deutsche, aber auch andere. Er wolle, daß man diese Kultur, die ja Volkskultur und keine Hochkultur sei, »adelt«, damit sie gleichwertig werde. Ein vielsprachiger Tiegel wie Oberschlesien sei immer viel kulturträchtiger als ein rein homogenes Gebilde. Er selber sei ein schlesisches Gemisch, habe polnische und deutsche Vorfahren. Er habe dreizehn Jahre in Deutschland gelebt, habe die deutsche Staatsangehörigkeit angenommen und auf die polnische nicht verzichtet. Aber er empfinde sich vor allem als Europäer. Nationalität werde für ihn immer unwichtiger. Er sehe das Hauptziel Polens in der Integration in die Europäische Union.

Zurück in Breslau. Im Dom wollen wir das Grab von Kardinal Bertram filmen. Dazu haben wir von der Kurie eine schriftliche Genehmigung. Schwester Silvina betreut unsere Arbeit. Die freundliche, warmherzige Frau spricht gut deutsch. Sie hat extra für unsere Aufnahmen frische Blumen ans Grab gestellt. Arbeiter der polnischen Firma, die uns mit Licht versorgt, schleppen riesige Lampen und schwere Stative in den dunklen Dom. Ein Seitenschiff und der Gang hinter dem Chor, an dessen Ende sich das Grab des Kardinals befindet, werden ausgeleuchtet, ebenso das große Epitaph über der Ruhestätte. Im schräg stehenden Licht gewinnt der helle Stein Konturen und Tiefe. Über dem

Das Grab des letzten deutschen Kardinals von Schlesien.
Im November 1991 wurden die Gebeine von Adolph Bertram in den Breslauer Dom überführt und beigesetzt.

Bildnis des Kardinals die Inschrift VERITAT ET CARITAT. Darunter:

> ADOLPHUS CARDINALIS BERTRAM
> * 14. III. 1859 † 5. VII. 1945
> ARCHIEPISCOPUS VRATISLAVIENSIS
> 1914-1945

Wiederum darunter das Breslauer Wappen. Schwester Silvina ist begeistert: »Wie schön das mit diesem Licht aussieht!« Ich gehe mit ihr in die Sakristei, um ihr die vereinbarte Spende für die Gemeinde zu übergeben. Der Betrag überrascht sie. »Dafür können Sie den ganzen Dom drehen«, lacht sie, ein Angebot, das ich gerne annehme.

Die Zeit, die die Kollegen zum Umbau des Lichts benötigen, nutze ich, um einen der Domtürme zu besteigen. Für zwei Zloty löse ich eine Karte, auf der in polnisch steht: »Beitrag zur Renovierung der Kathedrale«. Erst ein paar Stufen, dann weiter im Lift. Oben eine ganze Schulklasse von Mädchen und Jungen, die mich, ich weiß nicht woran, als Deutschen erkennen. »Guten Tag, guten Tag, guten Tag ...« Aus allen Mündern der gleiche Gruß. Die Lehrerin klärt mich auf: Ihre Klasse, die aus Strzegom – ehemals Striegau – stammt, hat gerade mit dem Deutschunterricht begonnen. Ich erzähle von unseren Filmen, und sie verspricht, sie sich anzuschauen.

Zurück im Kirchenschiff. Das Licht ist aufgebaut, es wird immer heller im Chor. Viele interessante Details werden erst jetzt sichtbar. Ich erinnere mich an Fotos, die den Zustand des Doms nach seiner Zerstörung zeigen. Nur die Außenmauern standen noch. Die Decke war eingestürzt. Kaum zu glauben, daß es sich um dieselbe Kirche handelt. Die Figuren auf dem Hauptaltar, der, wie ich gelesen habe, aus Lüben stammt, zeigen sich jetzt in ihrer Farbenpracht. Das kunstvoll geschnitzte Chorgestühl, das nach dem Krieg aus der Vinzenzkirche hierher geholt wurde, glänzt in warmem Braun. Schwester Silvina schaut auf das Bild im Monitor und dann wieder zum Altar. »Das ist so schön!« schwärmt sie. »So habe ich es noch nie gesehen.«

Am nächsten Morgen Besuch im sogenannten Arsenal von Breslau, dem alten Zeughaus der Stadt, in dem am Nachmittag die Ausstellung »Wach auf, mein Herz, und denke – Zur Geschichte der Beziehungen zwischen Schlesien und Berlin-Brandenburg« eröffnet wird. Der Direktor des Historischen Museums, Maciej Lagiewski, hatte sie uns gegenüber als »Revolution« im Umgang mit der historischen Wahrheit angekündigt. Die deutsche Projektleiterin, Ulrike Treziak, zeigt uns die Räume. Wenn das Wetter hält, wird die Eröffnung im großen Innenhof des Arsenals stattfinden.

Neugierig nehme ich den Katalog zur Hand. Auf dem Deckblatt als Blickfang ein farbiger Wasserfall. Darüber in roter Schrift der Titel der Ausstellung in deutsch und polnisch. Vier historische Schwarzweiß-Fotos machen deutlich, daß es sich hier nicht um das Thema Landschaft, sondern um Geschichte handelt. Im Impressum stellen sich die Herausgeber vor, die identisch mit den Veranstaltern sind. Von deutscher Seite ist es die Gesellschaft für interregionalen Kulturaustausch e. V. Berlin, von polnischer Seite der Verein Schlesisches Institut Oppeln. Mitveranstalter sind das Kunstamt Berlin-Kreuzberg und das Historische Museum Breslau. Der Katalogtext ist durchgängig zweisprachig. Schon auf der Rückseite des Einbands werden die Dinge beim Namen genannt. Hier ist erstmals von »Vertreibung« die Rede. »Wypedzenie« heißt es auf polnisch. Das hat es noch bei keiner Ausstellung gegeben.

Auch das Inhaltsverzeichnis bestätigt diesen Eindruck. Unter den 134 Seiten, die das Kapitel »Flucht, Vertreibung, Umsiedlung und Neubeginn« behandeln, findet sich auch das Stichwort »Lamsdorf«, früher ein striktes Tabuthema in Polen. Nach dem Krieg waren in diesem Lager viele Deutsche umgekommen. Der Katalog zitiert aus dem Buch »Deutsche in Polen« von Thomas Urban: »Nach den Aufzeichnungen des Lagerarztes Heinz Esser waren dort vom Sommer 1945 bis zum Frühjahr 1946 insge-

Blick auf die Dominsel.

Blick von den Türmen des Breslauer Doms über die Stadt und die Oder.

samt 8064 Personen interniert. Seinen Aufzeichnungen zufolge überlebten drei Viertel von ihnen das Lager nicht, darunter mehr als 600 Kinder. Todesursachen: Aushungerung, Seuchen, harte Arbeit, körperliche Mißhandlungen, Erstickung der Lebendbegrabenen, Erschießungen.« Neben dem Zitat ist das Denkmal abgebildet, das die Polen in Lamsdorf zum Gedenken an die polnischen Opfer der Naziherrschaft errichtet haben. Auf dem Denkmalsockel steht von Hand geschmiert: »Versöhnung – deutsche Heuchelei, Lüge u. List!« Darunter in kyrillischen Buchstaben auf russisch: »Kein Mitleid mit den Deutschen!« Allein schon diese Seite beweist den Mut der polnischen Veranstalter zur Wahrheit und Wahrhaftigkeit.

Am Nachmittag dann im Hof des Arsenals die Eröffnung der Ausstellung. Der Kinderchor »Legenda« aus Oppeln singt zu Beginn Lieder in polnischer und deutscher Sprache. In seiner Begrüßung erläutert Lagiewski das Motto »Wach auf, mein Herz, und denke«, diesen Aufruf des barocken Dichters Andreas Gryphius nach den tragischen Ereignissen des Dreißigjährigen Krieges zu bewußter Verständigung zwischen den ehemaligen Feinden. Auch heute noch sei dieses Wort höchst aktuell.

Nach ihm berichtet Ellen Röhner, die Vorsitzende der Berliner Gesellschaft für interregionalen Kulturaustausch, über die Schwierigkeiten bei der Entstehung der Ausstellung. Die Idee sei zu Beginn sowohl in Deutschland als auch in Polen mit Mißtrauen aufgenommen worden. Über zwei Jahre lang habe man um die Übernahme des Projektes und um finanzielle Mittel gekämpft. Ziel der Ausstellung sei es, einen Beitrag zur Beseitigung der weißen Flecken der gemeinsamen Geschichte zu leisten. In Deutschland wisse man zum Beispiel sehr wenig darüber, daß viele jetzige Bewohner Schlesiens auch ihre Heimat verlassen mußten. In Polen wiederum sei die Geschichte Schlesiens zwischen 1335 und 1945 kaum bekannt. Aber gerade das Wissen über die Geschichte der anderen Seite sei Grundlage jeder Verständigung. Man habe sich nicht gescheut, sich auch schwierigen Fragen zu stellen.

Eröffnung der gemeinsamen deutsch-polnischen Ausstellung »Wach auf, mein Herz, und denke« am 23. September 1995 im Breslauer »Arsenal«. Am Mikrofon der Leiter des Historischen Museums Maciej Lagiewski.

Es folgt die Rede von Jan Goczol, Kuratoriumsvorsitzender des Vereins Schlesisches Institut Oppeln, als Vertreter des polnischen Veranstalters. Auch der Leiter der Außenstelle der Botschaft der Republik Polen in Berlin, Jerzy Sulek, spricht. »Das Jahr 1989 brachte uns die Möglichkeit, die gemeinsame Geschichte kennenzulernen«, sagt er. »Wir müssen die verlorene Zeit wettmachen, die durch ideologische Trennungen, Mißtrauen und Unwissen auf beiden Seiten gekennzeichnet war. Darin sehe ich die kluge politische Botschaft dieser Ausstellung.«

Den Abschluß bilden die Reden von Bruno Weber, dem deutschen Generalkonsul in Breslau, und Professor Heinrich Olschowsky von der Humboldt-Universität Berlin, der für den wissenschaftlichen Beirat der Ausstellung spricht. Alle betonen den bahnbrechenden Charakter des gemeinsamen Unternehmens für einen neuen Umgang von Polen und Deutschen.

Wir besichtigen eingehender den Teil der Ausstellung, der sich mit der Geschichte von 1918 bis heute befaßt. Kein wichtiges Kapitel ist ausgelassen. Von den blutigen Auseinandersetzungen um die Teilung Oberschlesiens spannt sich der Bogen bis zur heutigen Arbeit der deutschen Vertriebenenverbände. »Ist mein Eindruck richtig, daß die Polen sich jetzt voll zur historischen Wahrheit bekennen?« frage ich den wissenschaftlichen Mitarbeiter Bodo Hildebrand.

»Ich würde sagen, ›fast‹«, antwortet er. »Aber das ist nur verständlich. Man muß die Ausgangslage berücksichtigen. Früher hatte das ›Schlesische Institut‹, unser polnischer Partner, ja die entgegengesetzte Aufgabe. Es sollte vor allem nachweisen, daß Schlesien immer slawische Erde gewesen sei. Wir sind alle überrascht, wie schnell sich die Polen der Wahrheit genähert haben.« Ich muß an meine erste Reise nach Schlesien 1985, noch zu kommunistischer Zeit, denken. Was für ein Unterschied von damals zu heute!

Wir erfahren, daß die Ausstellung auf Reisen gehen wird. Zunächst nach Berlin. Dann weiter ins Landesmuseum Schlesien nach Görlitz. Zurück ins Schlesien-Büro der Friedrich-Ebert-Stiftung nach Gleiwitz, ins Oberschlesische Museum Beuthen und wieder über die polnisch-deutsche Grenze zum Museum Viadrina in Frankfurt an der Oder. »Schlesien – Brücke in Europa«, unser Filmtitel ist lebendige Wirklichkeit.

Der letzte Drehtag im polnischen Schlesien. Unser Ziel ist die Stadt Neiße. Zwischenstation in Niemcza, dem kleinen Ort, der früher Nimptsch hieß und in der frühen polnischen und deutschen Geschichte eine besondere Rolle spielte: Es ist die älteste namentlich bekannte Siedlung Schlesiens. Schon im 5. Jahrhundert nach Christus errichteten hier die germanischen Silingen eine Burg, die in den Auseinandersetzungen mit den einwandernden Slawen später bedeutsam wurde. Auf dem Denkmal am Annaberg war mir der Name Niemcza aufgefallen. Er steht dort unter dem Abbild von Rittern mit Lanzen, zusammen mit der

Jahreszahl 950. In meinen Unterlagen konnte ich keinen Hinweis auf einen Kampf zu diesem frühen Zeitpunkt finden. Erst 990 sind polnisch-böhmische Auseinandersetzungen belegt. Wichtig aber wurde der Name des Ortes für die Bezeichnung der germanischen Stämme und später der Deutschen. In der Chronik des Bischofs Thietmar von Merseburg aus dem Jahre 1017 ist »Nemzi« als die slawische Bezeichnung für den Ort belegt. »Nemzi« – das sind die »Stummen«, die sich wegen der Sprachbarriere nicht mit den Slawen verständigen können. In den meisten slawischen Sprachen ist dies die Bezeichnung für die Deutschen geworden.

Das Rathaus in Patschkau, dem sogenannten »schlesischen Rothenburg«.

Wir kommen nach Glatz. Die Brücke über die Neiße ist mit ihren Barockfiguren eine kleine Ausgabe der Prager Karlsbrücke. Für eine Besichtigung der im Krieg unzerstörten Stadt bleibt leider keine Zeit. Gern wäre ich auf die Festung gefahren, wo ich als sechsjähriges Kind mit meiner Mutter den Vater besucht hatte, der hier als Soldat stationiert war. Ich erinnere mich, wie ich von einer Wespe gestochen wurde, gerade, als mich mein Vater auf eine Kanone hob.

Aus Zeitmangel verzichten wir auch auf einen Abstecher zum Wallfahrtsort Albendorf, dem »schlesischen Jerusalem«. Dafür halten wir in Patschkau, dem »schlesischen Rothenburg«. Seine mittelalterliche Stadtmauer mit den mächtigen Türmen ist vollständig erhalten. Im Zentrum dieses unzerstörten Ortes liegt der weitläufige Ring mit zum Teil gut gepflegten Häusern. Neben dem frisch gestrichenen Rathaus dessen eindrucksvoller Renaissanceturm. Vom Platz führt eine schmale Gasse zu einer burgartigen Kirche mit hohen Zinnen. Die Stadt hat eine besondere Atmosphäre, auch wenn der Vergleich mit dem fränkischen Rothenburg zu ihren Ungunsten ausfällt. Stadtmauern und Tore machen es nicht allein. Rothenburg hat eine schönere Lage, eine größere Anzahl von Kirchen und insgesamt doch noch schönere Häuser.

Am Ottmachauer Stausee entlang fahren wir weiter zu der Stadt, die ihm den Namen gegeben hat. In ihrem Zentrum kommen wir nicht mehr aus dem Staunen heraus. Einen so gepflegten Ort haben wir bisher im polnischen Schlesien nicht gesehen. Überall strahlen die Farben. Das Pflaster der Bürgersteige, der Straßen und des Platzes vor dem Rathaus ist ungewöhnlich eben. Alles sieht neu aus: die Laternen, die Schilder und die Kübel mit der sorgfältig gepflegten Bepflanzung. Auch das Äußere der barocken zweitürmigen Kirche am Ende des Ringes kann in keinem besseren Zustand sein. Neben dem Portal endlich ein Schild mit polnischem und deutschem Text, das den guten Zustand der Kirche und der Stadt erklärt: »300-Jahr-Feier. Restaurierung 1994/95 mit finanzieller Hilfe der Bundesrepublik Deutsch-

Der See von Ottmachau.

Der Ring von Ottmachau mit dem Rathaus.

land auf Anregung der Heimatgemeinde Ottmachau und mit Unterstützung der Stadt Peine. Juli 1995.«

Ein älterer Mann spricht mich auf deutsch an. Er sei der Organist der Kirche und würde mir gern das Innere zeigen. Ich freue mich über die unerwartete Chance. Auch innen strahlt die Kirche, in der auch Gemälde von Michael Willmann hängen, in erneuerter Pracht. Der Mann führt mich hinauf zur Orgelempore und fängt zu spielen an: »Ave Maria«. Auch die Orgel ist renoviert, ihre reinen Töne erfüllen das Kirchenschiff mit Wohlklang. Wir unterhalten uns. Der Mann hat unter den Deutschen ein schweres Schicksal erlitten. Nun schaut er mit Hoffnung in die Zukunft: »Wissen Sie, in letzter Zeit hat sich doch schon soviel Positives getan. Ich glaube, wir Polen und ihr Deutsche, wir sind auf dem richtigen Weg in unserer Nachbarschaft. Die Vergangenheit müssen wir überwinden. Wir brauchen alle eine gute Zukunft.«

Wir sind in Neiße. Die früher »schlesisches Rom« genannte Stadt hat eine bedeutende Vergangenheit. Aber im Zweiten Weltkrieg versanken zwei Drittel des Stadtgebiets in Schutt und Asche. Die Folgen sind noch heute sichtbar. Wie hier auf dem Ring. Neben den erhaltenen historischen Gebäuden stehen beziehungslos die Neubauten. Die mächtige Sankt-Jakobus-Kirche erhebt sich vom Platz, als wolle sie mit der Verschandelung ihrer Umgebung nichts zu tun haben. Neben ihr steht der breite, helmlose Glockenturm wie ein Wächter der vergangenen Zeit. Unser Ziel ist die Grabstätte Joseph von Eichendorffs auf dem Jerusalemer Friedhof. Wir fragen ein älteres Paar. Beide antworten in deutsch und weisen uns den Weg zum Grab, das sie gerade selbst besucht haben. Die Frau ist eine aus der Stadt vertriebene Deutsche, ihr Mann stammt aus Kärnten. Er ist ein großer Verehrer von Eichendorff. »Wissen Sie«, sagt er emphatisch, »der Walther von der Vogelweide und der Eichendorff, das sind die beiden ganz Großen, da kommen die anderen Dichter alle nicht mit.«

Wir finden das Grab, ganz in der Nähe der Kapelle. Auf den steinernen Platten, die wie ein aufgeschlagenes Buch vor uns lie-

Die St.-Jakobus- und St.-Agnes-Kirche in Neiße mit dem freistehenden Glockenturm.

Das Grab des Dichters Joseph Freiherr von Eichendorff und seiner Gattin auf dem Friedhof von Neiße.

gen, frische Blumen. Die Inschrift ist gut lesbar. Auf der rechten Seite steht: »Hier ruht Joseph Freiherr von Eichendorff. Geheimer Rath a. D. Geboren d. 10. März 1788. Gestorben d. 26. Novbr. 1857«. Und auf der linken Seite: »Hier ruht Louise Baronin von Eichendorff geb. von Larisch. Geboren d. 18. Juli 1792. Gestorben d. 3. Decbr. 1855«. Erst im selben Jahr, in dem seine Frau hier starb, war Eichendorff nach Neiße übergesiedelt. Nur zwei Jahre waren ihm in dieser Stadt bis zu seinem Tode vergönnt. Die Erzählung »Das Leben der Heiligen Hedwig«, die er hier begann, blieb ein Entwurf.

Für die Rückreise wählen wir in Patschkau den direkten Weg, der über Frankenstein zurück nach Breslau führt. Unser letzter Halt im schwindenden Tageslicht ist Kamenz. Auf einer Anhöhe hinter Baumgruppen sehen wir das neugotische Schloß, das Karl Friedrich Schinkel für Prinz Albrecht von Preußen entworfen hat. Links im Tal steht die große Abteikirche eines früheren Klosters. Hinter der Allee mit ihren mächtigen Eichen verabschiedet sich am Horizont glutrot die Sonne, die uns den ganzen Tag über begleitet hat.

Am Morgen unserer Rückfahrt nach Görlitz interviewe ich noch den Vorsitzenden der deutschen Kreise im polnischen Parlament, Heinrich Kroll, der auf dem Weg nach Warschau ist. Sein Vater war es, der die deutsche Minderheit wieder ins Bewußtsein der Öffentlichkeit gebracht hat. Er hatte die Gründung der deutschen Freundschaftskreise initiiert. Heinrich Kroll gibt präzise Zahlen: In 26 der 63 Gemeinden der Wojwodschaft Oppeln haben die Deutschen die Mehrheit, in 23 Gemeinden stellen sie den Bürgermeister. Im Parlament gibt es jetzt vier deutsche Abgeordnete und einen deutschen Senator.

»Wir sind akzeptiert im Parlament. Am Anfang waren wir, um es so einfach zu sagen, wie Affen im Zoologischen Garten. Heute wird nach komplizierten Abstimmungen oft gesagt: ›Also die Deutschen, die haben wieder das Beste gemacht.‹ Das ist eine Wertschätzung. Daß wir dort positiv angesehen sind, das ist sehr wichtig.«

»Wenn Polen in die Europäische Union kommt, welche Auswirkungen hat das für Schlesien?« will ich von ihm wissen.

»Natürlich wird es dabei zunächst auch Nachteile geben. Aber zuerst müssen wir die Vorteile sehen. Für uns ist das Wichtigste, daß uns dann Deutschland näherrückt. In Oberschlesien wollen alle schon in der EU sein. Das ist ein Traum von ganz Oberschlesien. Von uns Deutschen und von den Polen auch.«

»Wir haben hier im Lande einige Stimmen gehört, die sagen, Schlesien kommt irgendwann wieder zu Deutschland. Das sagen nicht nur Deutsche, sondern auch Polen. Wie beurteilen Sie solche Äußerungen?«

»Also, das ist nur so ein Gerede. Wir Deutschen hier in Oberschlesien sind in der Minderheit, wir leben auf einer Art Insel, die dreihundert Kilometer von der deutsch-polnischen Grenze entfernt ist. Was soll da der irreale Traum, die Grenzen wieder zu verschieben? Wir kämpfen darum, in Europa zu sein. In einem Europa, wo die Grenzen keine Bedeutung mehr haben werden. Da braucht es keine Grenzänderung.«

»Wie sieht es mit dem Deutschunterricht hier in Schlesien aus?«

»Wir haben Schulen mit Deutsch als Fremdsprache, zwei Stunden in der Woche, und Deutsch als Muttersprache mit drei Stunden pro Woche. Das ist ein lächerlicher Unterschied. Bis heute haben wir keine einzige Schule, wo Deutsch die Unterrichtssprache ist. Mein Traum ist, daß wir in jeder Gemeinde, wo wir in der Mehrheit sind, eine Volksschule mit Deutsch als Muttersprache haben. Und später auch ein Gymnasium. Doch dafür brauchen wir viel mehr Hilfe aus Deutschland. Es geht vor allem um Lehrer, die Deutsch unterrichten können.«

Am nächsten Tag stehen Andrzej und ich in Zgorzelec an der Neiße, um vor dem Hintergrund der Peterskirche unser Schlußwort aufzusagen. Es ist kaltes und trübes Wetter. Wieder haben wir uns den Text aufgeteilt. »Wir sind an den Ausgangspunkt unserer Reise, an die Neiße zurückgekehrt«, beginnt Andrzej auf polnisch. Auf deutsch fahre ich fort: »Unser Fazit: Das

Verhältnis zwischen Polen und Deutschen ist – bei allen Lasten der Geschichte – besser als sein Ruf.«

Und weiter im Wechsel: »Wo sich die Menschen offen begegnen, werden Vorurteile abgebaut, Verbindungen geschaffen.«

»Das zu kommunistischer Zeit verordnete Leugnen der deutschen Vergangenheit Schlesiens gibt es nicht mehr. Die polnischen Schlesier begreifen heute zunehmend das große Erbe des Landes als Reichtum ihrer neuen Heimat.«

»Schlesien – Brücke in Europa, Brücke zwischen Polen und Deutschen – an diese Tradition will man anknüpfen. Ein Weg, der Erfolg verspricht, wenn man sich auf die alte Tugend der Toleranz besinnt.«

»Der Nationalismus hatte Polen und Deutschland zu Feinden gemacht.«

»Heute, auf dem Weg zu einem vereinigten Europa, sind beide Staaten freundschaftlich verbunden.«

»Eine Chance für eine gemeinsame Zukunft: für Polen und Deutsche.«

Die Peterskirche haben wir nicht nur wegen der Optik als Hintergrund gewählt, sondern auch, weil in ihr als krönender musikalischer Abschluß unseres zweiteiligen Films das Konzert des Europera-Orchesters stattfinden wird. Inzwischen steht auch das Programm fest: Das Orchester wird gemeinsam mit dem Weißrussischen Staatschor, einer polnischen und einer deutschen Solistin Mahlers 2. Sinfonie in c-moll aufführen, die »Auferstehungssinfonie«. Ein anspruchsvolles Werk des jüdischen Komponisten mit einer christlichen Botschaft, das für die Versöhnung der benachbarten Völker, für die Verständigung der Menschen wie geschaffen ist. Der Schlußchor verkündet die Botschaft der Überwindung des Todes und der Auferstehung:

> »Aufersteh'n, ja aufersteh'n wirst du,
> Mein Staub, nach kurzer Ruh!
> Unsterblich Leben! Unsterblich Leben!
> Wird der dich rief dir geben.«

Und im Sopransolo heißt es tröstlich:

> »O glaube,
> Du wardst nicht umsonst geboren!
> Hast nicht umsonst gelebt,
> Gelitten!«

Dann wieder der Chor:

> »Was entstanden ist
> Das muß vergehen!
> Was vergangen, auferstehen!«

Das gewaltige, tief beeindruckende Werk Gustav Mahlers geht mit dem Zusammenklang von Chor, Orchester, Solisten und der einsetzenden Orgel in einem Finale höchster Steigerung zu Ende:

> »Aufersteh'n, ja aufersteh'n
> Wirst du, mein Herz, in einem Nu!
> Was du geschlagen
> Zu Gott wird es dich tragen.«

Dem vom Krieg verwüsteten Schlesien, dessen Bewohner gegen ihren Willen ausgetauscht wurden, hatte der Untergang gedroht. Die Entwurzelung der Heimatlosen ließ keine Zukunft ahnen. Aber das Land ist wiederauferstanden. Schlesien lebt und ist gerade wegen seiner Brückenfunktion ein Land mit Zukunft. Mahlers Sinfonie, so finde ich, ist der passende Schlußakkord für unsere hoffnungsvolle filmische Bestandsaufnahme.

Nachwort

Drei Monate sind seit der letzten Schlesienreise vergangen. In Gesprächen mit meinen Landsleuten hier in Deutschland mußte ich wiederum feststellen, daß viele mit dem Namen Schlesien nichts verbinden oder wenn, dann etwas, wie sie meinen, Negatives und Rückwärtsgewandtes. »Ach, diese Vertriebenenfunktionäre!« heißt es dann etwa. Mir tut das weh. Ich könnte mich trösten mit dem Wissen, daß die vermeintlich aussterbenden Schlesier und ihr abgeschriebenes und totgesagtes Land sowohl im Niederschlesischen Oberlausitzkreis um Görlitz als auch im polnischen Schlesien höchst gegenwärtig und lebendig sind. Ich könnte mich damit trösten, daß das Land auch bei den Polen Schlesien heißt, daß sich die dort Lebenden selbst als Schlesier verstehen, daß die bei uns so ungeliebten Vertriebenenfunktionäre von den Polen zu Diskussionen nach Schlesien eingeladen werden.

Aber ich will mehr. Ich will Gerechtigkeit für alle Schlesier, sowohl für die, die von dort stammen, als auch für die, die heute dort wohnen. Für die deutschen und die polnischen Schlesier. Ich möchte, daß meine Landsleute etwas über Schlesien wissen oder erfahren. Daß das ehedem deutsche und jetzt polnische Land einen Platz in ihrem Bewußtsein erhält. Norbert Conrads beklagt in seinem Schlesien-Buch zu Recht: »Blickt man in die Presse, die Medien oder allgemein auf die öffentliche Meinung, so verwundert das Kurzzeitgedächtnis unserer Nation hinsichtlich dessen, was sie im alten deutschen Osten besessen hatte. Es steht manchmal in sonderbarem Kontrast zu den Manifestationen, daß man aus der Geschichte lernen müsse und nichts vergessen dürfe. Gehören Geschichte und Kultur Schlesiens nicht dazu? Oder hat bereits eine Entwicklung begonnen, an deren Ende man über Schlesien sprechen wird, als handle es sich um das Großmährische Reich oder das Land der Etrusker?«

Mit dem Fernsehfilm und diesem Buch will ich dazu beitragen, daß das Vergessen gestoppt wird. Die Polen sind gerade dabei, die deutsche Vergangenheit Schlesiens für sich zu entdecken. Sollte das die Deutschen nicht beschämen, die noch heute glauben, um Schlesien einen großen Bogen machen zu müssen? Wer heute in einem deutsch geführten Gespräch in Polen von »Wroclaw« anstelle von Breslau spricht, läuft Gefahr, sich lächerlich zu machen. Die Angst vor dem aus kommunistischer Ostblockzeit stammenden Revanchismus-Vorwurf sollte endgültig geheilt sein.

Wie sehr sich in Polen das Verhältnis zu den Deutschen gewandelt hat, macht die Einweihung eines Denkmals im ehemaligen Lager Lamsdorf in Schlesien Anfang Oktober 1995 deutlich, mit dem nun auch der deutschen Opfer gedacht wird. Im Grußwort von Bundespräsident Roman Herzog an die polnischen und deutschen Teilnehmer der Zeremonie heißt es: »Gerade für die deutschen Vertriebenen – aber nicht nur für sie – ist der Name des Lagers Lamsdorf zu einem Synonym für die Leiden geworden, die der schlesischen Bevölkerung hier zugefügt wurden. Daß unsere beiden Völker dieser Leiden heute gemeinsam gedenken können, zeugt von der versöhnenden Kraft der Wahrheit ... Was wir brauchen, ist Versöhnung und Verständigung, Vertrauen und gute Nachbarschaft. Das kann nur weiterwachsen und gedeihen, wenn unsere Völker sich dem Grauen ihrer jüngsten Vergangenheit stellen. In aller Offenheit und ohne Vorurteile. Mit dem Mut zur vollen Wahrheit. Nichts hinzufügen, aber auch nichts weglassen, nichts verschweigen und nichts aufrechnen. Im Bewußtsein, der Vergebung bedürftig zu sein, aber auch zur Vergebung bereit. Die heutige feierliche Einweihung des Gedenksteines im Lager Lamsdorf ist ein wichtiger Schritt auf dem Wege, den Polen und Deutsche in die europäische Zukunft beschreiten. Mögen aus gemeinsamer Erinnerung neue Impulse für die Gestaltung unserer deutsch-polnischen Nachbarschaft erwachsen.«

Die »versöhnende Kraft der Wahrheit«, diese Formulierung des Bundespräsidenten weist in Schlesiens Zukunft. Im ersten »gemeinsamen Wort der polnischen und der deutschen Bischöfe« vom Dezember 1995 heißt es unter der Überschrift »Wir vergeben und bitten um Vergebung« nach der Nennung des Unrechts, das den Menschen in Polen durch Deutsche zugefügt wurde: »Wir schließen in diese Bitte auch das Unrecht ein, das vielen Deutschen durch Vertreibung und Verlust der Heimat im Gefolge der Beschlüsse der Siegermächte auch von Polen angetan wurde, als die von Hitler-Deutschland entfesselte Gewalt schließlich auf das eigene Volk zurückschlug. Erst heute, nachdem in Polen frei darüber gesprochen werden kann, erkennen wir das Ausmaß des Unrechts, das für sehr viele Menschen im Zusammenhang derselben Beschlüsse zum Verlust der Heimat im Osten führte.«
Bei uns im Westen war das Schicksal der deutschen Vertriebenen bekannt. Aber es wurde von vielen nicht begriffen oder geleugnet. Heute ist es Geschichte. Eine Geschichte, die zum Teil bei den Opfern noch schmerzt. Aber die Gegenwart braucht das Heute. Schlesien ist jetzt überwiegend die Heimat von Polen. Das Land selbst mit seinen Flüssen und Bergen, seinen weiten Ebenen, seinen Städten und Dörfern ist noch das gleiche. Es prägt seine Bewohner. Auch die neuen. Das Wechselspiel von Landschaft und Bevölkerung geht weiter. Die deutsche Geschichte des Landes ist nicht verloren. Sie lebt auch mit den Polen weiter. Geschichte ist nicht nur Vergangenheit, sondern auch Gegenwart und Zukunft.
Meine Hoffnung ist, daß dieses Land sich zu einem Modell entwickelt, wie eine ethnische Mehrheit und eine ethnische Minderheit vorbildhaft zusammenleben. Schlesien kann an seine große Vergangenheit anknüpfen und seine europäische Brückenfunktion wahrnehmen, wenn es seine Traditionen der Toleranz und Freiheit wieder aufgreift. Es hat die Chance, wieder ein hochentwickeltes und reiches Land zu werden. Der Stamm der Schlesier ist im 12. und 13. Jahrhundert aus der Symbiose von

Polen und Deutschen entstanden. Warum sollten es heute Polen und Deutsche nicht schaffen, gemeinsam das Land zu einer europäischen Musterregion aufzubauen?

Zeittafel

1. Jh. v. Chr. bis 4. Jh. n. Chr.
Germanische Silingen in Schlesien

6. – 7. Jh.
Einwanderung slawischer Stämme in Schlesien

Um 900
Anlage der Burg Breslau (Wratislawia) durch Herzog Wratislaw von Böhmen – böhmische Herrschaft

Um 990
Eroberung Schlesiens durch Herzog Mieszko I. von Polen – polnische Herrschaft

990–1137
Schlesien zwischen Polen und Böhmen umstritten, wechselnde Herrschaft

1000
Gründung des Bistums Breslau

1138–1202
Piastisches Teilfürstentum Schlesien unter polnischem Senioriat

1175
Gründung des Klosters Leubus. Die deutsche Besiedlung Schlesiens beginnt. In den folgenden 150 Jahren werden 150 Städte und 1200 Dörfer neu gegründet

1202-1335
Selbständige (souveräne) schlesische Fürstentümer

1241
Schlacht bei Wahlstatt gegen die Mongolen

1335
Vertrag von Trentschin. Polen verzichtet auf Schlesien, das endgültig an Böhmen fällt

1335-1526
Schlesien unter böhmischer Herrschaft/Teil des deutschen Reiches

1469-1490
Schlesien unter der Herrschaft von König Matthias Corvinus von Ungarn

1526-1742/65
Schlesien unter der Herrschaft der österreichischen Habsburger

1742/63-1945
Schlesien unter preußischer Herrschaft

1806
Die Franzosen rücken in Schlesien ein

1813
Von Schlesien geht die Erhebung gegen Napoleon aus

1815
Der Wiener Kongreß bestimmt: Teile der sächsischen Oberlausitz kommen zu Schlesien

1914–1918
Erster Weltkrieg

20. März 1921
Volksabstimmung in Oberschlesien. 60 Prozent für das Verbleiben bei Deutschland, 40 Prozent für den Anschluß an Polen

2. Mai 1921
Beginn des dritten »schlesischen Aufstandes« der Polen in Oberschlesien aus Enttäuschung über das Abstimmungsergebnis

20. Oktober 1921
Der Völkerbundsrat gibt die Teilung Oberschlesiens bekannt, wodurch der größte Teil des Industriegebietes an Polen fällt

1939–1945
Zweiter Weltkrieg

6. Mai 1945
Kapitulation von Breslau

Juni 1945
Beginn der Vertreibung der deutschen Schlesier durch Polen

2. August 1945
Verabschiedung der Potsdamer Erklärung. Schlesien östlich der Lausitzer Neiße wird unter polnische Verwaltung gestellt. »Bis zur endgültigen Festlegung der Westgrenze Polens« gilt die sogenannte Oder-Neiße-Linie

3. Oktober 1990
Beitritt der DDR zur Bundesrepublik Deutschland nach Art. 23 GG. Damit verbunden die völkerrechtliche Anerkennung der

polnischen Westgrenze und der Abtretung der ehemals deutschen Ostgebiete Ostpreußen, Hinterpommern, Ost-Brandenburg und Schlesien

16. Januar 1990
Erste Zulassung der »Sozial-Kulturellen Gesellschaft der Menschen deutscher Volkszugehörigkeit in der Wojwodschaft Kattowitz« (Deutsche Freundschaftskreise)

17. Juni 1991
Vertrag über gute Nachbarschaft und freundschaftliche Zusammenarbeit zwischen der Bundesrepublik Deutschland und der Republik Polen

27. Mai 1992
Verfassung des Freistaates Sachsen. In Artikel 2 heißt es: »Im schlesischen Teil des Landes können die Farben und das Wappen Niederschlesiens gleichberechtigt geführt werden.«

11. Oktober 1992
Neubezeichnung: Evangelische Kirche der Schlesischen Oberlausitz

1. August 1994
Neubenennung und Gründung: Niederschlesischer Oberlausitzkreis

3. Oktober 1994
Errichtung des Bistums Görlitz (für den deutschen Restteil des Erzbistums Breslau westlich von Oder und Neiße)

Personenregister

Albrecht von Preußen, Prinz 269
Alexandra Fjodorowna, Zarin 166
Anna, hl. 236, 243
Aphate, Bogdan 122, 129, 132, 148, 171
Asam, Cosma Damian 137
Asche, Dr. 106
Attlee, Clement Richard 9
August der Starke 101
Augustym, Pfarrer 208
Avenarius, Johannes Maximilian 210

Bach, Johann Sebastian 94
Baron, Peter 229 f.
Bednorz 213
Beethoven, Ludwig van 114
Bentum, Christian Philipp 205 f.
Berthold VI. von Andechs 193
Bertram, Adolf 128, 225, 243, 257 f.
Biedenkopf, Kurt 116
Bieniasz, Stanislaw 256
Bismarck, Otto von 81
Blochwitz, Andrea 186, 188
Blücher, Gebhard Leberecht 146 f.
Bochenek, Wawrzyniec 195
Böhme, Jakob 134, 173
Boleslaw der Hohe 203
Bolko I. von Schweidnitz 51, 166, 209
Bolko II. von Schweidnitz 51, 209
Born, Gustav 221

Born, Max 221
Brandenburg, Barbara von 231
Breier, Max 128
Breschnew, Leonid 16
Butzinger, Oberbürgermeister 85

Celakovsky, Franz Ladislaus 213
Chamisso, Adelbert von 37
Chatschaturjan, Aram Iljitsch 94
Churchill, Winston Spencer 9, 166
Conrad I. von Hochberg 166
Conrads, Norbert 273
Czernek, Joachim 241

Dahl, Johann Christian 52
Deinert, Michael 80, 82, 92
Dientzenhofer, Kilian Ignaz 19, 137
Dönhoff, Marion Gräfin 145, 160
Dörfer, Dietmar 157
Dvořák, Antonín 202

Ehrlich, Paul 221
Eichendorff, Joseph von 203, 245 ff., 249, 267, 269
Eichendorff, Louise von 269
Emmerich, Georg 100
Engler, Michael 49, 67, 208
Esser, Heinz 259
Exner, Achim 85, 92, 110, 185 f.

Falber, Andrzej 157, 160 f., 163, 165, 169 f., 173, 182, 185, 195, 225, 227, 238, 256, 270

Fedro, Alexander 66
Feuchtwangen, Konrad von 195
Fleidl, Johann 159
Franaszczuk, Krzysztof 122 f., 129, 131 f., 139, 169
Friedrich II. (der Große) 45, 126, 217, 231
Friedrich III. 89
Friedrich Wilhelm IV. von Preußen 52, 54, 123
Friedrich, Caspar David 75

Geier, Pankraz 60
Georg Wilhelm II. 227, 231
Gierek, Edward 71
Gleis, Horst 189
Goczol, Jan 262
Goebbels, Joseph 87
Goethe, Johann Wolfgang 11, 131
Gorbatschow, Michail 16, 79, 81 f., 94, 113, 154 f., 245
Gryphius, Andreas 261
Gulbinowicz, Kardinal 225

Haber, Fritz 221
Haber, Hedwig 221
Haber, Siegfried 221
Hanke, Gauleiter 68
Hans Heinrich XVII. 167
Hauptmann, Carl 22, 29, 75
Hauptmann, Gerhart 22, 29, 54, 56 f., 59, 75 f., 210 f.
Hedwig, hl. 18 f., 137, 193 ff., 236
Heinrich I. von Schlesien 193, 195
Heinrich II. von Schlesien 18, 138
Heinrich IV., Kaiser 86
Herzog, Roman 163, 274
Heym, Stefan 95
Hildebrand, Bodo 263

Hitler, Adolf 8 ff., 16, 19, 21 f., 25, 28, 33, 44, 58 f., 63, 68, 78, 87, 128, 139, 142, 145, 161, 163, 167, 175, 185, 200, 222, 253, 275
Hochberg, Bolko Graf von 166, 198, 201, 251, 253
Hoffmann von Fallersleben, August Heinrich 218
Hoffmeyer, Eckart 80
Holtei, Karl von 218
Honecker, Erich 16, 79
Huch, Ricarda 134

Jaruzelski, Wojciech Witold 33, 71
Jesus Christus 100, 106, 127, 150
Johannes der Evangelist, hl. 127
Johannes der Täufer, hl. 127
Josef, hl. 50
Joseph I. 205
Jungk, Robert 9, 31

Kaden, Max 29
Kaiser, Stephan 164 f., 206, 208
Kalinowski, Konstanty 205
Karl IV., Kaiser 210
Karl V., Kaiser 127
Karl VI. 205
Karl XII. von Schweden 62
Keller, Paul 20
Kempner, Friederike 221
Kern, Franz 240
Kerr, Alfred 221
Kertsch, Matthias 202
Kiock, Pastor 106
Klimczak 202
Kohl, Helmut 14 f., 81, 113, 115 f., 142, 154, 236, 244
Konstantin I. von Griechenland 166

Kopacz, Bürgermeister 233
Kopelew, Lew 30
Körner, Theodor 128, 148, 152
Kosciuszko, Tadeusz 123, 218
Kozerski, Pawel 233
Kroll, Heinrich 239, 269
Krzystolik, Pawel 253
Kubiak, Ehepaar 62 f., 65 f., 68, 70–73, 76
Kuhn, Reinhard 46
Kutusow-Smolenskij, Michail Illarionowitsch 121

Lagiewski, Maciej 163, 217, 219, 259, 261
Langhans, Carl Gotthard 46
Lassalle, Ferdinand 221
Lechner, Matthias 114, 116 ff., 151 f., 177 ff.
Leenmann, Wim 165
Leopold I., Kaiser 126, 205
Lessing, Gotthold Ephraim 113
Lewi, Tadeusz 177, 179 f.
Lobers, Pfarrer 182 f.
Lossow, Hubertus 206
Ludwig, Prof. 135, 177, 231
Luther, Martin 159
Lützow, Adolf von 170

Mahler, Gustav 271 f.
Malaise, Lilli von 251
Maizière, Lothar de 110, 112
Majewska, Hanna 173 f., 186, 188
Maleika, Ehepaar 107
Maria, hl. 100
Masur, Kurt 231
Mazowiecki, Tadeusz 142, 236, 244
Meißner, Kardinal 225
Mendelssohn Bartholdy, Felix 114, 246

Menzel, Adolph von 217
Menzel, Joachim 163, 212
Merseburg, Thietmar von 264
Modrow, Hans 112
Moltke, Freya von 144 f.
Moltke, Helmuth James Graf von 21, 139, 144, 161, 165
Mühlen, Bengt von zur 81
Mussolini, Benito 9

Napoleon I., Kaiser 72, 85, 119, 121, 123, 131, 152, 169, 249
Nepomuk, hl. 69
Nikolaus II. Alexandrowitsch, Zar 166
Nossol, Alfons 7, 142, 236, 238, 243, 245

Olmützer, Hans 100
Olschowsky, Heinrich 262
Opitz, Martin 121

Pleß, Daisy von 167, 255
Pleß, Fürst von 255 f.
Pohl, Gerhart 56 f.
Pölchau, Pfarrer 144
Popieluszko 33
Pytel, Pastor 196 f.

Radek, Jiri 202
Reden, Gräfin von 53 f., 158
Reiner, Wenzel Lorenz 137
Rembrandt von Rijn 205
Robak-Bukowska, Elsbieta 212
Röhner, Ellen 261
Rohrmann, Christian 80
Roßkopf, Wendel 72, 97, 99
Rudolf II., Kaiser 126
Rzega, Heinrich 246, 249
Rzepiel, Salomea 40

Sauer, Helmut 14

Schaf, Ulrich 197
Schall, Pastor 107
Scheuer, Marga 195
Schiller, Friedrich 222
Schinkel, Karl Friedrich 269
Schmalenberg, Thilo 94 f.
Schmidt, Helmut 71
Schmitz, Chris 180
Scholz, Franz 89, 173 f.
Schukow, Georgi Konstantinowitsch 56
Schulte, Eduard 163
Schweidnitz, Anna von 210
Seehafer, Reinhard 183
Selten, Reinhard 221
Silvina, Schwester 257 f.
Simonides, Dorota 227
Sokolow, Oberst 56
Spielhagen, Bürgermeister 68
Stalin, Josef 8 f., 15, 25, 33, 44, 47, 109, 128, 185
Standke, Jürgen 119, 123, 130, 132, 148 f., 169
Stauffenberg, Claus Graf Schenk von 21
Stein, Edith 222
Stein, Heinrich Friedrich Karl Reichsfreiherr vom und zum 126
Stein, Siegfried 222
Steinsträßer, Inge 164
Stolte, Dieter 182 f.
Stosiek, Peter 110
Strahl, Stefan 202
Straßburg, Otto-Wolfgang 133
Sulek, Jerzy 262
Szymanska-Pleskowska, Romana 186

Telemann, Georg Philipp 255

Treziak, Ulrike 259
Truman, Harry Spencer 9
Tschernenko, Konstantin Ustinowitsch 16
Tschira, Brüder 24, 27, 32, 41, 62 f.

Uhland, Ludwig 148
Ullmann, Klaus 252
Urban, Martin 45
Urban, Thomas 259

Vaile, Chris 213, 215

Walesa, Lech 231
Walther von der Vogelweide 267
Weber, Bruno 7, 189 f., 262
Weber, Carl Maria von 35
Weigmann, Ehepaar 133
Weizsäcker, Richard von 163
Welder, Michael 219
Wenzel IV. von Böhmen 210
Wenzel, Horst 183
Wieniawski, Henri 28 f.
Wilhelm I., Kaiser 89, 166
Wilhelm II., Kaiser 166, 256
Wilhelmina, Königin 166
Willmann, Michael 50 f., 205 ff., 267
Wochnik, Leonhard 246 f.
Wojtkow, Bogumil 117
Wratislaw I. von Böhmen 69, 127
Wylezol, Theopil 233 f.

Zamaszak, Wanda 210
Zedlitz, Freiherr von 162, 165
Ziembinski, Janusz 249, 251, 253
Zimmermann, Mike 119, 132
Zinnow, Stefan 161

Bitte beachten Sie auch die folgenden Seiten

Ekkehard Kuhn

Der Tag der Entscheidung
Leipzig, 9. Oktober 1989

176 Seiten, 26 Abbildungen, Broschur

Leipzig, 9. Oktober 1989. Zur ersten großen Montagsdemonstration versammeln sich mehr als 70 000 Menschen. Noch sitzt das SED-Regime im Sattel. Armee und Betriebskampfgruppen werden zusammengezogen und warten auf den Einsatz. Doch zur blutigen Konfrontation à la Peking kommt es nicht. Die Hardliner lenken ein. Der Tag der Entscheidung bringt den Sieg der Revolution.
Minutiös rekonstruiert ZDF-Redakteur Ekkehard Kuhn die dramatischen Ereignisse jener Stunden, stellt alle wichtigen Hintergrunddokumente vor und läßt die Hauptakteure beider Seiten zu Wort kommen. So entsteht die Chronik eines Tages, der Deutschland und Europa verändert hat.

»Gerade nach den heute offensichtlich gewordenen Schwierigkeiten beim Zusammenwachsen beider ehemaligen Teile Deutschlands macht die Erinnerung an die Dramatik jenes Herbsttages nachdenklich.«

DIE WELT

Ullstein

Guido Knopp / Ekkehard Kuhn

Die Deutsche Einheit

Traum und Wirklichkeit

312 Seiten, Ullstein Buch 34737

Die deutsche Einheit ist vollzogen. Dank der siegreichen Revolution in der DDR und Gorbatschows Vision eines Europäischen Hauses »vom Atlantik bis zum Ural« haben die Deutschen nach 45 Jahren endlich ihre Spaltung überwunden.

Das Buch der beiden Fernsehautoren verbindet historische Rückblenden mit den Ereignissen unserer Zeit. Traum und Wirklichkeit der deutschen Einheit werden vom »Hambacher Fest« 1832 bis in die jüngste Gegenwart anschaulich nachgezeichnet. Aussagen von Zeitzeugen und Fachleuten aus Deutschland, der Sowjetunion, den USA, Großbritannien und Frankreich vermitteln ein spannendes und ausgewogenes Bild.

Ullstein

Wolfgang Leppmann

Gerhart Hauptmann
Biographie

416 Seiten, 20 s/w-Abbildungen, gebunden

1862 als Sohn eines Gastwirts im schlesischen Bad Salzbrunn geboren, löst Gerhart Hauptmann mit seinem ersten Drama, »Vor Sonnenaufgang«, eine Theaterrevolution aus und wird als Begründer des deutschen Naturalismus gefeiert – und geschmäht. Ein halbes Jahrhundert lang sowohl literarischer Revolutionär als auch gefeierter republikanischer Dichterfürst, repräsentiert er wie kein anderer die Geschichte des Deutschen Reiches von der Gründung im Jahre 1871 bis zum Zusammenbruch 1945.

Sein »olympisch« geprägtes und doch sehr irdisches Leben, sein Werdegang vom hungernden Künstler zum Nobelpreisträger spiegelt die politische, gesellschaftliche und kulturelle Entwicklung eines ganzen Jahrhunderts mit all seinen Umbrüchen wider.

Die Propyläen-Biographie